权威·前沿·原创

皮书系列为
"十二五""十三五""十四五"时期国家重点出版物出版专项规划项目

BLUE BOOK

智库成果出版与传播平台

广东省社会科学研究基地国家文化安全研究中心、广州市新型智库广州大学广州发展研究院研究成果

广州蓝皮书
BLUE BOOK OF GUANGZHOU

丛书主持　涂成林

2024年中国广州社会发展
分析与展望

**PROSPECTS AND ANALYSIS ON SOCIAL DEVELOPMENT OF
GUANGZHOU IN CHINA (2024)**

主　编／涂成林　谭苑芳
副主编／周　雨　曾丽红

社会科学文献出版社
SOCIAL SCIENCES ACADEMIC PRESS（CHINA）

图书在版编目（CIP）数据

2024 年中国广州社会发展分析与展望／涂成林，谭
苑芳主编. --北京：社会科学文献出版社，2024.9.
（广州蓝皮书）. --ISBN 978-7-5228-3974-5

Ⅰ. D676. 51

中国国家版本馆 CIP 数据核字第 2024M2L852 号

广州蓝皮书

2024 年中国广州社会发展分析与展望

主　　编／涂成林　谭苑芳
副 主 编／周　雨　曾丽红

出 版 人／冀祥德
组稿编辑／任文武
责任编辑／刘如东
责任印制／王京美

出　　版／社会科学文献出版社·生态文明分社（010）59367143
　　　　　地址：北京市北三环中路甲 29 号院华龙大厦　邮编：100029
　　　　　网址：www. ssap. com. cn
发　　行／社会科学文献出版社（010）59367028
印　　装／天津千鹤文化传播有限公司

规　　格／开　本：787mm×1092mm　1/16
　　　　　印　张：25.75　字　数：387 千字
版　　次／2024 年 9 月第 1 版　2024 年 9 月第 1 次印刷
书　　号／ISBN 978-7-5228-3974-5
定　　价／128.00 元

读者服务电话：4008918866

▲▲ 版权所有 翻印必究

广州蓝皮书系列编辑委员会

丛书执行编委 （以姓氏笔画为序）

丁旭光　王宏伟　王桂林　王福军　邓成明

邓佑满　邓建富　冯　俊　刘　梅　刘瑜梅

孙　玥　孙延明　李文新　李海洲　吴开俊

何镜清　沈　奎　张　强　张其学　陆志强

陈　爽　陈小华　陈泽鹏　陈雄桥　欧阳知

孟源北　贺　忠　顾涧清　徐　柳　涂成林

陶镇广　谭苑芳　薛小龙　魏明海

《2024年中国广州社会发展分析与展望》
编　辑　部

主　　　编　涂成林　谭苑芳

副 主 编　周　雨　曾丽红

编　　　委　（以姓氏笔画为序）

王国栋　王学通　王清明　邓尧伟　冯星树

刘　妍　李　锐　李盛祥　李增祥　李毅强

何莉丽　陆财深　陈　敏　陈少华　陈玉元

陈忠文　陈穗雄　林海英　周　雨　周后鲜

胡　浩　钟丽英　聂衍刚　郭启华　涂敏霞

温凌飞　曾丽红　谢大均　潘应强

编辑部成员　粟华英　曾恒皋　张　薇　于晨阳　臧传香

王　岩　魏德阳　李冠男　梁华秀

主要编撰者简介

涂成林　博士，广州大学二级教授，博士研究生导师、博士后合作导师；广州市新型智库负责人兼首席专家，广东省区域发展蓝皮书研究会会长，广州市粤港澳大湾区（南沙）改革发展研究院执行院长；广东省政府重大行政决策论证专家，广州市政府第三、四、五届决策咨询专家；获国家高层次人才特殊支持计划领军人才、中共中央宣传部文化名家暨"四个一批"领军人才、广东省"特支计划"领军人才、广州市杰出专家等称号，享受国务院政府特殊津贴。主要从事城市发展战略、文化软实力、科技创新政策、国家文化安全及马克思主义哲学等方面的研究。在《中国社会科学》《哲学研究》《教育研究》等刊物发表论文100余篇，出版专著10余部；主持和承担国家社会科学基金重大项目2项，国家社会科学基金一般项目、省市社会科学规划项目和省市政府委托项目60余项。获得教育部及省、市哲学社会科学奖项和人才奖项20余项，获得10余项"皮书奖"和"皮书报告奖"，2017年获中国"皮书专业化20年20人致敬人物"称号，2019年获"全国皮书年会20年20人致敬人物"称号。

谭苑芳　博士，现任广州大学广州发展研究院院长、教授，硕士研究生导师、博士后合作导师。广东省区域发展蓝皮书研究会副会长兼秘书长、广州市粤港澳大湾区（南沙）改革创新研究院理事长、广州市政府重大行政决策论证专家等。主要从事社会学、宗教学、经济学和城市学等的理论与应用研究。主持国家社会科学基金项目、教育部人文社会科学规划项目、其他省市重大或一般社会科学规划项目 10 余项，在《宗教学研究》《中国社会科学内部文稿》《光明日报》等发表学术论文 30 多篇，获广东省哲学社会科学优秀成果奖二等奖及"全国优秀皮书报告成果奖"一等奖等多个奖项。

周 雨 博士，硕士研究生导师，现任广州大学广州发展研究院副院长兼党支部书记，广州市粤港澳大湾区（南沙）改革创新研究院副院长，广州市城市学研究会副会长。主要从事公共管理与公共政策、政府绩效评价、创新创业政策方面的研究。主持国家社会科学基金项目等国家和省、市级课题 7 项，在 SCI、CSSCI 等刊物上发表学术论文 20 余篇，撰写智库成果 10 余篇并获得国家部委、省市部门批示或采纳。获得"优秀皮书报告奖"二等奖、广东省财政科研成果二等奖、广州市委组织部重点调研二等奖等多个奖项。

曾丽红 博士，广州大学新闻与传播学院教授，硕士研究生导师、博士后合作导师，中国高校影视学会媒介文化专业委员会理事，中国认知传播学会理事，广州市新型智库高级研究员。出版专著 1 部，在《新闻与传播研究》《新闻大学》《现代传播》《新闻记者》等专业期刊上发表学术论文 60 余篇，担任国家社会科学基金项目评审专家、广东省新闻奖评审专家以及国内多家学术刊物匿名评审。主持撰写多篇咨政报告获国家领导人和省委领导批示，主持撰写 30 多篇智库报告并被中央及省部级领导机关采纳应用。完成国家社会科学基金一般项目 1 项（优秀结项）、省市厅级社会科学基金项目 10 余项，参与国家社会科学基金重大项目和省部级社会科学基金项目多项。

摘　要

《2024 年中国广州社会发展分析与展望》由广州大学、广州市城市学研究会和广东省区域发展蓝皮书研究会等联合编写。本书由总报告、民生保障篇、社会治理篇、人才发展篇、社会服务篇、城市养老篇、婚姻家庭篇 7 部分组成，汇集了广州科研团队、高等院校和政府部门诸多专家、学者和相关部门工作者的最新研究成果，是关于广州社会运行情况和相关专题分析与预测的重要参考资料。

2023 年，面对内外环境复杂多变的挑战和新旧动能结构性调整压力，广州全面贯彻习近平总书记视察广东重要讲话和重要指示精神，认真落实省委"1310"具体部署及市委"1312"思路举措，聚焦高质量发展首要任务，坚持稳中求进工作总基调，经济社会发展呈现了质的提升、量的增长、好的态势。在保障基本民生、优先发展教育、稳定就业形势、维护公共健康、增强文化软实力和推动社会治理现代化等多方面持续推进有效工作，聚焦人民群众"急难愁盼""痛点难点"问题采取精准措施，努力实现"幼有所育、学有所教、劳有所得、病有所医、老有所养、住有所居、弱有所扶"。然而，在充分肯定成绩的同时也要看到，广州市社会发展仍然存在一些突出问题和挑战，尤其是就业形势依然严峻，结构性就业矛盾突出；城市治理仍存在挑战，城中村改造任务繁重；老龄化趋势加剧，养老服务体系发展不平衡等。

2024 年，广州将继续以人民为中心，坚持稳中求进工作总基调，扎实推进高质量发展和社会治理现代化，着力增进民生福祉，提高人民生活品

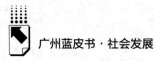
质。重点提升社会保障、医疗、就业等民生服务质量,推进基本公共服务均等化;加快推进教育强市建设,用心办好人民满意的教育;积极稳妥推进城市更新和城中村改造,提高宜居生活品质;提升精细化、品质化、智能化治理水平,不断提升城市治理现代化水平,确保城市发展更加和谐、可持续。

关键词: 社会发展 民生保障 社会治理 广州

目 录 ❆

Ⅰ 总报告

Ⅱ 民生保障篇

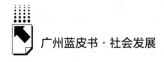
Ⅲ　社会治理篇

Ⅳ　人才发展篇

Ⅴ 社会服务篇

Ⅵ 城市养老篇

Ⅶ 婚姻家庭篇

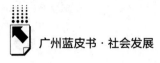

皮书数据库阅读**使用指南**

总 报 告

B.1

2023年广州社会发展形势分析
与2024年展望*

广州大学广州发展研究院课题组**

摘 要： 2023 年，广州市全面贯彻落实习近平总书记视察广东重要讲话和重要指示精神，聚焦高质量发展，经济平稳向好，财政收支稳健，社会保障覆盖面进一步扩大，养老服务体系加快完善，住房保障力度持续加大，城市治理和安全水平同步提升。尽管成绩显著，但广州社会发展仍面临就业、

* 本报告为广东省社会科学研究基地国家文化安全研究中心、广州市新型智库广州大学广州发展研究院的研究成果。

** 课题组组长：谭苑芳，博士，广州大学广州发展研究院院长、教授，广东省社会科学研究基地国家文化安全研究中心负责人。课题组成员：周雨，博士，广州大学广州发展研究院副院长，广东省社会科学研究基地国家文化安全研究中心研究员；曾恒皋，广州大学广州发展研究院软科学研究所所长，广东省社会科学研究基地国家文化安全研究中心研究员；王岩，博士，广州大学广州发展研究院特聘副研究员，广东省社会科学研究基地国家文化安全研究中心研究员；郭启华，广州市南沙区社会组织党委委员、南沙区百民社会工作服务中心理事长；臧传香，广州大学管理学院博士，广州市粤港澳大湾区（南沙）改革创新研究院研究员，广东省社会科学研究基地国家文化安全研究中心研究员；杨丽红，广州大学马克思主义学院硕士研究生，广东省社会科学研究基地国家文化安全研究中心研究人员。执笔人：谭苑芳、杨丽红。

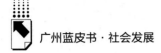

养老、城市更新等领域的挑战。2024年，广州将继续以人民为中心，扎实推进高质量发展和社会治理现代化，积极稳妥推进城市更新和城中村改造，继续提升精细化、品质化、智能化治理水平，着力增进民生福祉、提高人民生活品质，以高质量发展夯实民生基础，维护和保持社会大局和谐稳定。

关键词： 社会发展形势　民生保障　社会治理　广州

一　2023年广州社会发展总体形势分析

2023年，广州全面贯彻习近平总书记视察广东重要讲话重要指示精神，认真落实省委"1310"具体部署及市委"1312"思路举措，聚焦高质量发展首要任务，埋头苦干、攻坚克难，经济社会发展呈现了质的提升、量的增长、好的态势，民生福祉稳步增进，为开创高质量发展新格局打下了坚实基础。

在经济发展方面，2023年广州坚持稳中求进工作总方针，经济运行表现出平稳向好态势，成功实现了经济增长与民生改善的双重目标。全年地区生产总值达到30355.73亿元，居全国城市第4位。财政税收运行稳健，全市一般公共预算收入达到1928.9亿元，同比增长4%；一般公共预算支出为3004.5亿元，完成预算的103.5%。① 居民收入方面，城镇居民人均可支配收入为80501元，同比增长4.8%；农村居民人均可支配收入为38607元，同比增长6.4%。收入的稳步提高直接促进了居民消费的增长，全年居民消费价格指数（CPI）同比上涨1.0%，人民生活水平进一步提高。

在统筹社会发展全局方面，广州牢牢坚持"人民城市人民建，人民城市为人民"的城市建设理念，以及"想群众之所想，急群众之所急"的社会治理理念，坚持在发展中更加注重保障和改善民生，努力实现"幼有所育，学有所教，劳有所得，病有所医，老有所养，住有所居，弱有所扶"。

---

① 《2023年广州经济运行情况》，广州市人民政府网，https://www.gz.gov.cn/zwgk/sjfb/tjfx/content/post_9462814.html。

2023 年，广州市民生领域财政支出占一般公共预算支出的七成，确保现代化建设成果更多更公平地惠及全市人民。通过一系列精准有效的措施，广州成功完成了十件民生实事，交出了一份高分答卷。

（一）民生保障水平稳步提高，民生福祉达到新水平

1. 民生保障投入持续发力，财政支出优先保障民生

2023 年，广州市在一般公共预算支出中投入 3004.5 亿元，其中大部分用于民生保障。从具体分配来看，一般公共服务、教育、社会保障和就业、卫生健康、城乡社区支出、住房保障支出分别为 302.5 亿元、638.3 亿元、353.6 亿元、372.2 亿元、234.5 亿元、158.4 亿元，全市民生领域的支出占一般公共预算支出的近七成，在民生保障投入上的绝对值和相对比重均处于全国前列，重点公共服务、公共设施建设扎实推进。[①] 其中，市级财政投入 821 亿元用于保障和改善民生，同比增长 5.9%。此外，2023 年全市财政共投入 23.8 亿元推进广州市十件民生实事，交出了高质量的成绩单。市本级投入 15.2 亿元，主要用于环境整治、住房保障、公共教育、食品安全、医疗卫生、就业保障和政务服务等领域。[②] 这些投入不仅体现了广州对民生保障的高度重视，也显示了政府在提升市民生活质量和公共服务水平方面的坚定决心和实际行动。通过这些精准有效的措施，广州在多个民生领域取得了显著成效，进一步提升了市民的获得感、幸福感和安全感，为城市的可持续发展奠定了坚实的基础。

2. 社保覆盖面持续扩大，社会保障标准稳步提高

从城乡社会保障相关待遇标准变化情况看，2019~2023 年，广州市失业保险金最低标准、城乡居民最低生活保障标准、职工最低工资标准均有所提高（见表 1）。从城乡居民最低生活保障人数规模看，城市居民最低生活保

---

① 《2023 年广州经济运行情况》，广州市人民政府网，https：//www.gz.gov.cn/zwgk/sjfb/tjfx/content/post_ 9462814.html。

② 《2023 年广州经济运行情况》，广州市人民政府网，https：//www.gz.gov.cn/zwgk/sjfb/tjfx/content/post_ 9462814.html。

障人数有所增加，表明城市贫困人口的社会保障需求得到了更好满足。2023年全市参加基本养老保险1035.72万人，同比增长1.2%。其中，参加城镇职工基本养老保险901.52万人，增长1.7%；参加城乡居民养老保险134.19万人，下降2.3%。尽管城乡居民养老保险参保人数有所下降，但城镇职工养老保险参保人数的增加显示了劳动力市场的健康发展和更多人群对养老保障的重视。参加失业保险718.69万人，增长0.5%，全年领取失业保险待遇人数为27.83万人，增长18.6%；参加工伤保险763.47万人，增长4.3%。社会医疗保险参保缴费人数为1414.2万人，增长1.6%，其中职工基本医疗保险参保缴费人数为925.78万人，增长1.9%；城乡居民基本医疗保险参保缴费人数为488.43万人，增长1.2%。全年医保部门认定并实施医疗救助157.56万人次，比上年增长33.6%。这些数据表明，医疗保险的覆盖面和深度都在持续扩大，有效减轻了居民的医疗负担，提高了医疗保障水平。截至2023年底，享受低保待遇的困难群众达4.67万人，其中城镇1.84万人、农村2.83万人；享受特困救助供养的特困群众共1.05万人，其中城镇0.63万人、农村0.42万人。各类收养性社会福利单位提供床位6.67万张，收养人员3.15万人。城镇社区服务设施进一步完善，共有3256个，其中社区服务站2827个。① 这些数据显示，广州市在社会福利设施和服务方面的投入显著提高，社区服务网络的完善有助于提升居民的生活质量和幸福感。

表1 2019~2023年广州市城乡社会保障相关待遇标准变化情况

单位：元

类别	2019年	2020年	2021年	2022年	2023年
失业保险金最低标准	1890	1890	2070	2070	2070
城乡居民最低生活保障标准	1010	1080	1120	1196	1238
职工最低工资标准	2100	2100	2300②	2300	2300

资料来源：根据广州市人力资源和社会保障局、广州市民政局信息公开数据整理而成。

---

① 《2023年广州市国民经济和社会发展统计公报》，广州市统计局网站，http://tjj.gz.gov.cn/stats_ newtjyw/tjsj/tjgb/qstjgb/content/post_ 9567759.html。

② 从2021年12月1日起执行。

总体来看，广州市在社会保障领域的覆盖面和标准均有所提升，反映了政府在改善民生、促进社会公平和提升居民生活质量方面的持续努力。通过不断增加财政投入和优化政策措施，广州市有效应对了社会保障需求的变化，为城乡居民提供了更加完善和可靠的保障体系。

3. 养老服务体系加快推进，城乡区域养老服务协调均衡度明显提升

一是养老服务体系全面覆盖。养老服务网络不断健全，下沉至村的颐康服务站成为探索农村互助养老模式的支点。支持养老服务体系建设，出台养老服务机构从业人员就业补贴及岗位补贴管理办法，区、镇、村衔接的三级养老服务网络不断健全，全市共有2839个颐康服务站，社区养老服务设施覆盖率达100%，村居颐康服务站覆盖率达97%，逐步打通农村养老服务的"最后一公里"，让老年人在家门口就能享受到优质服务。广州养老服务再次获国务院督查激励。继2021年、2022年累计创建15个全国示范性老年友好型社区后，2023年又新增10个同类社区，并在国家卫生健康委官网公示。截至2023年11月，全市建成颐康中心178个，实现街镇全覆盖。①

二是养老服务供给持续优化。广州市以绣花功夫推进无障碍环境建设，在多个村居积极推进适老化的无障碍设施改造。截至2023年第三季度末，全市老旧小区改造项目增设无障碍通道156.1千米，惠及66.5万户家庭212.8万名居民；加装电梯规划审批14237台，惠及逾100万名居民。新增完成744户特殊困难老年人家庭适老化改造，累计完成超5100户。无障碍设施不仅覆盖社区，还延伸至公园，尤其是针对老年人逛公园时因斜坡太陡，轮椅刹车难的问题，相关部门积极推进整改，包括东山湖公园、晓港公园等均进行了无障碍通道升级改造。此外，广州统筹推进"3+X"服务，持续健全居家和社区机构相协调的养老服务体系，设立家庭养老床位1.6万张，定期组织养老服务从业人员开展职业培训和专项技能培训，提升养老服务的专业化水平。

① 《广州：推动形成大城市养老基本格局》，广州市人民政府网，https：//www.gz.cn/xw/zwlb/bmdt/content/mpost_ 9326383.html。

三是老年教育覆盖面不断扩大。2023 年，广州市 176 个街镇中已有 100 个街镇完成老年教育机构布点。针对老年人数字化培训需求较高的黄埔、番禺、花都、南沙、从化等区，制定了一区一方案，开展老年人跨越"数字鸿沟"培训，全市共开展智慧助老系列课程 42 门，开班 240 个。广州老年开放大学创新设立了"10+X"课程体系，"10"涵盖传统老年教育课程及新潮的智慧生活、法律维权、康养游学等主题，"X"囊括岭南文化、海上丝绸之路文化等领域。

四是医养结合服务优化升级。广州市已有 174 个街（镇）居家养老综合服务平台与基层卫生服务机构签约开展医疗服务，长期护理保险覆盖全体医保参保人员，养老服务机构医养结合服务覆盖率 100%。建立"护理员+家政员"养老服务队伍，所有镇（街）均开展了"家政+养老服务"并延伸到村居。完善养老保障政策，扩大养老保险覆盖面，推动基本养老保险法定人员全覆盖。2023 年，广州市老年人参加城乡居民医保的财政补助标准提至 790 元/人；退休人员在基层医疗机构和其他医疗机构的普通门诊支付比例分别提至 85% 和 70%；普通门诊最高支付限额由月度改为年度，并大幅提高，退休人员由 300 元/月调整为 10100 元/年。医养结合服务进一步完善，全市共有 138 家医养结合机构。黄埔区、广州老人院获评 2023 年全国第一批医养结合示范单位，黄埔区红山社卫、广州市东升医院等 5 家机构获评省级医养结合示范机构，养老机构医养结合服务覆盖率达 100%。

4. 住房保障力度持续加大，管理体制优化升级

广州市高度重视住房保障工作，住房保障力度持续加大，基本做到了应保尽保。2023 年，广州市共筹建保障性安居工程住房近 36 万套，累计发放租赁补贴 8 万多户，全市累计保障近 120 万人。[①] 广州市制定了住房保障工作五年行动计划（2023~2027 年），出台了一系列支持保障性租赁住房建设

---

① 《广州首批配售型保障性住房开工！今年将筹建不少于 1 万套》，《广州日报》2024 年 1 月 13 日。

的文件，将人才公寓纳入保障性租赁住房统一管理，并推动多个人才公寓项目陆续开工。为进一步完善国有住房租赁企业的管理体制，广州推动组建了广州安居集团，确保住房租赁市场的稳定发展。在房屋安全管理方面，全市经营性自建房隐患整治销号率达到100%，并委托专业机构对全市危房进行常态化安全巡查，抽查重要玻璃幕墙不少于350幢次。台风"苏拉"和"海葵"期间，分别转移涉房屋安全居民1161人、1391人，有效保障了居民的安全。物业小区治理方面，广州市开展了物业小区治理高质量发展三年行动，实现全市住宅小区100%全覆盖督查，并加快业主组织建设，2023年，全市新成立业主组织超过600个，全市现有业主组织超过2000个，占符合条件的物业小区约六成。这些举措不仅提升了住房保障的覆盖面和管理水平，也确保了居民住房的安全性和社区治理的有效性。通过加大住房保障力度和优化管理体制，广州市在改善居民住房条件和提升居住质量方面取得了显著成效，进一步推动了城市的可持续发展。

（二）就业主要指标运行平稳，就业形势回稳向好

1.就业优先政策落实到位，就业形势保持平稳

广州认真落实稳就业系列重要部署，实施就业优先政策，全力做好保用工、稳就业、促创业工作，加强就业形势分析监测，全市就业局势保持基本平稳。2023年，广州市全年城镇新增就业33.01万人，促进创业4.94万人次，创业带动就业12.37万人次，帮助城镇登记失业人员实现再就业12.09万人，就业困难人员实现再就业4.77万人。同时，全年累计完成补贴性职业技能培训18.59万人次，[①] 为提高劳动者技能水平和就业竞争力提供了有力支持。在广东省2022年度就业工作目标责任制考核中，广州位列优秀等次且排名全省第一。广州市的民生实事就业驿站工作也圆满完成，并作为典型经验全省推广。

---

① 《2023年广州市国民经济和社会发展统计公报》，广州市人民政府网，https://www.gz.gov.cn/zwgk/sjfb/tjgb/content/post_ 9570687. html。

2. 高校毕业生就业创业支持力度加大，就业质量显著提升

广州市出台了高校毕业生就业创业十大行动方案，扎实推进高校毕业生就业创业工作。2023年，共开发政策性岗位超1.5万个，并联合高校建设了66个就业创业e站，频繁开展校园招聘会和就业见习网络匹配会，共举办线上线下招聘1549场次，服务求职人数达193.15万人次。"百企千人"实习计划推动313家企事业单位提供1848个岗位，市一级服务367名港澳学生完成实习，黄埔、南沙吸引了363名港澳学生参与实习实践。① 为鼓励企业招聘应届生，广州市继续实施一次性扩岗补助和一次性吸纳就业补贴政策，同时为离校未就业毕业生建立困难毕业生台账，实施"一人一策"帮扶就业服务，2023年共为高校毕业生提供111.5万个岗位。此外，2023年广州市还对现有的就业创业补贴政策进行了整合和优化，将"高校学生职业技能培训和鉴定补贴"调整为"职业技能鉴定（评价）补贴"。这一调整扩大了补贴范围，不仅适用于高校学生，也面向所有需要进行职业技能鉴定的人群开放。广州市还强化了平台建设，打造来穗港澳青年"新家园"，加快推进"五乐计划"2.0版政策制定，率先落实"大湾区青年就业计划生活补助"政策，累计发放生活补助219.2万元，惠及492人次。组织35家次重点企业赴香港、澳门开展"赢在广州"2023届高校毕业生招聘活动，提供岗位超3200个，用人单位面谈毕业生约1000人次。这些举措不仅有效支持了高校毕业生的就业创业，也推动了区域人才的交流与发展，进一步提升了广州市的就业质量和经济活力。

3. 就业创业服务体系不断完善，推动政策落实加速见效

广州市通过完善政策体系，推动政策落实跑出"加速度"，以稳经济、保主体、促就业为核心，不断优化和完善公共服务，形成了"一盘棋"的大就业格局，凝聚了稳就业保居民就业的强大合力。为此，广州市强化了制度建设和风险防控，出台多份加强就业补助资金监督管理的政策文件。2023年1~11月，全市共发放就业补助资金21.38亿元，惠及91.54万人次。广

---

① 《广州市人大常委会公布2023年十件民生实事办理情况排名》，《广州日报》2024年2月2日。

州市全面贯彻落实省"稳就业16条"政策措施,通过阶段性降低工伤和失业保险费率,1~11月累计为企业减负52.45亿元;出台《广州市加强用工保障工作方案》,对接21条产业链上下游企业以及"专精特新"等重点企业,建立8500家重点企业库,超250名就业服务专员与企业"结对子",为203家重点企业调度用工2.57万人次。广州市还优化服务模式,拓展创业带动就业的新空间。夯实基层服务平台,逐步完善基层就业服务网络,建成275家"家门口"就业驿站、16个零工市场、175家创业孵化基地(其中港澳基地55家),打造线上、线下、直播带岗"三位一体"招聘平台,打造业务经办和决策支持智能平台,进一步提升基础能力。广州市的就业驿站建设工作得到了广东省主题教育办和省人社厅的高度肯定,成为全省推广的典型经验。此外,广州鼓励创业带动就业,全市共有各级创业基地120家(包括国家级1家、省级9家、市级77家、区级29家、区域性基地4家),全市各级各类基地已进驻实体累计超2万家,带动就业人数累计16.71万人。截至2023年11月,全市发放创业担保贷款6.17亿元。①

4. 新技术应用催生新就业形态,广州创新保障措施

数字经济、互联网平台、人工智能等新技术新应用快速发展,催生了诸多新的经济模式和就业形态。近年来,广州市率先在全国组建"广州市新业态用工保障联盟",采取了一系列规范、整顿和纠偏措施,有效促进了平台经济和新就业形态的健康持续发展。通过劳动关系事务托管服务,覆盖了2124家小微企业,服务劳动者累计达3.3万人。这些举措显著扩大了新就业形态的就业容量,为女性、退役军人、农民工、大学生、残疾人、脱贫人员和低收入人群等重点群体拓展了就业渠道。广州市司法局深入贯彻落实相关法律规章,从解决好群众最关心、最直接、最现实的利益问题入手,将外卖员、快递员等灵活就业和新业态劳动者作为法律援助的重点群体。通过依法扩大法律援助范围,创新工作机制,优化服务举措,严格案件监管,广州

---

① 《广州聚焦援企稳岗促匹配　全力提升质效稳就业》,广州市人民政府网,https://www.gz.gov.cn/zwgk/zdly/jycy/gzdt/content/post_9427363.html。

市司法局持续努力为灵活就业和新业态劳动者提供便捷优质高效的法律援助服务。据统计，2023 年 1 月至 2024 年 1 月，广州市法律援助机构共受理涉及新业态从业人员法律援助案件 108 宗，涉及 206 人次，有力助推了新业态的健康发展。[①] 通过积极应对新技术应用带来的挑战，广州市在保障新就业形态劳动者权益、促进就业公平和推动经济持续健康发展方面取得了显著成效。

（三）优先保障公民健康，构建高效公共卫生体系

多年来，广州市将保障公民健康作为战略优先任务，持续完善和发展医疗服务体系，大力推进高水平医院建设，率先在全国建立起市、区、镇（街）、村（社区）四级公共卫生委员会，着力构建基层公共卫生治理的"广州模式"。2023 年，广州市深入贯彻落实习近平总书记关于构建强大公共卫生体系的重要指示批示精神，坚持以人民健康为出发点，高度重视维护人民健康权益，进行高位谋划、主动出击，继续加快推动优质医疗资源扩容和均衡布局，提升基层医疗服务机构能力，坚持防备为主，编织紧密的公共卫生防护网，居民健康指标持续位居全国前列。

1. 卫生健康服务力量更加壮大

2023 年，全市新增 23 家基层医疗卫生机构获评社区医院，现有社区卫生服务中心 163 个、镇卫生院 31 个、社区卫生服务站 160 个、村卫生站 942 个，截至 2024 年 4 月，广州市累计 57 家社区卫生服务中心和镇卫生院获批复成为社区医院，占广东省总数的近四成，稳居全省首位。[②] 全市村卫生站实施"一元钱看病"覆盖率超过 98%。广州市红十字会在 2023 年开展了 1242 场急救宣教活动，惠及群众 46.37 万人，培训持证救护员 50200 人，

[①] 《206 人次，广州法援为"外卖小哥"等新业态从业者维权》，广州司法行政微信公众号，https：//mp. weixin. qq. com/s？_ _ biz＝MzUxNzk0ODI3OA＝＝&mid＝2247759953&idx＝3&sn＝b1938943fb2bce133b35aedce306c932&chksm＝f99eee48cee9675ef8fd219846b4fb13180953f4d2a51d6e1335f28532d59cee0fa8c5e6eeaa&scene＝27。

[②] 《稳居全省首位！广州市 23 家基层医疗卫生机构"升级"社区医院》，南方网，https：//news. southcn. com/node_ d16fadb650/5336fe88d7. shtml。

历年累计培训红十字救护员人数已达 61.91 万人。这些数据表明，广州市在医疗卫生服务能力建设方面取得了显著进步，不仅在医疗资源的覆盖面上得到扩展，医疗服务质量也得到了提升。[①]

2. 多维度推进公立医院改革，打造全生命周期健康服务体系

广州市多维度推动公立医院改革与高质量发展，致力于高标准推进健康湾区建设，同时继续完善公共卫生体系，积极应对人口老龄化，打造全生命周期的健康服务体系。从生育支持力度来看，广州在地中海贫血、唐氏综合征和严重致死致残结构畸形筛查方面分别为 20.53 万、14.38 万和 15.03 万个家庭提供了筛查服务，并将适龄妇女的"两癌"筛查项目扩展至常住适龄妇女，显著提升了生育支持的广度和覆盖面。在"一老一小"服务方面，广州市表现出了更大的关怀力度。17 家托育机构被列入广东省示范性托育机构，示范数量居全省首位，每千常住人口拥有 3 岁以下婴幼儿托位数达到 4.2 个，总托位数超过 8 万个。[②] 广州市还启动了为老年人免费接种 23 价肺炎疫苗的项目，布局了方便行动不便老年人的 15 分钟疫苗接种圈，除了常规的预防接种门诊，还有流动接种车下沉至村卫生院。首批 18 万剂免费疫苗在两个月内接种完毕后，广州又追加了 9 万剂，为更多老年人提供防病"盔甲"，累计为 65 岁及以上老年人免费接种了 27 万剂 23 价肺炎疫苗，有效降低了老年人肺炎疫苗可防传染病的发病率，为每名参与老人节约了约 200 元的疫苗费用。从方便群众就医结算的角度来看，广州市扩大了就医信用无感支付"先看病后付费"的试点范围，上线了 49 家医保定点医疗机构，并纳入 15 家医保协议银行，实现了就医报销和缴费的"零排队""零操作"体验。[③] 这些举措不仅提升了医疗服务的效率和便捷性，也体现了广州市在推进公立医院改革和高质量医疗服务方面的前瞻性和

---

① 《这，很广州！》，《广州日报》2023 年 12 月 31 日。
② 《定了！2024 年广州卫生健康这么干》，南方网，https://news.southcn.com/node_4b115bf 0a0/9dbf4a2fb7.shtml。
③ 《2023 年市十件民生实事项目完成情况》，广州市人民政府网，https://www.gz.gov.cn/zt/ gzlfzgzld/gzgzlfz/content/post_9424176.html。

创新能力。

3. 推动优质医疗资源均衡布局，不断提升基层卫生服务能力

广州市积极推进优质医疗资源均衡布局，在所有地铁、BRT站点以及体育场馆和人流密集的公共场所实现了AED设备"全覆盖"，更多大医院入驻了以往医疗资源相对薄弱的地区，如中山大学附属第一医院南沙院区和广州医科大学附属中医医院天河院区的投入使用，显著提升了这些区域的医疗服务水平。广州市还推进紧密型镇村卫生服务一体化管理改革，出台《广州市卫生健康委落实"百县千镇万村高质量发展工程"实施新一轮基层卫生健康服务能力提升五年（2023~2027年）行动计划》。2023年，广州市132家基层医疗卫生机构的服务能力达到国家"优质服务基层行"推荐标准，紧密型镇村一体化管理机构覆盖率已达77.88%。[1] 截至2023年11月，广州市达到"国家优质服务基层行"推荐标准的基层医疗卫生机构101个、社区医院34家，数量均居全省首位；全市实施"一元钱看病"的村卫生站覆盖率达98.93%，共有1779个家庭医生团队保障居民健康。[2] 广州市家庭医生基本医保基金购买的服务内容从原先的39项扩大至195项，年度设立家庭病床近万张，开展上门诊疗服务近20万人次。[3] 这些措施大大增强了基层医疗服务的能力和可及性，确保更多居民能够享受到便捷和优质的医疗服务。

（四）各级各类教育有序发展，教育事业取得新进展

1. 优先满足"好上学"的基本需求，学位供给稳步扩大

做好适龄儿童入学工作是基础教育的重要任务。2023年是"全面二孩"入学高峰，广州小学一年级入学报名人数近26万人，较2022年度新增约4.6万人，小学一年级学位需求处于高峰。广州通过新建、校内扩建、场室改造、

---

① 《为再造新广州扛起卫健担当》，《广州日报》2024年3月22日。
② 《广州进一步完善和发展医疗服务体系 织牢公共卫生防护网》，《广州日报》2023年11月21日。
③ 《这，很广州！》，《广州日报》2023年12月31日。

地段调整、购买民办学校学位等方式，积极扩大学位容量，多方保障学位供给。秋季新建和改扩建投入使用的公办中小学（校区）49所，新增公办中小学学位6.9万个，通过新改扩建累计新增基础教育公办学位8.72万个，使更多孩子得以进入"家门口的好学校"。① 同时，广州市大力支持职业教育和高等教育的高质量发展。新增4所院校入驻广州科教城，持续推动国家"双高计划"，推进职业学校办学条件达标工程，推动智能装备制造、轨道交通等产教联合体建设。广州市还支持市属高校"双一流"建设，香港科技大学（广州）顺利完成首届本科生招生，华南理工大学广州国际校区全面建成交付。这些举措不仅有效缓解了入学高峰带来的压力，也提升了广州市教育资源的配置效率和整体教育水平。通过不断扩大学位供给和提高教育质量，广州市为更多学生提供了公平优质的教育机会，进一步推动了城市教育的均衡发展和社会进步。

2. 推进教育改革创新，提升基础教育质量

2023年，广州出台了《广州市普通中小学校建设标准指引》，对学位配置、学校布局选址、建设指标、校园设计等提出明确标准，力求建一所优一所，不断优化办学条件。同时，推进中小学教师"区管校聘"和骨干教师、优秀校长交流轮岗，通过研学、研修、研习指导下的九大类教师研训项目的实施，促进了教师队伍专业素养提升。深化基础教育集团化办学，推动"农村学校、相对薄弱学校、新建学校"纳入教育集团；实施强基提质帮扶行动，促进城乡教育一体化和区域协同发展，持续提升优质均衡发展水平，不断满足群众对优质教育的需求。② 此外，广州还紧抓机遇，开启人工智能教育普及先行先试，助推广州教育优质均衡发展。2023年，"推动全市1~8年级人工智能教育普及"被列为广州十大民生实事之一，目前各区已形成人工智能教育协同普及的局面。市级层面提供政策、资源和标准，各区负责网格

① 《2023广州教育年度热词，你能说出多少个？》，广州教育微信公众号，https：//mp.weixin.qq.com/s/PgQDxI5fl6dJQ72W_QDZJw。
② 《广州三大措施保障儿童入学》，广州市人民政府网，https：//www.gz.gov.cn/xw/zwlb/bmdt/sjyj/content/mpost_9107671.html。

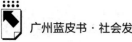

化师资培训、资源应用和示范带动。广州市出版并在全市1~8年级全面应用中小学人工智能教材《人工智能》，在义务教育阶段学校常态化开展人工智能教学，覆盖学校达到1589所，培训人工智能授课教师2637名。在全国人工智能助推教师队伍建设试点交流会上，广州市的试点经验和做法受到高度评价。[1] 这些举措不仅提升了广州市基础教育的质量和公平性，也推动了教育改革创新，为学生提供了更多优质的教育资源和发展机会。通过不断优化办学条件和推动教育创新，广州市为实现教育现代化和高质量发展奠定了坚实的基础。

（五）加强重点领域治理，加快建设更高水平的平安广州

1.扎实推进安全专项整治，城市安全感稳居世界前列

2023年，广州市常态化扫黑除恶斗争持续向纵深发展，扫黑除恶成绩在全省考核中连续5年位居前列。首创最小应急单机制，群众获得感、幸福感和安全感进一步提升，广州市民的安全感常年保持在95%以上，广州已成为世界上最有安全感的超大城市之一。[2] 2023年，广州继续严打人民群众深恶痛绝的各类犯罪，共打掉涉黑组织2个、恶势力组织30个，破案数同比上升16.8%，健全并完善了打击治理新型犯罪机制。全年反诈打击人数、破案数同比分别上升23.6%、11.5%，成功获得省级平安建设"一星平安鼎"，[3] 广州市民对本地社会治安的满意度为86%。

广州市分行业分领域开展网络风险隐患排查整治，完善网络黑灰产业链全产业全链条打击整治机制，全力遏制侵犯公民个人信息、网络黄赌毒、网络传销等新型网络违法犯罪高发势头。通过持续开展"清朗"专项行动，推进互联网内容生态治理，筑牢网络安全屏障，进一步营造风清气正的网络

---

① 《2023广州教育年度热词，你能说出多少个?》，广州教育微信公众号，https：//mp.weixin.qq.com/s/PgQDxI5fl6dJQ72W_ QDZJw。
② 《以高水平安全护航高质量发展 广东持续推动基层社会治理现代化观察》，新华网，http：//www.xinhuanet.com/local/20240207/18206109ab284b08831994f160a84d4f/c.html。
③ 《夯实平安法治之基，护航高质量发展——2023年广州市政法工作综述》，南方网，https：//news.southcn.com/node_ d16fadb650/bee0cd40c0.shtml。

空间。全年发起 32 次"猎诈"系列规模化集群战役，实现破获电诈案件数、打击处理人数同比"双上升"，警情数、立案数同比"双下降"。通过劝阻拦截和止付返还，共为群众减少和挽回损失 7.62 亿元，单宗劝阻拦截避免群众损失最高金额达 786 万元；侦破网络主侦案件 300 余起，刑事拘留犯罪嫌疑人 800 余名，并对 2200 余个网站开展专项排查，督促相关单位排除隐患、堵塞漏洞，走访检查重点单位 3600 余家次，发现并通报 3300 余个安全隐患，对未履行网络安全职责、未落实网络安全技术措施的单位，依法作出行政处罚 500 余宗。

2. 强化社会治安防控体系建设，保障超大城市安全运行

城市公共服务设施是居民生活的物质基础，也是城市安全运转和经济社会发展的基本保障。作为一座实际管理服务人口超过 2200 万、流动人口超过 1000 万的超大城市，广州在 2023 年常住人口总量再创新高，年末常住人口达到 1882.70 万人，年末户籍人口 1056.61 万人，比上年增加 9.29 万人，同比增长 0.50%，增速比上年提高 0.91 个百分点，增量和增速均为近三年最高。面对庞大的人口规模，广州亟须强化"多元+立体"社会治安防控体系建设，以维护城市的安全运行。

一是党建引领，打造基层战斗堡垒。广州市注重发挥政府、社会与群众的多元主体作用，形成了政府主导、部门联动、社会参与、市民支持的社会治安防控格局。作为社会治理治安的主体，广州公安始终牢记"公安姓党"的根本政治属性，坚持党建引领，坚持"一岗双责"，通过建立党委"头雁"、支部"堡垒"和党员"先锋"项目，为社会治安防控体系建设注入源源动力。在党建引领下，2023 年全市各项公安工作稳步提质增效，广州案件类警情连续 7 年下降，交通事故死亡人数较十年前下降 37%，社会治安持续向好，绘上了"警察蓝"的平安底色。

二是多元共治，合力筑牢安全防线。警力有限，民力无穷。广州市公安局深挖基层自治、群防共治志愿服务参与社会共建共治共享的资源，围绕党政机关、学校、医院、企业事业单位、商圈市场、交通枢纽、村居社区、沿街商铺等区域，全力建设最小应急单元，探索超大城市风险群防共治新路

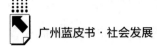

径。广州市坚持建设"一点呼叫、多点响应"联防联控体系，将全市最小
应急单元分为 ABCD 4 类，分别覆盖党政机关、学校、医院等重点单位，商
圈、标志性建筑等人员密集场所，企事业单位与居民社区、公园等，为市民
安全织起"要素管控、应急处置"的防控网。

三是科技支撑，智能防控提升效能。以智慧新警务为引领，是广州创新
社会治理模式的关键之一。2023 年，广州聚焦社会治安防控现实需求，积
极探索信息化、大数据时代下社会治安防控体系升级优化路径，创新构建智
能感知、动态布防、要素管控、应急处置等精准警务"四张网"，不断提升
超大一线城市数据、网络和实体"全维度"社会治安管控能力，将"平安
触角"最大限度延伸到群众身边，推动新时代社会治安防控体系"广州模
式"新发展，平安广州建设走在全省前列。这些智慧安防举措的背后，是
广州市政府对"人民公安为人民"的深刻理解和实践，体现了对人民群众
安全的深切关怀。①

二 2023年广州社会发展面临的问题和挑战

总体来看，2023 年，广州锚定高质量发展持续发力，新兴领域不断成
长壮大，经济增长内生动力稳步增强，主要指标向好态势不断显现，民生保
障扎实有力，城市运行安全有序，居民对广州市的社会发展满意度高。然
而，在增进民生福祉、提高人民生活品质等方面，广州仍面临较多挑战。

（一）就业形势依然严峻，结构性就业矛盾突出

1. 高校毕业生就业压力大

随着高校毕业生数量的持续增加，广州在 2024 年将面临更大的就业压
力。近年来，广州高校毕业生人数逐年上升，2023 年高校毕业生人数达到

① 《广州公安创新防控铸就"安全之城"》，广州文明网，http://gdgz.wenming.cn/2020index/
wmfc/wmfc_ hyxf/202401/t20240109_ 8391913. html。

了历史新高，预计 2024 年这一趋势将继续。尽管广州出台了多项支持高校毕业生就业创业的政策，如开发政策性岗位、设立就业创业 e 站、举办校园招聘会等，但由于就业市场供需不平衡，毕业生就业难的问题仍将突出。特别是部分高校毕业生不愿意从事低端制造业等岗位，而这些岗位却是劳动力市场需求较大的部分，这种结构性矛盾需要有效解决。

2. 新就业形态群体稳定性不足

随着数字经济、互联网平台和人工智能等新技术的快速发展，新就业形态不断涌现，如外卖员、快递员、网约车司机等平台经济从业者逐渐成为劳动市场的重要组成部分。然而，这些新就业形态的工作稳定性和保障性相对较低，劳动者面临工作时间长、劳动强度大、收入不稳定等问题。广州市已经成立了新业态用工保障联盟，并出台了一系列保障措施，仍需进一步加强对新就业形态劳动者的权益保护，提高其就业满意度和工作稳定性。

3. 中小微企业就业贡献不足

中小微企业是广州经济的重要组成部分，也是吸纳就业的重要渠道。然而，受各方面因素影响，中小微企业普遍面临经营困难，恢复速度较慢。融资难、成本高、市场竞争激烈等问题使得中小微企业的用工需求不稳定，进而影响整体就业市场的稳定。广州需要进一步加大对中小微企业的扶持力度，通过减税降费、提供融资支持和优化营商环境等措施，帮助中小微企业渡过难关，稳定就业岗位。

4. 结构性就业矛盾突出

广州的劳动力市场供需矛盾主要表现为结构性就业问题。一方面，劳动密集型服务业和制造业等低技术型岗位长期存在招工难问题，这些岗位工作环境差、劳动强度大、工资待遇低，导致求职者不愿意从事；另一方面，高技术含量、高附加值的岗位对劳动力素质和技能要求高，符合条件的求职者数量不足，导致企业招不到合适的人才。2023 年数据显示，广州市在劳动力市场需求量高于求职总量的情况下，仍存在大量职位空缺（见图 1、表 2），这种供需不匹配现象在 2024 年仍将持续。

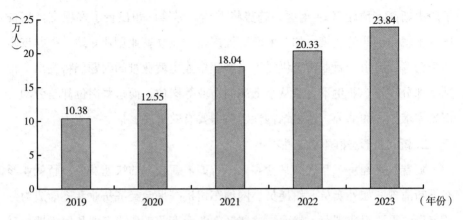

图1　2019~2023年广州市按月领取失业保险金人数

资料来源：根据广州市人力资源和社会保障局公开数据整理。

表2　2019~2023年广州人力资源市场供需总量及岗位空缺与求职人数比率

单位：万人次

项目	求职总量	需求总量	供需总量	岗位空缺与求职人数比率
2023年有效数（总计）	959.57	993.24	1952.81	1.04
2022年有效数（总计）	902.02	971.73	1873.75	1.08
2021年有效数（总计）	427.05	444.06	871.11	1.04
2020年有效数（总计）	311.42	352.59	664.02	1.13
2019年有效数（总计）	202.53	341.44	543.97	1.69

资料来源：广州市人力资源和社会保障局《2019年广州人力资源市场发展情况及2020年展望》《2020年广州人力资源市场发展情况及2021年展望》《2021年广州人力资源市场发展情况及2022年展望》《2022年广州人力资源市场发展情况及2023年展望》。其中，2023年数据是根据广州市人社局2023年各季度人力资源市场供求分析简报数据自行整理而成。

（二）城市治理仍存挑战，城中村改造任务繁重

一方面，人口的增加带来了公共服务需求的增加，对城市的基础设施和公共资源提出了更高的要求，如何在保持城市活力的同时提升城市治理能力成为重要挑战；另一方面，广州市的城中村改造任务繁重，存在资金筹措困难、规划系统引领不足、多方利益协调难、公共服务配套不足等问题。

1. 资金筹措困难

城中村改造是一项资金密集型工程，涉及基础设施建设、房屋拆迁补偿、安置房建设等多个环节，资金需求巨大。当前，广州的城中村改造资金主要来源于政府财政拨款、地方专项债券和金融机构贷款等。然而，由于项目周期长、投资回报不确定，吸引社会资本参与难度较大。同时，居民出资意愿较低，资金筹集协调难度大，导致项目推进缓慢。

2. 规划系统引领不足

城中村改造需要科学的规划和系统的设计，但在实际执行中存在规划碎片化、缺乏连贯性的问题。一些改造项目注重经济效益，忽视了资源环境承载力、生态环境和历史文化保护等方面的综合考虑。此外，规划执行过程中，相关部门之间的协调不足，缺乏有效的联动机制，导致项目推进效率低下。

3. 多方利益协调难

城中村改造涉及政府、村集体、开发商和居民等多方利益，协调难度大。一方面，政府希望通过改造提升城市形象和改善居住环境；另一方面，村集体和居民关心的是补偿标准和安置条件。此外，开发商则关注项目的经济效益和投资回报。利益诉求的多样化和复杂性，增加了项目推进的难度。

4. 公共服务配套不足

许多城中村存在基础设施落后、公共服务配套不足的问题。改造过程中，如果只注重拆建和经济开发，忽视了公共服务的配套建设，将导致居民生活质量难以提升，甚至可能引发新的社会问题。例如，学位不足、医疗资源紧张、交通拥堵等问题，都需要在改造过程中同步解决。

（三）老龄化趋势加剧，养老服务体系发展不平衡

随着人口老龄化的加剧，广州市面临着越来越大的养老服务需求压力。根据统计数据，广州市已经从轻度老龄化步入中度老龄化阶段，老年人口比例逐年上升。老年人群体的增多，对医疗、护理、生活照护等方面的需求日益增长，尤其是失能、半失能老人的专业照护需求显著增加。这一趋势对现

有的养老服务体系提出了更高的要求，亟须进行系统化、专业化的提升和扩展。

1. 设施配套不完善

尽管广州市近年来在养老服务设施建设方面取得了一定进展，但整体来看，养老服务设施的发展仍存在不平衡现象。市中心城区的养老服务设施相对完善，但郊区和偏远地区的设施配套明显不足。一些城中村和农村地区的养老服务站点建设滞后，难以满足当地老年人日益增长的服务需求。这种不平衡不仅影响了老年人的生活质量，也加大了城市整体养老服务体系的负担。

2. 专业护理人员缺乏

养老服务专业人才的短缺是制约养老服务质量提升的重要因素。目前，广州市的养老护理人员总数不足，且大多数从业人员的专业素质和技能水平有待提高。根据相关数据，广州市养老服务机构的护理人员数量远不能满足实际需求。同时，受薪资待遇低、社会认可度不高等因素影响，养老护理行业的人员流失率较高，进一步加剧了专业护理人员的短缺问题。

3. 服务质量参差不齐

不同养老机构之间的服务质量存在较大差异。公办养老机构由于政府资金支持，设施设备和服务水平相对较高，但民办养老机构由于资金和管理上的限制，服务质量参差不齐。一些民办机构存在设施陈旧、护理人员不足、服务项目单一等问题，难以为老年人提供高质量的照护服务。此外，对于失能、半失能老人的专业照护更是面临巨大挑战，需要在专业设备和技能培训方面进行全面提升。

三 2024年广州社会发展的趋势及建议

2023年，广州坚持稳中求进、以进促稳、先立后破的工作总基调，积极应对经济运行面临的压力挑战，全力以赴扩需求、调结构、提质量、保民生，经济社会发展呈现质的提升、量的增长、好的态势。2024年，广州将继续坚持稳中求进的工作总基调，完整、准确、全面贯彻新发展理念，利用一切有利条件，扎扎实实办好自己的事，牢固坚持以人民为中心，一如既往站稳人民立场、把握人民愿望，把增进民生福祉作为城市建设和治理的出发点和落脚点，以高质量发展夯实民生基础，维护和保持社会大局稳定。

（一）广州社会建设和社会发展趋势

1. 提高社会保障、医疗、就业等民生服务质量，推进基本公共服务均等化

广州市坚持在发展中更加注重保障和改善民生，2024年将继续聚焦重点民生任务，加快补齐民生短板，推出更多有温度的惠民生举措，继续交出"十件民生大事"的高分答卷。广州将继续为"一老一小"筑牢幸福安稳"避风港"，优化"1+N"居家社区养老服务网络，推动长者饭堂提质增效，办好老年教育。广州将扎实做好困境儿童兜底保障，推进托育综合服务中心建设，实施儿童福利机构质量提升、困境儿童心理关爱等专项行动，深化"花城有爱·暖心惠童"品牌建设，积极发挥社工、志愿者、慈善三方特色优势，链接社会组织N项资源，优化"1+3+N"儿童关爱保护模式，倾情呵护孩子们健康成长。广州将深化"穗救易"社会救助服务改革，加强特殊困难群体动态监测、精准帮扶、协同救助，及时防范化解困难群众生活安全等风险隐患。广州将打造市、区、镇街、村居社会救助四级"共助空间"，完善分层分类综合社会救助格局。

在医疗卫生方面，广州将深化健康广州建设，持续深化医药卫生体制改革，扩大"穗岁康"参保范围，深入推进以公益性为导向的公立医院改革，推进多种模式医联体建设，促进优质医疗资源扩容下沉、均衡布局，深化医保支付方式、医疗服务价格动态调整等重点改革，提升基层医疗卫生服务能力，高标准推进"三医联动"，不断完善公共卫生体系，建设更高水平的健康广州。

在就业保障方面，广州全力保障好就业这个最基本的民生，千方百计推动高质量充分就业，抓好高校毕业生、退役军人、农民工等重点群体就业，

推进"一区一特色"零工市场建设,优化退役军人"阳光安置"办法,培育一批退役军人创业孵化示范基地,加强各类就业服务平台建设,加大就业培训和就业宣传力度,精准帮扶就业困难人员,完善就业创业补贴制度,提高就业失业金待遇,扩大灵活就业人员参保覆盖面,兜住、兜准、兜牢民生底线,支持和规范发展新就业形态,促进更高质量充分就业。

在住房保障方面,广州将继续高度重视住房保障工作,加快推进保障性住房建设,建立健全租购并举的住房保障体系,扩大住房保障覆盖面,筹建配售型保障性住房1万套、保障性租赁住房10万套,发放住房租赁补贴1.8万户,更好支持刚性和改善性住房需求。

2.加快推进教育强市建设,用心办好人民满意教育

2024年广州教育将接续奋斗、砥砺前行,深入贯彻教育、科技、人才一体化发展要求,担负起新的教育使命,提升学前教育发展质量,推动基础教育优质均衡发展,推进本科层次职业教育等各领域高质量发展,努力办好人民满意教育。

一是筑牢基础教育"基点",持续推动城乡教育资源优化配置,加速构建高质量教育体系。既加强学位供给,增加基础教育公办学位,加大普惠性学前教育资源供给力度,推进高中学位攻坚计划,加快清华附中湾区学校(二期校区)、华师附中知识城校区等重点项目建设,又注重优质教育资源配置,推进基础教育优质均衡发展,进一步加大"双减"力度,提升"双减"效果,深入开展基础教育强基提质"2+2+1"帮扶行动,进一步扩大集团化办学覆盖面,同时完善集团化办学管理办法及运行机制,推进师资配置均衡,促进校际管理、教学、教研紧密融合,强化优质带动、优势互补、资源共享,加快实现集团内、学区内校际优质均衡。注重办好特殊教育,让每一个孩子都公平享有接受教育、人生出彩的机会。

二是加强教育、科技、人才"三位一体"融合发展,不断提升教育服务能级。提升技工教育水平,推动产教深度融合,探索中高职教育开设国际班、设立海外工坊等,大力建设市域产教联合体与行业产教融合共同体。推进本科层次职业教育、"双高计划"建设,做好第47届世界技能大赛备战参赛工作，推进高等教育内涵建设，深化高水平大学建设，支持广州医科大学"双一流"高校建设、广州大学新工科建设和其他在地大学发展，支持港科大（广州）建设世界一流研究型大学。

三是重视中小学生心理健康教育，完善青少年心理健康服务支持体系建设，推动家校社协同落细落实心理健康教育。

3. 积极稳妥推进城市更新，全力推进城中村改造，提高宜居生活品质

满足人们对美好生活的需求，广州需要彻底打破旧的城市化模式，实现由土地城市化向人的城市化转变，科学合理地规划建设服务于人的现代化的"软基建"，推动外来人口市民化，真正打造宜居宜业宜创宜育的现代化大都市。2024年广州将积极稳妥推动城市更新，实施城市更新行动，坚持城市体检先行，把城市体检发现的问题短板作为城市更新的重点，统筹推动城中村改造、既有建筑更新改造、城镇老旧小区改造等城市更新工作，以城市更新带动城市高质量发展。广州持续完善政策体系，推动出台广州市城中村改造条例、城中村改造实施意见、城中村改造工作导则等配套政策，科学区分"留、改、拆"，对有价值的资源做到"应保尽保"，对于拆除新建和拆整结合的城中村坚持"拆、治、兴"并举。同时，拓宽改造融资渠道，积极争取国家融资优惠政策、中央预算内资金、地方政府专项债券、政策性开发性金融工具等多种资金支持，加大城中村改造筹建保障性住房工作力度，重点推动解决新市民、青年人的住房困难问题。广州将扎实推进老城区有机更新，实施200个以上老旧小区改造，有序推进老旧小区成片连片高质量品质提升示范区建设。加大城镇危旧房屋改造，完善配套设施，改善群众居住条件。积极开展城市品质提升，统筹推进道路环境、园林环境、河道环境、街区环境、照明环境、市容环境等系列品质提升工程，推进广州城市新中轴贯通工作，助力实现老城市新活力。

4. 提升精细化品质化智能化治理水平，不断提升城市治理现代化水平

习近平总书记强调，城市管理要像绣花一样精细，越是超大城市，管理越要精细。2024年，广州将深入践行人民城市理念，坚持用好绣花功夫，坚持人民城市人民建、人民城市为人民，尊重城市发展规律，转变城市治理

方式，全面推进城市治理科学化、精细化、智能化，让城市运转更聪明、更智慧，让人民群众有更充盈的获得感、幸福感、安全感。广州将深化以数字化、智慧化手段推动城市治理体系和治理能力现代化，以云计算、大数据、物联网等先进技术为支撑，实现跨部门、跨领域资源整合与信息共享，推动数据使用效能达到最大化，加速推进智慧城市建设，不断为城市"智理"赋能。广州将加快美化市政体系升级与新型智能手段运用，建设"穗智管"数字政府运行智能分析系统、城市驾驶舱，搭建"一网统管"平台，构建城市事件处置全流程闭环体系。同时，积极深化拓展教育、养老、医疗、水务、海防、交通等重要民生领域的智慧场景应用。广州将开展城市品质提升行动。加快推进"一轴两岸、四片多点"城市品质提升。深化生活垃圾分类，整治生活垃圾收集点、压缩站臭气扰民问题。深入开展镇街全域服务治理，推动城中村围院式管理提质扩面。

（二）广州社会发展建议

1. 深化实施公共就业服务提升行动，落实就业优先战略

一是加强校企合作，扩大政策性岗位，鼓励灵活就业，提供就业指导和心理支持，缓解高校毕业生就业压力。建立更加紧密的校企合作机制，通过定向培训、实习实践等方式，提高毕业生的职业技能和实际工作能力。鼓励企业参与高校课程设置和教学活动，确保教学内容与市场需求接轨；增加政府、事业单位和国有企业的政策性岗位数量，特别是在公共服务、科研机构和基层单位，为高校毕业生提供更多就业机会；鼓励高校毕业生从事灵活就业，通过政府补贴、税收优惠等方式支持创新创业，为初创企业和自由职业者提供更多支持；加强就业指导服务，提供职业规划、求职技巧和心理辅导，帮助毕业生树立正确的就业观念，降低就业压力。

二是健全保障制度，强化劳动保护，完善法律法规，稳定新就业形态群体。建立覆盖新就业形态劳动者的社会保障体系，借鉴日本"非正式劳动者福利政策"和欧盟"平台工作者保护指令"等保障性措施，加强对新就业形态群体的保护，包括劳动合同、最低工资、工时限制等，制定并实施新就业形态劳动者的劳动标准和保护政策，确保合理的工作时间、工资待遇和劳动条件；修订相关劳动法规，明确新就业形态劳动者的法律地位和权益，保障其合法权益不受侵害；针对新就业形态劳动者提供职业技能培训，提升其工作能力和职业竞争力，促进其职业发展。

三是优化营商环境，促进市场开拓，解决中小微企业在就业贡献方面不足的问题。通过提供专项资金和税收优惠，减轻中小微企业的财务负担，设立专门的中小微企业扶持基金，提供低息贷款和融资担保服务；降低创业门槛，减轻企业负担。完善法律法规，保护中小微企业的合法权益，营造公平竞争的市场环境；支持中小微企业开拓国内外市场，提供市场信息、技术支持和营销服务，帮助其提升市场竞争力。

四是推进职业教育改革，促进劳动力市场信息对接，鼓励技术创新和产业升级，重点解决结构性就业矛盾。优化职业教育体系，增强职业教育与市场需求的匹配度；建立健全劳动力市场信息平台，提供实时的供求信息和职业指导服务，帮助劳动者找到适合的工作岗位；通过政策引导和资金支持，促进企业技术创新和产业升级，增加高附加值、高技术含量岗位，提升劳动力市场的整体水平；支持技能人才的培养和职业发展。鼓励企业与职业院校合作，开展技能人才定向培训，满足市场对高技能人才的需求；针对不同行业领域实施不同的政策举措，一方面增强求职者对"最缺工"岗位的接受度，保障"最缺工"岗位的用工需求；另一方面建立类型化、系统化的精准人才引进支持政策体系，创建"人才团队整体引入"新模式，创新人才引进平台、渠道建设，引育并举打造广州高端人才集聚高地。

2. 高质量推进广州市城市更新、城中村改造，落实城市发展战略

一是多元化融资渠道，提升居民筹资意愿。一方面，广州市可以引入多元化的融资渠道，通过政府引导基金、社会资本合作（PPP）、专项债券等方式筹集改造资金。例如，政府可以设立城中村改造专项基金，引导社会资本参与。同时，充分利用国家和省级的财政补助资金，减轻地方财政压力。另一方面，通过加强宣传和沟通，增加透明度，明确改造的利益和补偿政策，提高居民的出资意愿。同时，设立居民筹资奖励机制，对于积极参与出资的居民给予一定的奖励或优惠。同时还可借鉴日本的"土地信托"模式和中国香港的"综合开发区"模式，减少直接融资压力，减轻政府财政压力。

二是加强顶层设计，分步有序推进城市更新。坚持政府主导、市场运作、规划先行、依法征收、公众参与、共建共治的原则，明确市—区—街道政府各自责任，改造资金来源更具体，城中村改造项目清单须征得村民同意，科学规划，分类施策。贯彻落实《广州市城市更新专项规划（2021~2035年）》《广州市城中村改造专项规划（2021~2035年）》，明确项目推进时序安排，明确优先拆建的情况，优先推进涉及"十四五"规划近期发展重点、历史文化保护、战略发展区域、重点功能片区、枢纽门户、交通干道等的城市更新项目，避免短时间内大拆大建和"运动式"更新。

三是探索利益共享机制，设立协调机构保障多方利益。建立合理的利益共享机制，通过明确补偿标准、安置条件和收益分配方案，平衡各方利益。政府可以通过政策引导，确保村集体和居民在改造过程中获得合理的经济补偿和居住保障；增强决策过程的透明度，通过召开听证会、社区会议等形式，让各方利益相关者参与到决策过程中，增强项目的公信力和可接受性。成立专门的协调机构，由政府牵头，吸纳村集体、开发商、居民代表参与，定期召开协调会议，及时解决各方矛盾和问题，确保项目顺利推进。也可借鉴德国的"社区发展公司"模式，成立由政府、企业和居民共同出资和管理的社区发展公司，推动城市更新项目，确保各方利益平衡。

四是同步配套设施规划，推进智慧城市建设。城中村改造过程中，应同步规划和建设公共服务设施，如学校、医院、社区中心等，确保居民在改造后能够享受完善的公共服务。政府应制定明确的公共服务配套标准，并严格监督落实；加强基础设施建设，改善道路交通、供水供电、排水排污等基础设施条件，确保基础设施建设与改造项目同步推进，提高居民生活质量；引入智慧城市理念，通过大数据、物联网等技术手段，提升公共服务的效率和质量。例如，利用智能交通系统缓解交通拥堵，建设智慧医疗平台提高医疗资源利用效率等。

3. 完善养老保障体系，提升社会化养老服务供给能力

一是要建立多层次、品质化的基本养老服务供给体系，推动形成多元共治助力社区养老的格局。一方面，要增强养老机构服务能力。新建或改扩建公办养老服务机构，提升公办养老服务机构护理能力。积极扶持各类主体开展普惠型养老服务，完善税费优惠政策，加大对提供基本养老服务的普惠型民办养老服务组织的扶持力度，以扩大普惠性养老服务供给，支持培训疗养机构改革转型发展养老，鼓励各类市场主体积极投身广州的颐康中心（站点）建设运营、老年助餐服务、家庭养老床位、适老化改造、认知障碍照护等重点项目以及养老新业态中来，支持培训疗养机构改革转型发展养老。另一方面，建立健全养老服务补贴制度，深化社区居家养老服务。受传统观念影响，老人更愿意选择居家养老方式。要建设连锁化、标准化的居家社区养老服务网络，持续实施长者饭堂提升工程，进一步推进适老化改造，为高龄、独居、失能老人开展居室适老化养老服务，建设老年友好社区。

二是建立专业化养老服务人才队伍。首先，根据"9064"的养老模式要求，增加养老护理人员队伍。既要提高养老护理人员的工资待遇，也要拓宽他们的晋升通道，进一步加大养老服务人才补贴、扶持力度。加强宣传教育，提高社会对养老护理职业的认可度，转变人们狭隘的就业观念。其次，打造高质量养老服务人才队伍。加强专业教育培养，常态化开展养老服务岗前培训，大力发展养老服务职业教育，加强普通高校本科及以上层次养老服务人才培养，强化技术技能培训，开展养老服务人才培训提升行动，鼓励养老护理人员考取相关专业证书，发展养老服务技能人才。最后，加强老年志愿者队伍建设。探索"社工+志愿者"联动为老服务机制模式，探索"老青互助"养老模式，建立年轻人与老年人结对互助机制。

三是要建立完善全生命周期的老年健康服务体系。在预防方面，积极开展老年人健康教育工作，加强老年人健康科普，创新开展老年人健康科普服务，稳步提升老年人对自身的健康状况和提高养成健康的生活方式的认知与能力；加强门诊、义诊和宣教相结合，落实健康筛查工作，通过健康筛查及时发现一些问题，可以及早进行干预。在治疗和照护方面，深化医养结合服

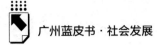

务能力，既要支持医疗资源富余地区的病床使用率较低的公立医疗卫生机构新建或改扩建医养结合服务设施，也要鼓励和扶持养老机构办理医疗和医保资质，大力开展医养结合机构、老年友善医疗机构示范创建，推动养老服务机构医养结合全覆盖。另外，还要顺应老年人多元化的养老服务需求，在满足基本养老服务功能之外，要创新发展满足多元需求的长期照护服务，满足老年人群体多样化、专业化的服务需求。

参考文献

孙志洋：《政府工作报告——2024 年 1 月 15 日在广州市第十六届人民代表大会第四次会议上》，广州市人民政府网，https：//www.gz.gov.cn/zfjgzy/gzsrmzfyjs/sfyjs/zfxxgkml/bmwj/gfxxwj/content/post_ 9465269. html。

《探索社会治理"广州模式"　彰显平安广州浓厚底色》，新华网，http：//www. xinhuanet.com/city/20231116/41c0ba4816544fe495c262ca6a454c2a/c. html。

胡观景、阮野、郭倩倩：《人口老龄化背景下广州市社会化养老服务发展趋势与举措》，《广东经济》2023 年第 1 期。

潘思娴：《广州养老服务人才队伍建设思考》，《合作经济与科技》2023 年第 9 期。

陈业鹏：《基于"城市针灸"理念的广州城中村微改造策略研究》，《智能建筑与智慧城市》2024 年第 2 期。

龚文斌：《高质量发展要求下的城中村改造思考——以广州市城中村改造为例》，《住宅与房地产》2022 年第 24 期。

《广州市深入推进民生保障工作》，《广州日报》2024 年 1 月 15 日。

成广聚：《广州市：精心"绣"绘美好宜居品质之城》，《城乡建设》2024 年第 1 期。

李麟玉：《探索全域服务治理模式　提升城市精细治理水平——以广州市为例》，《城市管理与科技》2022 年第 3 期。

谢兴梅：《广州市基层治理数字化转型创新路径研究》，《江南论坛》2023 年第 10 期。

杜金霜：《用地管理视角下城市更新实践与思考——以广州市城中村改造为例》，《城市建筑》2024 年第 2 期。

民生保障篇

B.2

2023年广州市民生活质量和消费状况调查报告[*]

王 薇[**]

摘 要: 消费是拉动经济增长的重要动力。2023年4月,广州市统计局在全市11区39个街道200个社区对5000名18~65岁的常住居民进行了入户调查,以了解市民对促进消费提振经济的看法和意见。调查结果显示,市民对经济形势的预期显著增强,近七成的受访市民认为广州2023年经济形势将好于前两年,六成半的认为广州未来两年经济形势将"越来越好"。受访市民家庭的消费支出占比40.6%,较2022年、2021年略有降低。市民未来两年可能会增加的消费类型主要有日常生活用品、休闲旅游、教育培训、医疗保健、外出餐饮。受访市民认为"提高工资或收入水平"和"完善社会保障制度"最能促使自己增加消费支出。

---

[*] 本文为"广州市统计局万户居民调查课题组"研究成果。

[**] 王薇,广州市统计普查中心助理研究员,研究方向为社会调查。

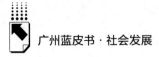
关键词： 经济预期 消费意愿 生活支出

2021年7月，国务院批准五个城市率先开展国际消费中心城市培育建设工作，广州为其中之一。广州市政府结合本市实际，先后印发了《广州市加快培育建设国际消费中心城市实施方案》《广州市建设国际消费中心城市发展规划（2022~2025年）》等一系列文件，对广州市消费基础、消费特色与优势、短板与不足、发展形势与趋势等各方面情况进行分析，提出消费领域的下一步发展定位与目标，制定了发展策略，规划构建了消费体系，为进一步促进消费提供指引。与此同时，广州创新举办网上年货节、直播电商节、双品网购节、"双十一"城市购物节等以电商为主题的线上线下促消费活动，推出"Young城 Yeah市"夜间消费节，分档次对以旧换新购买新车给予补贴，持续发放政府消费券，高水平举办广州马拉松赛、广州国际龙舟邀请赛等重大赛事，通过一系列密集措施，大力提振消费信心、扩大消费需求、激发消费潜力，充分发挥消费对经济发展的基础性作用。2022年，广州坚持以国际消费中心城市培育建设为引领，密集出台促消费新政策新举措，锻造经济增长内生动力，全力保持消费品市场稳步增长态势，全市实现社会消费品零售总额10298.15亿元，同比增长1.7%。[①]

随着疫情防控的平稳转段，经济社会正常秩序得到了较快恢复，经济发展被摆在了更为突出的位置，恢复和扩大消费是稳定经济增长的基础动力，是实现高质量发展的必然选择。随着疫情影响的消退，人民群众对宏观经济的预期、家庭自身消费结构势必一同发生变化。然而，当前对促进消费的讨论主要集中在消费在经济发展中发挥的作用、政府政策等宏观层面，集中体现在政府和市场设计者、推动者意志方面，较少对消费的行为者市民本身进

---

① 《2022年广州市社会消费品零售总额10298.15亿元》，广州市人民政府网，https：//www.gz.gov.cn/ysgz/xwdt/ysdt/content/mpost_ 8782445.html。

行调查研究。消费在经济发展中发挥着基础性作用，它既是经济增长的主引擎，更是人民对美好生活需要的直接体现。提振和扩大消费的最终结果是要惠及市民，满足人民对美好生活的向往。

本次调查试图从市民角度出发，利用广州市万户居民调查网，通过入户问卷调查的方式，考察市民对近期经济形势和家庭生活质量变化的判断，了解市民家庭支出构成的变化和未来消费意愿，听取市民对房地产、汽车等消费占比高、产业链长、带动力强的大宗消费的倾向以及对政府促消费措施的看法，以期探讨广州消费的挖掘潜力，进一步明确激发消费活力的方向和重点，为广州国际消费中心城市培育建设工作提供参考。

一　数据来源与获取说明

（一）调查项目基本情况

本次调查采用 2023 年 4 月中下旬的广州市万户居民调查数据。该调查始于 1998 年，是由广州市统计局牵头开展的一项大型社情民意调查，每年共开展调查项目 8~10 项，分别以面对面入户、电话调查、网络调查等方式进行。每年年初，万户居民调查围绕群众关注、领导关心的议题，以服务决策、服务社会、服务民生为目的，通过公开征集意见的方式，选出选题制订全年调查计划，调查课题贴近民生民意，广泛覆盖就业、医疗、社保、教育、养老、托幼、住房、治安、生活质量、人居环境等各个民生领域。

20 多年来，万户居民调查经历了 3 次扩网和 7 次全面更新换户，调查网络覆盖至广州市 11 个行政区 39 条行政街 200 个社区的 1 万户常住居民，调查样本量大、抽样科学、代表性强。调查过程严谨，质量控制严格，数据真实客观，调查结果有效反映市民意愿意见，对政府相关部门发现问题、制定政策、改进工作、提升城市治理水平提供了可靠参考。

（二）样本基本情况与质量控制

1. 样本数量与分布情况

本次调查依据 2021 年广州市城镇常住人口数据及广州市第七次全国人口普查资料，按照全市各区常住家庭户①的分布比例进行多阶段整群抽样，样本数量分布情况如表 1 所示。

表 1 样本数量分布

单位：户，个

地区	样本数	街道	社区居委数
合计	5000	39	200
荔湾	500	4	20
越秀	500	4	20
海珠	750	5	30
天河	900	6	36
白云	900	6	36
黄埔	450	3	18
番禺	300	3	12
花都	200	2	8
南沙	150	2	6
从化	150	2	6
增城	200	2	8

资料来源：调查数据。

2. 质量控制

万户居民调查实行严格的全过程质量控制，尤其对按规范抽样、按地址上户、按要求填报和按比例抽查等重点环节实行质量监督。

抽取调查样本户期间：通过社区居委底册获取，确保辖区内全部符合调

---

① 调查户需满足以下条件：1. 在广州市居住半年以上的常住家庭户，且一年内无搬迁意向；2. 家庭中有能独立完成调查、年龄在 18~65 岁且思维清晰、语言表达清楚的成员；3. 剔除住宅区内（包括街巷）的商铺、公司、士多、美容店、发廊、家庭旅馆等，以及空置的民居和集体户。

查户基本条件的常住家庭户纳入抽样框，调查户不受出租屋、人口户籍和家庭人口数量的限制，严格按照规范步骤科学抽样。

入户调查期间：重点加强对调查员入户环节的核查，通过调查督导员陪访入户、事中及事后电话抽查等方式，确保调查员真实入户、问卷由调查对象真实填答，陪访和抽查率不低于20%。

3. 样本构成情况

从本次调查样本的性别构成来看，女性略多于男性，女性占比53.3%，男性占比46.7%。

从调查样本的受教育程度来看，接受过本科教育的样本占比最高，为30.7%；其次是接受过高中/中专/职高/技校和大专教育的样本，分别占比23.4%、21.5%（见表2）。

表2　样本受教育程度状况

单位：%

受教育程度	占比	受教育程度	占比
小学及以下	3.3	大专	21.5
初中及以下	17.3	本科	30.7
高中/中专/职高/技校	23.4	研究生及以上	4.0

资料来源：调查数据。

从样本的就业状况来看，77.0%的为在业人员。在业人员中，专业技术人员占比13.8%，私营、个体经营者占比11.5%；非在业人员中，离退休人员占比13.6%，待业和料理家务分别占比4.8%和4.6%（见表3）。

表3　样本就业状况

单位：%

就业状况	占比	就业状况	占比
专业技术人员	13.8	公务员	1.8
企事业单位的管理人员	6.6	私营、个体经营者	11.5
企事业单位的办事员	9.4	生产/运输工人	3.6

续表

就业状况	占比	就业状况	占比
商业工作人员（含微商、电商等）	4.6	打短工/散工	3.4
服务业工作人员（含快递员、餐饮业、餐饮配送人员）	5.7	待业	4.8
		料理家务	4.6
离退休人员	13.6	其他职业	16.6

资料来源：调查数据。

从调查样本的年龄构成来看，30~39 岁年龄段占比最高，为 30.7%；其次是 40~49 岁年龄段，为 28.9%（见表 4）。

表 4　样本年龄构成情况

单位：%

年龄	占比	年龄	占比
18~29 岁	12.2	50~59 岁	20.1
30~39 岁	30.7	60~65 岁	8.1
40~49 岁	28.9		

资料来源：调查数据。

（三）调查方法与内容

1. 调查方法

本次调查为入户调查，由社区工作人员担任调查员，持调查证入户访问，通过智能手机端广州市万户居民调查平台采集调查户基本信息，面对面指导调查对象完成问卷，对无法由手机填报的调查户，辅以纸质问卷。调查由广州市统计局、各区统计局、中选街道办事处、中选社区居委会组成四级管理和实施机构，市统计局派出驻街督导员协同区、街工作人员对各中选街进行业务指导、问卷审核和质量监控，最大限度保障了调查质量。

2. 调查内容

调查内容主要有以下几个方面：一是广州市民对生活质量的判断追踪调

查，二是市民的家庭支出构成和消费计划，三是市民对政府消费券的知晓与使用情况和看法，四是市民的大宗消费（购房、购车）意愿，五是市民对政府出台措施促进消费的期待和建议。

二 调查结果

（一）消费信心有待提振，计划增加消费的市民开始增多

1.市民对生活质量的期望明显回升

随着疫情防控的平稳转段和稳经济政策的效果持续显现，市民对经济发展的信心显著增强。调查显示，69.1%的市民认为广州 2023 年经济形势将好于前两年，较 2022 年[①]（42.6%）大幅提高 26.5 个百分点，接近疫情前（2019 年）的 71.7%。

随着经济预期的好转，市民对生活质量的评价和对未来生活的期望同步提升。调查显示，市民对当前家庭生活水平的评分为 6.85 分，较上年（6.71 分）提高 0.14 分，基本恢复到 2019 年（6.90 分）的水平。2023 年，52.0%的市民相信未来两年家庭生活水平将"越来越好"，较上年（48.5%）增加 3.5 个百分点，与 2019 年（52.4%）基本持平（见表 5）。

表 5 市民对未来两年家庭生活水平的预判

单位：%

年份	越来越好	变化不大	越来越差	说不清
2023	52.0	37.4	3.0	7.6
2022	48.5	38.8	3.9	8.8
2019	52.4	42.8	1.1	3.7

资料来源：调查数据。

---

① 2012 年以来，广州市统计局万户居民调查持续对市民对经济形势和家庭生活质量的看法，以及市民家庭总体支出分配情况开展追踪调查。

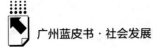

收入越高，对生活水平的评分和对未来生活水平的预判也越高。低收入家庭、中等收入家庭和高收入家庭①对当前生活水平的评分分别为 6.67 分、6.92 分和 7.23 分，认为未来生活水平将"越来越好"的比例分别为 50.3%、52.5%和 56.2%。

2. 消费信心有待提振恢复

对经济的预期与消费信心正相关，但从本次调查结果来看，虽然市民对经济的信心已经基本恢复，但消费信心还有待进一步增强。受访市民家庭的消费支出占比 40.6%（见图 1），较 2022 年降低 1.6 个百分点，较 2019 年降低 9.7 个百分点；还借贷、投资、储蓄和其他支出都有所上升，其中，还借贷支出占比上升最为明显。

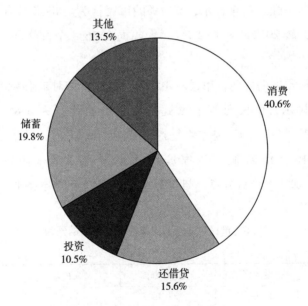

图 1 市民各项支出占比

资料来源：调查数据。

---

① 本文中将低收入家庭、中等收入家庭、高收入家庭分别定义为月收入 7000 元以下、月收入 7000~19999 元、月收入 2 万元及以上家庭。

3.计划未来增加消费的市民数量增多

虽然市民当前消费支出趋于保守，但未来两年可能增加消费的市民数量有所增长。88.2%的市民表示可能增加消费，较上年提高2.7个百分点。收入越高，消费意愿越强，高收入家庭、中等收入家庭和低收入家庭计划增加消费的比例分别为94.7%、91.1%和84.9%。

恢复和扩大消费受到经济预期和消费信心的影响。当前，市民对经济的预期积极向好，但对消费的信心仍有保留，两者之间的差异预示着消费潜力未充分释放，下阶段恢复和扩大消费有较大空间。与此同时，计划未来增加消费的市民开始增多，消费动能将逐渐得到激活。

（二）充分挖掘大宗消费的带动作用

从调查结果看，消费"四大金刚"[1]（汽车、家电、餐饮、家居）中，餐饮消费需求旺盛，家电家居消费需求有所增长，但汽车消费需求略有下降。与此同时，旅游消费需求的增长引人瞩目。

1.餐饮、旅游消费需求旺盛

本次调查考察了市民家庭未来两年的消费计划，市民可能会增加的消费类型排名前5的依次是日常生活用品（43.9%）、休闲旅游（42.1%）、教育培训（37.9%）、医疗保健（35.1%）、外出餐饮（32.3%）（见图2）。与上年相比，"休闲旅游"明显增长，中选率增加10.7个百分点；"住房"和"教育培训"明显下降，中选率分别减少7.5个和5.1个百分点。[2]

2.房屋居住属性突出，市民购房观望情绪较浓

本次调查考察了市民的购房意愿，30.2%的受访市民表示有购房计划，其中，6.9%的打算2年内买房；23.3%的计划买房，但要等等看。与2016

---

[1] 《王文涛部长出席国新办"权威部门话开局"系列主题新闻发布会介绍"坚定信心，奋发有为，推动商务高质量发展迈出新步伐"有关情况》，商务部网站，http://www.mofcom.gov.cn/article/syxwfb/202303/20230303394394.shtml。

[2] "外出餐饮"为本次新增指标，无上年对比数据。

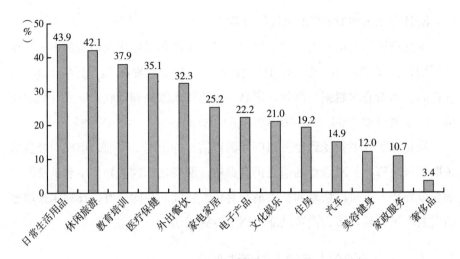

图2 市民未来两年可能增加的消费类型

资料来源：调查数据。

年的调查①结果相比，计划买房的市民占比下降4.6个百分点，相对于房地产市场热度高涨、住房销售量价齐升的2016年（2016年全市商品房销售面积1949.10万平方米，为近十年最高峰值），市民购房意愿形成波动的主要原因是，有购房需求的群体观望情绪浓厚，打算"等等看"的占比提升。

市民的购房意愿呈现明显的收入与年龄特点。收入越高，购房意愿越强，高、中、低收入家庭有购房计划的比例分别为41.4%、30.0%和24.5%。市民购房意愿随着年龄的增加而逐渐减小，18~29岁市民中有购房意愿的占比41.5%，而60岁以上市民中这一比例下降到13.5%，年轻人成为购房主力。

在有购房计划的市民中，41.0%的属于首次置业，50.8%的属于改善型置业，7.8%的为投资置业，改善型置业的占比已高过首次置业。市民不买房或打算等等看的原因，排前4位的依次是"房价过高（43.0%）"、"经济条件不允许（42.1%）"、"医疗、教育、养老压力大（26.0%）"和"未来收入

---

① 2016年，广州市统计局万户居民调查对市民的购房意愿进行了考察，结果显示，34.8%的市民有购房计划，其中，16.3%的打算2年内买房，18.5%的计划买但要等等看。

难保证（24.5%）"，可见，影响市民购房意愿的因素以经济因素为主，真正"不需要"购房的仅占 11.4%（见图 3）。

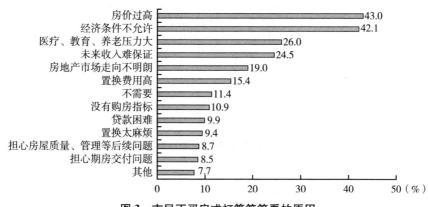

图 3　市民不买房或打算等等看的原因

资料来源：调查数据。

住房是普通市民的最大宗消费，且住房消费对家电家居等相关消费有明显的拉动作用。从调查结果来看，真正没有购房需求的市民占比不高，市民购房意愿波动不大，住房消费呈现明显的"刚需"特征。应着力解决市民的经济担忧，并在规划中充分考虑"改善型""年轻化"等市场需求，激发住房消费活力。

3. 汽车消费可成为消费提质扩容突破口

调查结果显示，35.9% 的受访市民有购车意愿，其中 11.4% 的打算近两年买；24.6% 的想买，但要等等看。收入与年龄因素同样对购车意愿影响显著。收入越高，市民购车意愿越强，高、中、低收入家庭中有购车意愿的分别为 40.5%、37.2%、32.8%；年龄越轻，购车意愿越强，18~29 岁市民中有购车意愿的比 60 岁及以上市民高 35.8 个百分点。

"打算近两年买车"和"想买，但要等等看"的市民中，23.6% 的在购车时会优先考虑广州本地生产的汽车。市民等等看或不买车的原因主要有"有车，不需要更换（28.7%）""养车成本高（28.5%）""停车不方便（28.4%）""经济条件不允许（27.7%）""开车拥堵（20.9%）"（见图 4）。

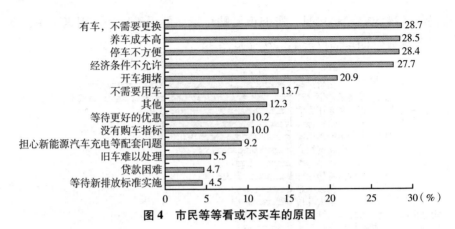

图4 市民等等看或不买车的原因

资料来源：调查数据。

汽车作为广州的支柱产业之一，其产业规模大、产业链长、带动力强，不仅对提振消费至关重要，汽车产业转型也对推动广州经济高质量发展作用突出。从调查结果来看，有购车意愿的市民接近四成，占比不小，且逾两成市民在购车时偏好广州本地车，汽车消费可成为消费提质扩容的突破口。下一步，要在多措并举鼓励汽车消费的同时，不断改善停车、道路交通等道路状况，加大充电桩等新能源汽车配套设施建设力度，消除市民购车顾虑，释放汽车消费潜力，并通过供给端发力推进产业链创新发展。

（三）提高未来预期是促进消费的最有效方法

1.消费券对促进消费有作用

近年来，发放消费券成为政府拉动消费的重要手段。调查结果显示，60.6%的市民认为消费券"经常"或"有时"能调动自己的消费意愿，市民对消费券的作用表示认可。

对于优惠券的使用领域，市民最希望能用于"日用百货（57.9%）"和"餐饮美食（53.2%）"，"文化旅游（36.2%）""家电家居（35.6%）""网络购物（33.7%）"也有较高的中选率（见图5）。政府消费券投入有限，无法做到各行各业"全覆盖"，这就需要聚焦既符合市民所需，又在产业链上带动大、消费弹性大的品类，真正把资金用在刀刃上。

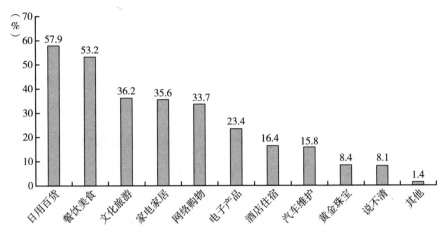

图5 市民希望优惠券能使用的消费领域

资料来源：调查数据。

2. 提高收入是促进市民消费最有效的方法

当被问及认为哪些措施会促使增加消费支出时，中选最多的选项是"提高工资或收入水平（69.3%）"，其次是"完善社会保障制度（43.5%）"。可见，提高市民对未来生活的预期，才能带来消费的大幅增长。"加强市场监管，营造放心消费环境（34.0%）""鼓励单位增加福利支出（33.1%）""对大宗消费进行补贴（31.7%）""降低或取消各种消费环节的税费（31.4%）"也有较高中选率。而"推广消费信贷（9.1%）"对市民而言接受程度较低（见图6）。

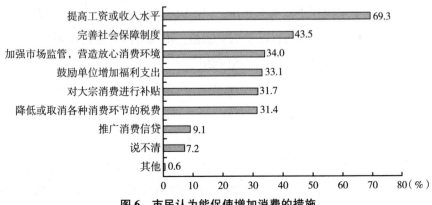

图6 市民认为能促使增加消费的措施

资料来源：调查数据。

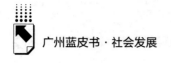

三 结论与意见建议

（一）主要结论

第一，市民对生活质量的期望明显回升。随着经济预期的好转，市民对生活质量的评价和对未来生活的期望同步提升，市民对当前家庭生活水平的评分为6.85分，较上年（6.71分）提高0.14分，基本恢复到2019年（6.90分）的水平。2023年，52.0%的市民相信未来两年家庭生活水平将"越来越好"，较上年（48.5%）增加3.5个百分点，与2019年（52.4%）基本持平。

第二，计划未来增加消费的市民数量增多。受访市民家庭的消费支出占比40.6%。88.2%的市民表示未来两年可能增加消费，较上年提高2.7个百分点，且收入越高，消费意愿越强。市民可能会增加的消费类型排名前5的依次是日常生活用品（43.9%）、休闲旅游（42.1%）、教育培训（37.9%）、医疗保健（35.1%）、外出餐饮（32.3%）。与上年相比，"休闲旅游"明显增长，中选率增加10.7个百分点。

第三，在重点消费领域，住房消费需求稳定，房屋居住属性突出，市民购房观望情绪较浓；汽车消费需求略有下降但仍有较大空间；家电家居需求有所增长，餐饮、旅游需求旺盛。

第四，消费券对促进消费有作用，但作用有限。60.6%的市民认为消费券"经常"或"有时"能调动自己的消费意愿，市民对消费券的作用表示认可。对于消费券的使用领域，市民最希望能用于"日用百货（57.9%）"和"餐饮美食（53.2%）"，"文化旅游（36.2%）""家电家居（35.6%）""网络购物（33.7%）"也有较高的中选率。

第五，提高收入是促进市民消费最有效的方法。市民认为"提高工资或收入水平（69.3%）"最能促使自己增加消费支出，其次是"完善社会保障制度（43.5%）"。可见，提高市民对未来生活的预期，才能带来消费的大幅增长。"加强市场监管，营造放心消费环境（34.0%）""鼓励单位增加福利支出（33.1%）""对大宗消费进行补贴（31.7%）""降低或取消各种消费环节的税费（31.4%）"也有较高中选率。而"推广消费信贷（9.1%）"对市民而言接受程度较低。

（二）意见建议

第一，调查结果显示，提高市民对未来生活的预期，才能带来消费的大幅增长；目前市民对经济形势的预期虽显著增强，但消费信心仍有保留。要全力扩大有效益的投资，加快"攻城拔寨"重点项目建设，稳定经济增长的各方面积极因素，通过不断释放积极信号，大力提振市场信心，并推动市民的经济预期向消费信心转化，让居民敢消费。

第二，根据调查结果，可重点关注住房、汽车、家电、家居、旅游五大重点领域，抓住并利用好暑期、假日等消费好时机，积极开展各类主题促销活动，挖掘消费热点，营造消费氛围，推动城市流量转化为消费能量，让居民愿消费。

第三，调查结果显示，提高居民收入是促进消费的最根本动力，要以稳定扩大就业为着力点，不断落实落细支持市场主体发展的各项政策，加快推动经济高质量发展，促进居民人均可支配收入持续增长，切实提升消费购买能力。

第四，要切实保障和改善民生，进一步完善医疗卫生、教育、养老等基本公共服务，不断完善社会保障体系，持续增进民生福祉。要组织好重要民生商品供应，加快城乡消费基础设施建设，增强消费倾向高的中低收入居民的消费能力与普惠性消费供给，让居民长远能消费。

参考文献

广州市统计局、国家统计局广州调查队：《广州统计年鉴 2023》，中国统计出版社，2023。

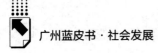

臧旭恒、易行健:《中国居民消费不足与新发展格局下的消费潜力释放》(上),《消费经济》2023 年第 1 期。

臧旭恒、易行健:《中国居民消费不足与新发展格局下的消费潜力释放》(下),《消费经济》2023 年第 2 期。

贾晓芬:《当前我国公众的消费意愿与消费期待调查(2023)》,《国家治理》2023 年第 13 期。

臧旭恒、姚健:《消费的基础性作用分析:渊源、依据与启示》,《中山大学学报》(社会科学版)2024 年第 2 期。

黎华联、陈颖:《"开门红"如期而至 经济复苏稳步向前》,《南方日报》2023 年 2 月 15 日。

刘志强、李心萍:《消费"主引擎"作用进一步凸显》,《人民日报》2023 年 8 月 24 日。

广州构建"体卫融合"新格局研究

姚卫光　王雪婷*

摘　要：　"体卫融合"是推动健康关口前移，推进"健康中国"建设与落实全民健身计划的重大战略部署。本文对广州两类人群的体力（体育）活动现状进行调研，发现广州体卫融合发展过程中存在着顶层设计不完善、居民体育锻炼不足且"主动健康"理念未形成、服务体系薄弱、资源保障不到位等问题。基于此，提出要强化顶层设计，把握体卫融合发展整体方向；凝聚思想共识，促进体卫融合理念"知信行"合一；完善服务体系，探索健康服务提质增效新举措；优化资源配置，夯实体卫融合高质量发展基础等，以期促进广州构建体卫融合高质量发展新格局。

关键词：　体卫融合　健康中国　健康关口前移

　　"体卫融合"，旨在通过基本公共卫生服务供给侧改革推动体育与医疗卫生融合发展，强化运动和健康生活方式在健康促进、慢性病预防和康复等方面的积极作用，进而实现全人群全周期的主动健康目标。作为推动健康关口前移的重要抓手，深化体卫融合已相继被纳入《国民经济和社会发展第十四个五年规划和2035年远景目标纲要》和《全民健身计划（2021~2025年）》等重要文件中，成为建设体育强国和健康中国的国家战略之一。随着人口老龄化的逐年加深和因运动不足导致的慢性病问题日益凸显，促进体卫融合可持续发展的重要意义愈加彰显。

---

* 姚卫光，流行病与卫生统计学博士，南方医科大学卫生管理学院教授，研究方向为公共卫生政策；王雪婷，南方医科大学卫生管理学院硕士研究生。

为立足广州实际，构建广州体卫融合高质量发展新格局，南方医科大学广州公共卫生服务体系建设重点研究基地课题组抽取了广州11个市辖区内的部分社区中青年居民和慢性病患者，就其体力（体育）活动现状展开调查，结合当前广州体卫融合建设现状进行分析，发现"体卫融合"背景下广州依然存在顶层设计不完善、居民体育锻炼不足且"主动健康"理念未形成、服务体系薄弱、资源保障不到位等现实困境。现对调查结果进行分析，并提出相应的政策建议。

一 广州两类人群体力（体育）活动现状调查结果

本课题组于2023年6~10月在广州市11个行政区各抽取了两个社区，选取505名18~59岁中青年居民，利用国际体力活动问卷（IPAQ）就调查对象过去一周内参与日常工作、交通出行、家务园艺、休闲相关四种活动类型的体力活动情况及总活动量进行了调查；同时选取612名慢性病患者，利用体育活动等级量表（PARS-3）对调查对象过去一个月内参加体育锻炼的强度、时间、频率及运动量进行了考察。广州两类人群体力（体育）活动现状调查结果如下。

（一）中青年居民体力活动不足占比高而休闲相关体力活动占比低

调查样本中32.89%的广州中青年居民存在体力活动不足，高于广东省2009年所调查的23.14%的成年居民体力活动不足比例。其中，女性、50~59岁年龄段、无工作、自评健康状况为差和一般的中青年群体更容易出现体力活动不足。此外，广州中青年居民总活动量主要来自日常活动和交通出行，闲暇时所进行的休闲相关体力活动占比14.36%。其中，女性、居住地为农村的中青年居民的休闲相关体力活动量较低，分别占总活动量的10.27%和7.54%。个人认知态度及身体状况、锻炼环境设施配备及地理位置、工作/学习压力及时长、社会体育信息传播及政府文件支持是广州中青年居民进行休闲性体力活动的影响因素。

（二）慢性病患者参加体育活动活跃度不高且对运动的非医疗健康干预作用认识不足

调研结果显示，广州慢性病患者体育活动水平低、中、高者占比分别为48.42%、36.67%、14.91%，年龄低于45岁、女性、高BMI、居住地为农村是慢性病患者体育活动水平低的危险因素。调研还发现，患高血压、高血脂、糖尿病对身体活动量达标与否没有影响，说明不同慢性病类型患者为改善身体状况而增加的体育活动量仍不足，尚未充分认识到运动在慢性病预防、康复和健康促进等方面的积极作用。

二　广州体卫融合发展的现实困境

（一）顶层设计不完善

一是组织管理及协同发展机制不够完善。体质监测、健身宣传与指导等服务多由体育局承担，健康体检、疾病预防与治疗等服务多由卫生健康委员会负责，两部门在体卫融合路径上面临着不同行政体制、管理模式和规划侧重点等方面差异所导致的障碍，制约了全民健身与全民健康深度融合。此外，当前体卫融合工作主要由体、卫两部门完成，缺乏其他政府部门、市场、社会力量和公众等多元主体的沟通交流与协同联动，难以发挥整体治理的优越性。

二是配套政策法规缺位。从目前广州推进体卫融合实际进程情况来看，缺乏必要的政策支持。由官方发布的涉及体卫融合发展的相关文件包括《广州市卫生健康事业发展"十四五"规划》《广州市体育发展"十四五"规划》《广州市全民健身实施计划（2021～2025年）》，但此类文件中仅将体卫融合作为推进广州卫生健康事业、体育事业和全民健身融合发展的一项措施，对体卫融合的描述存在碎片化和浅表化特征，尚未颁布体系化、专项性的体卫融合实施细则和指导意见，缺少可操作性方案，影响了体卫融合工作的深入推进。

三是缺乏有效的监督考核体系。目前，广州尚未构建完善的体卫融合考核指标体系，只是将其作为软任务而非硬指标添加到体育和卫生部门的工作计划中，缺少相应的内外部监督考核机制和评价程序，导致实际工作的推进力度不足，工作执行中存在的堵点和不当操作也无法及时发现和纠正，影响了体卫融合健康服务的供给效果。

（二）"主动健康"理念尚未形成

一是"被动医疗"观念占据主导。调查发现，广州中青年群体和慢性病患者体力活动不足与健康理念密切相关，居民依旧偏向通过"被动医疗"手段来解决健康问题，虽然部分居民已经意识到运动具有独特的促进健康功能，但"重医疗，轻体育"的传统认知仍未根本改变，并且已然形成了固有的思维逻辑和行为倾向。居民对于体育作为一种疾病治疗手段而非普通休闲活动并不十分认可，导致体育的健康促进功能被弱化。

二是居民健康素养存在短板。2023 年广州居民健康素养水平为 40.69%，继续保持稳定上升态势，但在三个测量维度中，健康生活方式与行为（40.96%）和基本技能（35.09%）均低于基本知识和理念（55.63%），说明居民具备了较好的健康知识和理念，但尚未实现将思想意识转化为具体健康方式和行为，树立"主动健康"理念。

（三）服务体系不够健全，服务能力有待提升

一是体卫融合专业服务机构数量不足、服务模式单一。随着体卫融合理念的持续传播，全民健康与全民健身不断融合，需求侧被彻底激活后，亟须完善全人群全周期的多模式体卫融合服务供给。① 而目前广州体卫融合服务供给主要依托国民体质测试站点与运动健身指导站，缺少能够同时开展体育

① 吕康恒、赵亚楠、戎爱群：《南京市体卫融合建设评价指标体系的构建及其应用研究》，《体育科技文献通报》2023 年第 6 期。

健身指导和医疗卫生服务的专业体卫融合机构如医学健身中心、慢性疾病运动干预中心、运动医学康复专科医院,服务平台和模式较为单一。广州国民体质测试站点与运动健身指导站的服务内容多为体质测试、科学健身指导等运动健康服务,服务供给内容呈基础性和单一性,难以精准匹配预防、医疗、康复等疾病管理不同阶段需求和专业运动员、青少年、孕产妇、老年人、亚健康、罹患疾病等不同人群需求。

二是专业队伍与实际工作需求不匹配。一方面,复合型专业人才总量短缺。有数据显示,我国运动康复师比率为 2.65 人/10 万人,与欧洲 60 人/10 万人相比差距明显。[1] 目前,广州以广州体育学院为代表,已进行了运动康复学、康复治疗学等专业布点,体卫融合复合人才数量虽逐渐增多,但总量仍然较少,短期内难以改变体卫融合人才储备欠缺这一全国及各省市层面的共性困境。另一方面,从业人员体卫融合知识技能普遍偏低。有调查表明,75.56%的医疗卫生从业人员和 81.9%的体育系统从业人员认为自己"体卫融合知识储备和实践技能严重不足",体卫融合复合人才队伍的综合素质和专业技能亟须提高。[2] 此外,社会体育指导员的作用受限。广州现有体卫融合运行体系中的社会体育指导员主要来自基层体育工作者、退役运动员以及体育爱好者,普遍存在缺乏专业医学知识、年龄结构偏大等问题;同时,公益性社会体育指导员的工作流动性比较大,容易出现"志愿失灵"问题,[3] 对其在体卫融合中发挥持续性作用造成制约。

三是服务信息共享不够充分。广州依托全民健康信息平台,虽已能实现健康医疗数据在省、市、区三级近 300 家医疗机构间的有序共享,但居民体育锻炼信息、体质健康信息和体检报告信息还未能实现有效整合,集体质健康监控、运动风险评估、科学运动与信息获取等服务于一体的体卫融合服务

---

① 张阳、吴友良:《健康中国战略下体医融合的实践成效、困境与推进策略》,《中国体育科技》2022 年第 1 期。
② 聂应军、赵元吉、郑湘平等:《我国体医融合高质量发展的多维逻辑、影响因素及实践路径》,《体育学刊》2022 年第 3 期。
③ 董宏、王锴、王家宏:《主动健康理念下我国体卫融合发展瓶颈与战略选择》,《体育科学》2023 年第 1 期。

智慧平台尚未建立，导致健身与医疗信息繁杂且相互独立的问题较为突出，影响了体卫融合健康服务能力的提升。

（四）资源要素保障不到位

一方面，财政及场地设施资源投入有限。目前体卫融合健康服务发展资金仍主要来源于卫生健康部门及体育部门的财政拨款，社会资本投入有限，财政资金来源单一；同时，由于目前与体卫融合政策相配套的实体产业尚未进入大规模开发阶段，场地设施存在供给不足、更新迭代缓慢、科技含量不高等问题。[1] 另一方面，体卫融合资源分布不均。由于广州各行政区的人口密度和经济发展程度不同，尚无法真正实现财政投入和体育与医疗卫生资源的均衡化配置，体卫融合资源总体呈现城市地区明显优于农村地区，荔湾、越秀、天河、海珠等中心城区明显优于增城、花都、从化、南沙等城市边缘地区的特点。

三 广州构建"体卫融合"新格局的政策建议

（一）强化顶层设计，把握体卫融合发展整体方向

一是积极融入全市改革发展大局，建立协同推进的工作机制。首先，将推动体卫融合高质量发展纳入《"健康广州2030"规划》和健康广州行动中，作为重点任务进行部署落实。其次，由体育局和卫健委签署体卫融合战略合作协议，明确成立体卫融合工作领导小组，建立体卫融合联席会议制度，研究确定年度发展规划和工作重点，统筹协调体育、卫健、财政、人社、宣传等其他职能部门共同推进各项工作落实，同时设置部门间常态化沟通交流机制，注重各部门体卫融合工作信息的及时反馈和共享。最后，建立

---

① 姜桂萍、李良、吴雪萍：《我国体卫融合发展的历史脉络和现实困境及其疏解策略》，《体育学刊》2023年第1期。

多元主体共建共治长效发展机制，通过社区增权、市场引导、组织赋能、搭建常态化利益沟通平台等方式吸纳社区、企业、社会组织和公众充分参与体卫融合工作，形成以政府为主导、多职能部门协同，以营利性机构为主体、以非营利组织为补充、全社会广泛参与的体卫融合整体治理格局。

二是完善体卫融合高质量发展制度体系建设。首先，提高健康关口前移的政策协同性。落实"将健康融入所有政策"的国家卫生与健康工作方针，坚持预防为主、关口前移，加强各部门之间规章制度的横向协同，将"健康"元素融入与健康促进有关的体育、卫生、教育、食品等公共政策制定实施的全过程中。其次，借鉴江苏、浙江等地的优秀经验，由体育局和卫健委等部门联合出台诸如"关于深化广州'体卫融合'高质量发展的实施意见""'体卫融合示范机构'试点建设实施方案"等配套政策，在制度设计、平台构建、人才培养、财税支撑、资源配置、监督评估、社会宣传等方面加强对体卫融合的支持协调，各市辖区结合地方实际和特点，细化具体的落地实施办法和开展细则。最后，制定"体卫融合服务技术规范""运动促进健康机构建设标准"等行业标准，在体卫融合服务项目、服务质量控制、操作流程、机构建设等方面进行标准化规范，确保体卫融合服务的有效性、针对性和持续性。

三是健全有效的内外部监督评价机制。首先，由体育局、卫健委及其他职能部门成立联席治理督导小组，对体卫融合中的指导服务、设施环境等方面进行内部协同监管，及时发现体卫融合过程中的薄弱环节并进行调整改善。其次，尽快构建广州市体卫融合建设评价指标体系并推动实施，由健康广州行动推进委员会或聘请第三方监督评估机构对体卫融合各项结果性指标及工作的落实情况进行监督考核，并适时发布体卫融合的监督评估报告。最后，搭建信息化监督平台，动员新闻媒体加入监督队伍，畅通群众投诉与反馈渠道，强化外部监督力量，实现体卫融合治理可持续发展。

（二）凝聚思想共识，促进体卫融合理念"知信行"合一

一是健全"线上+线下"综合性多渠道宣传机制。线上以电视广播、短

视频、微信公众号、App 等大众媒介为依托，建设"互联网+体卫融合健康科普"平台，强化舆论宣传，普及运动促进健康的相关知识和价值意义。线下以"进机关、进企业、进学校、进社区、进农村"为抓手，充分发挥居民身边医疗卫生人员、健身指导员、社会体育指导员的作用，组建体卫融合宣讲团队，开展有关体卫融合政策解读、理念普及、运动健身与健康促进知识的系列宣教活动和科普讲座，增进民众对非医疗健康干预的关注与认知，以形成"运动是良医"的社会共识。

二是多措并举促进健康意识向健康行为转变。首先，在体育和医疗系统中倡导积极健康的生活方式，促进从业人员积极参与健身运动，发挥示范和带头作用。其次，发挥健康教育手段的引导和教化作用，对于青少年群体，落实健康教育课时，学校按照基础教育各学段规定的健康知识内容，有计划、有目的地培养其健康生活方式与健康行为；对于老年人、慢性病人、农村地区居民等其他重点人群，加大"三减三健"干预工作机制、运动疗法等多方面的健康指导与教育力度。最后，创新开展运动健康促进知识技能大赛、社区运动会、健康家庭评选等多种类型体卫融合活动，调动居民的主观能动性，引导居民将主动健康理念内化于心、外塑于行。

（三）完善服务体系，探索健康服务提质增效新举措

一是提升体卫融合运动促进健康服务能力。首先，探索体卫融合服务机构平台的多种建设和运行模式。推动国民体质监测中心、运动健身指导站、体育科研所与医疗机构合作，建设特色体育医院及运动促进健康中心，打造"体育+健康管理""体育+康复""体育+中医"等多元服务模式，建立起包括基于国民体质健康监测、运动促进健康科学研究、健身指导、教育培训等一体化的服务平台。① 拓展医疗卫生机构的体卫融合功能，鼓励各级医院开

---

① 刘路、仇军：《体育助力健康关口前移：逻辑考量、现实困境与实现路径》，《体育学刊》2023 年第 2 期。

设运动处方门诊，并增加体育专业人员配备，探索将国民体质测定纳入常规健康体检项目，将体力活动水平纳入疾病诊断问询，为不同健康人群提供运动诊疗、开具运动处方；持续推进社区运动促进健康站点建设，鼓励和引导体育、医疗和社会力量下沉社区，为社区居民提供体质健康测评、科学健身指导、运动康复等多样化体卫融合服务。其次，充分利用家庭医生签约服务，拓展"家庭医生+运动处方师、社会体育指导员"团队契约服务模式，由签约家庭医生筛选目标人群，联动运动处方师、社会体育指导员提供体卫融合特色增值健康服务，根据居民需求提供包括运动处方、营养处方、减肥方案等在内的个性化健康促进方案及运动陪伴支持。再次，充分发挥广州高水平体育和医学院校聚集优势，打造体卫融合创新科研平台，组建体卫融合重点实验室，鼓励围绕体卫融合重点领域开展相关的理论创新、科技创新和实践创新。最后，积极探索社区健康师项目、体卫融合防治糖尿病项目、健身行为干预项目等若干体卫融合健康促进示范项目，为全市广泛开展体卫融合落地实施及推广工作积攒可行性方案。

二是加强体卫融合专业队伍建设。首先，加大体卫融合专业复合人才的培育力度，鼓励体育院校和医学院校依托各自优势和办学特色，联合办学、联合培养；[①] 建立科学合理的培养机制和课程体系，逐步扩大康复治疗、运动医学等专业人才培养规模。其次，优化现有体卫融合从业人员的知识技能，组织运动医学、慢性病防控等领域专家和优秀教练员、优秀社会体育指导员等专业人员，针对全科医生、家庭医生、康复治疗师、健康管理师、运动处方师、体育社会指导员等实操人才，开展线上线下体卫融合知识技能业务培训和继续教育。[②] 再次，广泛吸纳医疗卫生系统、健身机构人员加入社会体育指导员队伍，制订社会体育复合型骨干人才培养计划并由体育局和卫健委联合培养，构建群众身边结构优化、专业素质高的社会体育指导员服务

---

① 崔博文、李方晖、王静等：《体卫融合高质量发展的时代价值、内在机理与实践路径》，《卫生经济研究》2023 年第 7 期。

② 杨继星、陈家起、高奎亭等：《体育融入卫生健康治理的战略定位、现实困境及推进机制》，《上海体育学院学报》2023 年第 4 期。

网络。最后，组建跨学科跨领域的体卫融合专家团队，逐步建立广州体卫融合工作智库，探索各类运动促进健康项目和广州市运动处方库的开发建设；同时，鼓励各级体育、医学学术组织设立体卫融合专业分会，推动体卫融合学术交流和成果共享。

三是搭建体卫融合公共服务共享智慧平台。依托广州"数字之城"建设，利用互联网、云计算等技术，构建权威的体卫融合信息共享大数据平台。首先，共享体卫融合资源信息，充分整合体育赛事活动、健身指导、体育健康宣教、体质测试等应用事项，收集并发布健身及健康促进信息，为居民提供精准有效的体卫融合资源及服务。其次，共享居民体育和健康信息，体育和卫生部门共享居民体质测定与医疗体检指标等数据，与其他主体部门协同共享相应资源，逐步建立含有体育锻炼、体质检测、就医信息、体检指标等多种信息的居民电子健康档案，为运动风险评估、运动处方制定、疾病诊断和康复指导等提供有效参考。

（四）优化资源配置，夯实体卫融合高质量发展基础

一是加大财政保障力度。建立体卫融合财政投入机制或预留专项经费保障体卫融合的发展，进一步加大对体卫融合发展的支持力度，并向城市边缘地区和农村地区适当倾斜；统筹资金多元化渠道，利用体育与卫生融合项目的牵引作用，吸引鼓励医疗卫生行业、体育企业、社会组织以及公众等多方力量参与体卫融合机构建设、配套设施生产、体育场馆运营管理和体育赛事活动承办等领域。

二是培育体卫融合产业示范基地，大力支持体卫融合产业的科技创新，深化"产学研用"合作，促进体卫融合产品设施在研发生产过程中的迭代更新和科技成果转化，为体卫融合提供高质量的配套设施和服务业态。

三是围绕居住区常住人口数量来合理配置区域体卫融合场所和设施，布局运动促进健康服务站点，推进老旧社区体育场所设施改善进程，加大公共体育场馆和学校体育馆等免费或低收费体育场所的开放力度，并适当延长现有公共体育场所和设施的开放时间。

四　结语

共同富裕，健康先行。体卫融合作为一种广泛的健康服务新模式，对于提升居民体力活动水平，强化运动对疾病的早期预防作用，推动健康关口前移具有明显的现实意义和政策期待。[①] 而构建更高水平的广州体卫融合发展新格局，推动全民健康与全民健身深度融合，需要体育与医疗卫生系统联动支持和全社会的广泛参与。[②] 广州在体卫融合不断深化发展过程中，面临着顶层设计不完善、居民"主动健康"理念不强、服务体系不健全、资源保障不充分等多方面的困境和樊篱，需要政府立足居民对高品质生活诉求，坚持"大健康"理念，树立"大体育"格局，逐步强化顶层设计、凝聚思想共识、完善服务体系、优化资源配置，从而把握体卫融合整体发展方向，保障体卫融合健康发展，赋能体卫融合提质增效，持续满足居民需求，最终实现健康治理效能最大化，为城市高质量发展注入体卫融合新活力。

参考文献

吕康恒、赵亚楠、戎爱群：《南京市体卫融合建设评价指标体系的构建及其应用研究》，《体育科技文献通报》2023 年第 6 期。

张阳、吴友良：《健康中国战略下体医融合的实践成效、困境与推进策略》，《中国体育科技》2022 年第 1 期。

聂应军、赵元吉、郑湘平等：《我国体医融合高质量发展的多维逻辑、影响因素及实践路径》，《体育学刊》2022 年第 3 期。

董宏、王锴、王家宏：《主动健康理念下我国体卫融合发展瓶颈与战略选择》，《体育科学》2023 年第 1 期。

[①]　徐帅、余锋、谌晓安：《从体医融合到体卫融合的中国逻辑、国家需要和实现路径》，《辽宁体育科技》2023 年第 4 期。

[②]　张少生、刘晴、夏江涛：《新时期体卫融合的理论与实践——钟南山院士访谈录》，《广州体育学院学报》2023 年第 2 期。

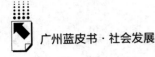

姜桂萍、李良、吴雪萍:《我国体卫融合发展的历史脉络和现实困境及其疏解策略》,《体育学刊》2023年第1期。

刘路、仇军:《体育助力健康关口前移:逻辑考量、现实困境与实现路径》,《体育学刊》2023年第2期。

崔博文、李方晖、王静等:《体卫融合高质量发展的时代价值、内在机理与实践路径》,《卫生经济研究》2023年第7期。

杨继星、陈家起、高奎亭等:《体育融入卫生健康治理的战略定位、现实困境及推进机制》,《上海体育学院学报》2023年第4期。

徐帅、余锋、谌晓安:《从体医融合到体卫融合的中国逻辑、国家需要和实现路径》,《辽宁体育科技》2023年第4期。

张少生、刘晴、夏江涛:《新时期体卫融合的理论与实践——钟南山院士访谈录》,《广州体育学院学报》2023年第2期。

B.4
广州失独家庭医疗服务体系建设研究[*]

熊常君　刘波　张丽桃[**]

摘　要： 2023 年广州失独家庭数量根据比例计算约为 26511 个，涉及失独人口数量在 53022 人，面对广州目前存在的如此众多的失独家庭，课题组深入了解了失独家庭所面临的经济、精神、养老、社交困境，并就所面临的慢性病医治、心理健康问题突出、日常陪伴缺失、临终关怀不足等各种困难，提出了创新医疗保险、社区医疗、家庭医生、绿色通道、再生养、护理保险等 13 个方面的举措，以促进广州失独家庭医疗服务体系的品质跃升，增强广州失独家庭的生活幸福感。

关键词： 失独家庭　医疗保险　社区医疗　家庭医生　广州

一　广州失独家庭概况分析

我国第六次人口普查统计数据显示，2010 年独生子女家庭已高达 2.16 亿个，且根据经验概率，每 1 万个独生子女家庭每年会因为这样那样的原因如各类疾病、事故或自杀等产生至少 4 个失独家庭。[①] 虽然未能从第七次全

　* 本文系国家社会科学基金课题"政策网络视域下城市失独家庭养老保障体系构建研究"研究成果。

** 熊常君，广州市残疾人安养院员工，专业技术十级，研究方向为社会保障与残疾人发展；刘波，法学博士，广州大学公共管理学院副教授，研究方向为公共管理与社会保障；张丽桃，广州番禺职业技术学院马克思主义学院专任教师。

① 黄芮、陈元奎：《城市失独家庭医疗服务体系构建及其政策设计研究》，《海南广播电视大学学报》2016 年第 3 期。

国人口普查获得非常权威的独生子女家庭及失独家庭的官方统计数据，但根据我国每年的人口出生比率及独生子女的死亡比率来推算，2010年我国已记录在册的失独家庭总体数量规模已经超过100万个，每年新增失独家庭不少于7.6万个，据此，2023年现存的失独家庭数量保守估计约为198.8万个。按照城市所占人口与农村人口比及城市人口独生子女政策相较农村区域严格状况的对冲来看，粗略预计城市失独家庭为100万~120万个，涉及失独人口为200万~240万人。截至2023年，中国共有地级市293个，每个地级市平均至少有3412~4095个失独家庭，涉及的城市失独人口为6824~8190人。

（一）广州失独家庭数据理论演算

根据我国人口分布的总体情况，结合东部人口密集度极大高于中部和西部地区的现实特点，东部城市平均失独家庭在5000~25000个，涉及失独人口平均在1万~5万人。按此比率推算，广州市的常住人口数为1882.70万人，失独人口粗略分析占比0.0531%~0.2656%。我国第七次人口普查发布的全国人口共141178万人，广州市2023年常住人口数为1882.70万人，广州2023年失独家庭数量根据比例计算约为26511个，涉及失独人口数量约为53022人，失独人口占比0.2816%，即1万人里面有28人为失独人口，与按城市估算失独人口率0.0531%~0.2656%的峰值结果有偏高一点的情况，但又属于基本接近，这与广州作为超级大城市和副省级城市的特定属性有较大关系，因此应该是基本能相互印证。

（二）广州失独家庭总体走势预测

2050年，距离计划生育立为基本国策、计划生育抓得最严的时期1982年左右为68年，此批独生子女父母约为88岁；2015年放开二孩时已经35岁左右的独生子女父母约为70岁左右，即1960~1980年这20年出生的人口，理论上普遍会成为独生子女父母，而这20年所产生的人口不完全统计约为4.70亿人，理论上会组成约2.35亿个家庭，会生育2.35亿个独生子女，可见规模极其庞大。如果按照相关权威机构预估规则，结合人口死亡的一般概率及规律，这即意味着失独家庭届时会迎来峰值，极大可能将会产生1100 万个失独家庭。广州失独家庭也将会达到 14.669 万个，广州失独人口可能会达到 29.338 万人。如果考虑到个别人群生育微调的影响，以及部分失独人口年寿较低过世的情况，我们保守预计广州届时也至少会达到 5 万～7.5 万个失独家庭，即失独人口达到 10 万～15 万人的规模。随着二孩、三孩放开的影响，2050 年后失独人数会持续走低，到 2070 年左右，包括广州在内全国常规的因独生子女政策导致的失独人口将会消失，而只有自身不愿多生的新型失独人口零星存在。

二　广州失独家庭所面临的困境

理论上，广州存在 26511 个失独家庭，往往会引发一系列的困难和问题，我们认为主要存在经济、精神、养老、社交等方面的问题。[①]

（一）经济困境

部分失独家庭由于给患病子女进行治疗，花费了大量金钱，导致较为严重的经济困难；失独后因遭受精神冲击，失去了生活的目标和方向，可能会产生抑郁等心理健康问题，进一步较大可能会导致身体疾病的产生，面临高昂的治疗、养老及生活费用；一部分失独家庭还要承担抚养第三代或照顾上一代的重要责任，致使其经济负担更加沉重。

（二）精神困境

我国传统家庭文化历来有"传宗接代""养儿防老"的重要观念，出现失独状况使得这些家庭失去了血脉延续和情感寄托，部分会产生排斥和怨恨社会的消极情绪，部分失独夫妻经常有互相抱怨，从而导致夫妻关系紧张甚至离异，失独家庭的离婚和丧偶比例均高于非独生子女父母。

---

① 唐喆：《成都市农村失独老人养老问题研究》，硕士学位论文，四川省社会科学院，2015。

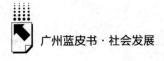

（三）养老困境

公办养老机构目前普遍存在"一床难求"，入住公办养老机构养老普通家庭较难实现；而民办养老机构往往费用较高，缺乏人文关怀，导致失独家庭出现了养老方面的困境。

（四）社交困境

失独事件发生后，家庭关系形态改变，夫妻情感逐渐衰退。由于担心提及子女问题，一部分失独家庭成员不愿意与原来的同事、朋友、邻居等交往，从而使其拥有的社会支持网络体系越来越小。

三　广州失独家庭所面临的医疗问题

（一）广州失独家庭人员的疾患总体状况

失独家庭人员由于缺乏子女的关照与护理，疾病得不到及时和有效的诊查治疗，生理免疫功能退化速度极快，约50%的年老失独家庭人员患有高血压、心脏病、抑郁症等慢性疾患，约15%的年老失独家庭人员患有卒中、癌症、瘫痪重大疾病，而73%的年老失独家庭人员认为自身医疗费用负担较重。[①]

（二）广州失独家庭人员面临大病医疗困难

以居家养老为主的多数失独家庭人员，在重大疾病来临时，由于年老体衰或出行不便等各种原因难以自行前往医院就医，即便当其来到医院就诊时，挂号、结算、缴费等多个复杂环节往往需要其亲力亲为，失独家庭人员

---

① 郭凯乐：《我国农村失独老人养老问题研究——基于天津市农村地区的调查数据》，《统计与管理》2017年第7期。

可能难以顺利完成；如果失独家庭人员需要做急诊手术时往往需要至亲的直系亲属签字确认，失独家庭人员并没有具备这一理想条件。另外，失独家庭人员没有儿女收入的补助，在面临急难杂症治疗时，即使有城镇医疗保险和城镇职工医保，也极大可能负担不了自费部分医疗费用。

（三）广州失独家庭人员面临日常医疗困难

1. 慢性病预防治疗

随着寿命普遍延长，失独家庭人员慢性疾病发病率也随之上升。而失独家庭人员因失去儿女长期陷入极度哀伤状态，更容易患上慢性疾病。这些慢性疾病的治疗与防治特别需要日常预防与持续治疗，对于失独家庭人员而言，自身身心和经济条件可能难以达到相应的适应性。[1]

2. 自身心理健康问题

失独家庭人员在经历失去子女后，会在一定程度上出现对生活的迷茫和无助，对未来的未知与不确定感到恐慌，持续产生孤僻愁闷的心理情绪，严重影响其心理健康，导致不同程度的心理疾病，对失独家庭人员生活质量会造成很大影响。

3. 日常陪护

即使城市失独家庭人员没有慢性疾病或心理障碍困扰，普遍有自理能力，但他们日常陪护同样需要重视。从长远看，日常陪护对于失独家庭成员而言是极其重要的，但现实中却明显存在缺失。

（四）广州失独家庭面临临终关怀医疗服务困难

自古以来，作为有着浓郁家庭文化的传统民族，我们历来就高度重视家庭，认为养儿才能防老。面对临终问题时，失独家庭人员仍是会感觉到焦虑甚至绝望。而社会各界为失独家庭人员提供临终关怀还停留在形式上，并没

---

[1] 黄元武、雍支康、黄毅：《建立健全失独人群社会救助长效机制完善困难群体社会保障制度——梓潼县失独家庭社会救助与社会保障状况调查》，《决策咨询》2013年第6期。

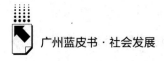

有深入发挥作用，失独家庭人员临终离世的恐惧和无奈还没有真正去除，而尊严和体面并没有如其所愿地完全树立起来。

四 广州失独家庭医疗服务体系总体设计

（一）加强失独家庭医疗服务体系顶层设计

完善顶层设计框架，丰富医疗保障体系，当前失独家庭的相关医疗保障政策的重心在经济领域，注重对患病的失独家庭经济上的扶持与帮助，然而在精神疾病领域的政策却比较少，① 这就需要相关部门不断加大对失独家庭人员精神抚慰相关服务的投入，加大在精神领域对失独家庭的安抚与陪伴力度，如制定相关的精神慰藉政策，在社会上要尽力营造一种关心关爱失独家庭人员的和谐氛围。

（二）增强失独家庭医疗服务体系医疗政策灵活性和适用性

失独家庭人员的医疗保障政策的既定性和非灵活性，使其因自身能力的不足而无法享受相应医疗保障政策的福利，这就需要适当增强医疗保障政策设计的灵活性与适用性。一方面，由于失独家庭人员的特殊性，其进入医疗保障体系的准入门槛条件应适当降低，争取使其能够享受更多的医疗服务与政策优惠；另一方面，相关医疗保障政策应是切实符合失独家庭人员自身需要，且真正产生效用的服务体系，能尽力给予失独家庭人员以福祉与善待。

（三）积极进行失独家庭的医疗服务照护需求评估

如何评估失独家庭人员的医疗照护需求，对建立失独家庭医疗体系是一个极其重要的问题。广州市政府特别是相关职能部门需要定期组织失独家庭

---

① 郭会宁：《失独老人心理问题及其价值观念重建》，《湖北大学学报》（哲学社会科学版）2017 年第 5 期。

专项调查，以区或镇街为主体责任单元，建立起失独家庭专门档案，并进行情况分类汇总，及时组织专家团队对汇总信息进行医疗照护需求评估。人力资源和社会保障部门要建立区级以上的失独家庭医疗事务办公室，政府相关职能部门如民政等部门要在机制上有管理或协同的权利及义务，积极组织资源和力量进行城市失独家庭的医疗照护需求评估等工作的稳健推进。

（四）积极引导和培育广州失独医疗服务体系所需的健康护理机构与专业护理人员

广州市政府进行失独家庭重大疾病医疗购买服务，购买服务的规模取决于当地上一年度或近几年失独家庭统计的基本情况特别是医疗需求的基本情况。譬如，区政府可以进行日常疾病购买服务，对区级医疗机构特别是社区医疗机构有适当倾斜；镇街一级进行社会工作服务如心理健康疏导服务购买。通过持续和稳定的购买服务，积极引导培育专业的健康护理机构与专业护理人员。

五　广州失独家庭医疗服务体系建设具体举措

（一）完善医疗保险制度

1. 从政策规范设置失独家庭医疗保险小类

设置失独家庭医疗保险小类，便于规范化对该群体进行有效识别和精准核算，便于做到于法有据，避免随意性，方便各管理主体在管理过程中履行责任和承担义务，对失独家庭进行规范可持续而不是非稳定的操作和管理，有利于保持政策的连续性和可执行性。

2. 可以适当调整统筹启动线，或调整自付比例，或调整统筹总金额

广州在制定统筹启动线、自付比例或统筹总金额等各个指标时，可以做有利于失独家庭的适度调整，如统筹启动线下调30%，自付比例下降一半，统筹总金额比普通医保参与者向上提40%等。

3. 医疗保险报销可以和各种政府补贴挂钩

医疗保险需要配合政府职能部门所制定的各种专项补贴政策，尽量在失独家庭就医的第一时间进行相应的补贴政策兑现抵扣，以在第一情境中切实提升失独家庭的医疗状况。

4. 对自筹部分等按一定比例进行阶段性二次报销

失独家庭医疗最常面对的困难就是手术费高、医疗诊金贵等问题，自费负担过高。对自筹部分按一定比例进行二次报销，能在一定程度上减轻失独家庭的经济负担。譬如，失独家庭一年自付部分花费 4 万元，可以根据设定的比例，再次线下年终汇总报销 35%~50%，即失独家庭最终花费的成本就是 2 万元左右，这样就会较大地解决失独家庭的家庭压力。① 这个阶段性二次报销，对于解决失独家庭的陪护费用等无法正常较大规模报销的支出，是一个比较好的解决出路。

（二）提升社区医疗服务

1. 做好失独家庭社区医疗服务的定位与顶层设计

广州社区医疗服务在未来失独家庭医疗建设方面扮演的是"第一道必须型外部守护屏障"关键角色，在整个医疗服务体系中有着第一道防线的功能，要让其在医疗体系中发挥首当其冲的基础性、实效性防范作用。

2. 社区医院在未来失独家庭医疗体系中的职能

"第一道必须型外部守护屏障"中的"必须型"，主要是未来会将失独家庭医疗的部分功能进行重置和再分配，如心理咨询和治疗、日常疾病诊断与治疗等，将会由目前混乱随意、二甲三甲医院与社区医院争利的局面，调整为非特殊情况，即由社区医院主导进行。社区医院一旦形成良好的就医体验，对于失独家庭而言，势必会形成更强的信心，必然会有更好的心理状态，有利于病态的改变和健康的恢复，在某种程度上形成对失独负面影响的心理规避。

---

① 阿峻：《失独家庭的"疼痛"期待社会保障》，《法制与社会》2012 年第 11 期。

3. 社区医院在整个医疗政策方面得到相应的倾斜和照顾

社区医院在未来失独医院资源耗费比和社会成本耗费性价比等方面都具有天然的优势，这种优势在任何资源挪位的情况下，势必会造成总资源的极大浪费和总性价比的极大降低，因此未来失独家庭医疗体系的建设中必须要充分考虑到这种天然黄金比优势，这种优势需要通过医疗政策的相应倾斜和照顾来进行巩固和提升，如不断提升基础性医疗的实用性比重，不断提升与其他医院报销比率的差额，不断提升相对于其他医院的科室布局和流程优化等优势，这些都是可以通过相应的社区医疗政策去引导实现的。

（三）建立家庭医生制度

1. 家庭医生制度基本概念

家庭医生制度是以全科医生为主要承担载体、以社区为区域范围、以家庭为基本单位和以持续的健康管理为目标的综合医疗卫生服务和健康管理服务模式。

2. 失独家庭的家庭医生的职守与作用

对于失独家庭而言，家庭医生可以在疾病预防与健康管理等方面发挥"守门人"作用，在失独家庭日常医疗服务包括慢性病防治、心理健康干预与日常陪护等非重大疾患方面，可以及时有效地起到监测和快速治疗的作用。

3. 失独家庭的家庭医生的机制安排

家庭医生，以社区和失独家庭共筹购买服务的形式进行，业务上会以专业的全科医生为主导。作为过渡阶段，目前可以通过购买社区医院医生兼职服务或私人诊所兼职服务作为过渡，未来逐步实现家庭医生持证上岗，规范服务，并通过失独家庭成员的评价以及第三方机构的督查如镇街或独立家庭医生服务审计监察协会机构等来进行评价，从而对相应的家庭医生服务质量进行监督和保障。

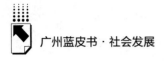

（四）开辟绿色就医通道

1. 卫健委需要在民政部门的协作下，出台绿色就医通道相关规定

卫健委需要高度重视失独家庭人员的就医现实困境，在保障社会总体公平的大前提下，适时出台向失独家庭人员倾斜的绿色通道政策。绿色通道，可以在年龄方面设置一定的门槛，如60岁或65岁以上，身体状况方面也可以进行条件设置，如行动迟缓不便，就医科室也可以做相应的条件限制。

2. 绿色通道的机制配套

绿色通道说到底是一种医疗资源的人为重置，这种重置是在某种程度上对天然的公平的蓄意破坏。因此，这种绿色通道，往往也会引发社会其他群体的异议与不认同，亟须一种能够平衡这种不平衡的价值理念的普及和推广，让社会其他群体成员对这种医疗资源的人为重置形成的相对正义的认同至少不抵触。

（五）再生育和收养

1. 再生养的必要性

对于失独家庭而言，失去子女的痛苦，并非可以通过其他举措来根除的，其他的举措只能在既成事实的基础上，去或多或少地缓解痛苦，但是没办法从根本上去消除痛苦，而唯一较大可能从根本上剔除痛苦之源头的就是再生养措施，即再生育和收养子女。有子女的再次出现，势必会极大地修补失独家庭成员的心理绝望和创伤，这对于失独家庭燃起生活的希望无疑是一个极为重要的基础。

2. 深度发展独生子女家庭备份胚胎冷冻技术

根据独生子女家庭本身意愿，深度发展独生子女家庭备份胚胎冷冻技术，具有较高的现实意义。因为一旦出现失独情况，还有可能利用冷冻胚胎去进行相应的补救，让失独家庭再次拥有小孩的笑声和打闹声。但冷冻胚胎，除了技术问题，还有法律问题、费用问题、观念问题等需要重点解决。针对深度发展失独家庭胚胎备份技术，在一定程度上可能与现行的人形胚胎相关法律规定相抵触的问题，我们倡议法律界应该从人性化的视角，结合独生子女家庭现实需要，切实推动失独家庭胚胎备份的整体或部分操作环节，如胚胎备份合法最长年限规定等合规合法化。[①] 在费用方面，必须要人性化、亲民化，要独生子女家庭普遍感觉是基本可以接受的费用价格。部分费用未来可以考虑纳入政府卫生口专项补贴费用报销甚至部分纳入医疗保险报销，从而吸引独生子女家庭积极投入家庭胚胎备份冷冻中来。

3. 收养的渠道建设及法律建设

收养是家庭关系、监护关系改变的法定过程，意味着收养对象法律身份和家庭关系的彻底改变，也意味着收养的失独家庭从法律角度拥有了新的下一代，新的权利和义务责任被法律确认。这也就充分说明失独家庭进行子女收养，是一个非常正式和严肃的法律过程，要求我们的法律建设要积极行动起来，尽量清除现有收养法律规定的不合理之处，在保持法律权威性的同时，适当促进弹性化和人性化水准提升。民政部门也要联合其旗下福利院等，联合残疾人联合会旗下公益托养机构以及各村居社区，对可以进行收养的小孩建立公益收养双向选择平台，通过承担非传统的政府公益责任来让更多的失独家庭有更官方的渠道去获得收养对象信息。

（六）设置长期护理保险和医疗商业保险

1. 成立失独群体互助基金

这个专项互助基金，主要是城市失独群体人员之间通过长期性地投入一定的保险，达到规模效应，并通过政府按比例划拨自身财政收入或划拨一定比例如1∶1的福利彩票收入公益投入等，来形成一定的资金保障，对符合住院或重大疾病等情况进行费用兑付，从而形成城市失独家庭人员间的一种互助关系，以解决每个城市失独家庭人员都可能发生的极端无助的情况。该互助基金是完全公益的，政府在其中只需起到规范和管理作用，让失独群体

---

① 姜丽钧、顾晓红：《上海拟对"失独老人"养老出台倾斜政策》，《中国老年报》2013 年 5 月 22 日。

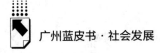

个人与个人间形成一种更加良性和团结的群体效应。

2. 各大保险公司要积极推动城市失独家庭人员商业保险

各大保险公司尤其是国有保险公司要从及时回应社会民生疾苦的视角出发，履行服务社会的公益责任，以略微盈利或不亏本为经营原则，积极推动城市失独家庭人员商业保险，从而通过对长期护理或重大疾病进行商业保险保障，适当进行相应费用报销支持，减轻他们的费用困难。

3. 商业保险的购买可以用不动产置换的形式①

如果失独家庭没有很好的资金积累，那就势必需要考虑通过签订置换不动产如房子的形式，去形成事实上的抵押关系，如通过签订不动产置换医疗及护理服务协议，让失独家庭获得相应的医疗及长期医疗护理服务，失独家庭在成员全部过世后，协议内的不动产即可归属商业保险公司或服务提供商。

（七）做好城市失独家庭人员临终关怀

1. 危急时医生应提供抢救，减轻失独家庭人员临终身体痛苦

失独家庭人员去世前几周至几个月时间内，专业医生如社区医院医生、家庭医生等，要高度关注其身体体征变化，适时介入治疗，适当避免其生命指标出现剧烈变化，引导其生命从存在到消失的平稳过渡。在其遭遇病情的剧烈变化时，要及时开展急救工作。在最后挣扎阶段，要尽量通过用药缓解疼痛，来减轻其痛苦。

2. 社会工作者要提供临终社工服务

临终关怀是从事失独家庭人员等特殊群体社会工作的社会工作者非常重要的基本职责。社会工作者要提前与身有重病、时日无多的失独家庭人员讲解和安慰，肯定他的存在价值，疏解他的惧怕心理。

3. 护理人员需要保留其最后的尊严

对于护理人员，其安详与否、尊严与否，极为关键。对于弥留之际的失独家庭人员，身体的代谢基本上是极其紊乱的，衣物可能会随时需要更换，

---

① 易富贤：《大国空巢：反思中国计划生育政策》，中国发展出版社，2013。

特别是身体已经出现了各种卧床并发症如褥疮的，更需要及时护理，让其走得尊严满满。

4. 社区居委要做好后续丧葬的协调工作以及身后事的处理工作

社区居委要做好其稍远血缘亲属的联络工作，并就其丧事安排征求亲属的意见，形成最后的丧葬统一意见执行方案，并积极协调和督促落实各种财产等身后事的处理。特别是有不动产置换长期医疗护理服务的，要积极保护失独家庭成员人员本身的最真实的处理意图，让其最后的尊严得以保全。

5. 城市失独家庭人员临终关怀费用设计

对于财富条件较为优渥的失独家庭，优先考虑从其临终剩余财富中进行支付；对于财富条件并不优渥的家庭而言，社区管理者及地方政府要提前考虑筹集好支持资源，如获取财政专项拨款支持等。[①]

（八）组建志愿者服务队伍

1. 志愿者服务队伍的意义

志愿者队伍基本来自民间，对社会底层生态和具体形态有更为接地气的了解，这也就正好对失独家庭群体医疗需求有更深理解，行动也更具有针对性。在失独家庭医疗服务体系构建中，要积极鼓励志愿者队伍，充分发挥志愿者组织在其日常医疗护理、心理疏导、重病护理等方面的积极作用。[②]

2. 志愿者服务的制度设计

志愿者服务分为三个层次，第一个层次是提供专业服务如医疗服务的专业型志愿服务，这个专业型志愿服务主要是从事专业技术工作，有专业技术资质的人员；以专职或兼职形式提供，往往一个街道的城市失独家庭人员专业服务由 3~5 个专业志愿服务志愿者提供，由城市通过统一购买服务进行购买，然后分配到街道进行志愿服务提供。专业型志愿服务从志愿服务质量

---

① 黄芮、陈元奎：《城市失独家庭医疗服务体系构建及其政策设计研究》，《海南广播电视大学学报》2016 年第 3 期。
② 安民兵：《马斯洛需要理论视阈下的失独中老年人个案调查分析》，《中国老年学杂志》2014 年第 2 期。

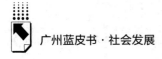

来讲，是位于志愿者服务最高端。

第二个层次是综合型志愿服务。这个是志愿者服务的主体，从规模来讲，居于志愿者服务最优势地位；原则上建议一般街道都要纳入志愿服务购买计划，只有这样才能保障志愿服务质量的稳定性和服务提供的可持续性。综合型志愿服务，一般是安排一名志愿者对接一个失独家庭，着眼于城市失独家庭人员日常生活的困难与问题的沟通和协助，负有志愿服务主体责任。

第三个层次是补充型志愿服务。补充型志愿服务主要通过政治动员进行提供，不通过政府购买服务方式获得，管理级别在社区。由社区结合社区内失独家庭人员的具体情况，通过社区志愿服务和微心愿等形式，不具有长期固定性和志愿服务主体责任，是包括综合型志愿服务和专业型志愿服务在内的主体志愿服务的重要补充，对于尝试和突破志愿服务瓶颈有较好的提升作用，也能起到志愿服务查漏补缺的重要作用。

（九）完善失独家庭人员医疗资金筹措渠道

1.完善失独家庭人员医疗资金筹措渠道

目前从在失独家庭人员医疗方面的资金投入来看，还是与现实的需要存在着较大的差距，很多时候显得捉襟见肘。完善失独家庭人员医疗在本质上需要大量甚至海量的资金作为基础，如何保障失独家庭人员医疗资金的相对充足性就显得异常突出和重要。

2.发行失独定向捐助公益彩票

设置失独定向捐助公益彩票，通过福利公益彩票，为失独家庭人员医疗筹集相应资金；失独定向公益彩票，要在保持其公益性的同时，也要从市场的角度去考虑市场可持续性和购买的可接受性，在发行渠道和购买端都需要设计出较好的性价比，从而相对其他彩票可以保持较高的卖座率和号召力。①

---

① 熊常君：《完善我国慈善事业政策的有效途径探析》，《中共济南市委党校学报》2014年第5期。

3. 提供政策优惠和配套措施

为福利彩票运营商或其他提供资金来源与支持的企业等，提供较为优惠和具有明显吸引力的配套减免税收等措施。税务部门有必要会同民政部门研究出适宜更好的有助于筹措失独家庭医疗资金的具体优惠政策和措施，从而让更多发行商和企业有动力去做相应的资金提供和支持工作。

（十）设置失独家庭疗养生活区

1. 失独家庭疗养生活区必要性

可以根据失独家庭的总体规模情况，结合失独家庭人员往往喜欢离群索居的客观特点，建设或联合建设失独家庭疗养生活区，让区域内失独家庭可以相对集中地生活疗养，避免世俗的纷争和歧视。

2. 失独家庭疗养生活区运营

失独家庭可以自愿原则为基础，通过租赁或者购买进入失独家庭疗养生活区，疗养服务有相对的完善性和专业性。疗养生活区可以进行房产如疗养型商品房甚至疗养型别墅等不动产的开发与售卖，或者租赁，并逐步建立特别行政社区制度和管理规范。

（十一）制定临时法定监护人制度

民政部门有必要代表政府职能部门启动出台具有法律意义的失独家庭人员就医临时法定监护人的制度规范及免责条例，原则上要有权威性和法律效力。在设置谁为失独家庭人员就医临时法定监护人的具体操作中，要列举出城市失独家庭人员自身及配偶、三代以内旁系亲属、家庭医生、社区居委代表、指定社工等多个可能临时法定监护序列人员，当前一序列缺位时，即由下一序列递进补充。临时法定监护人制度为减少推行压力，减轻临时法定监护人承担的压力，最终避免形同虚设，我们认为临时法定监护人制度主要是专注形式责任而非实质责任，着力程序责任而非结果责任，对于形式责任和程序责任衍生的实质责任和结果责任，除非违背法律本身，基本应予以豁免。这就能形成一个完整的无漏洞的城市失独家庭人员临时法定监护体

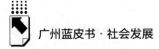

系，从而在法律上解决没人监护或没人敢监护的法律困境，为城市失独家庭人员医疗制度的深层高效运行提供重要的基础。

（十二）允许形成失独家庭医疗互助自组织

在失独家庭相互能产生联系的前提下，失独家庭可以和另外的失独家庭相互在医疗方面提供更多的互助与联结，形成实质上的失独家庭自组织，从而更好地保障失独家庭群体内的健康互促和生活互助。在法律非禁止范围内，失独家庭自组织特别是失独家庭医疗互助自组织的形成，应该有较为实际的意义。我们不应该刻意打压，应允许其自发健康形成，并发挥其应有的作用。

（十三）将私立社区医疗机构和私立医院购买服务作为补充

公立医疗资源总体上是十分有限的，这就决定了要更好地照顾到失独家庭群体，就必须要考虑到有一定程度和规模的补充资源。

私立社区医疗机构和私立医院，在某些方面如应急性和服务深度等具有较为明显的自身优势，值得在未来不断受到重视和推广。政府在优先购买公立医疗资源服务的同时，可以适度给予私立医疗资源服务照顾。当然，私立医疗资源在未来也应该在公益目标导向、性价比、诊疗的客观性和权威性等多个方面需要有较好的提升和改变。①

参考文献

〔加拿大〕Some Hewa、刘波、熊常君：《美国慈善事业的文化基因》，载《广州公共管理评论》，社会科学文献出版社，2015。

刘波、孟辉主编《社会保障学》，北京理工大学出版社，2011。

---

① 任佳焌等：《农村失独老人养老状况研究——基于浙江三个地级市的调查》，《云南农业大学学报》（社会科学）2015 年第 6 期。

熊常君：《政府在慈善事业中的政策问题研究》，《理论学习》2014 年第 11 期。

熊常君：《政府在慈善救济事业中的职能及运行》，《求知》2012 年第 3 期。

熊常君：《完善我国慈善事业政策的有效途径探析》，《中共济南市委党校学报》2014 年第 5 期。

易富贤：《大国空巢：反思中国计划生育政策》，中国发展出版社，2013。

黄芮、陈元奎：《城市失独家庭医疗服务体系构建及其政策设计研究》，《海南广播电视大学学报》2016 年第 3 期。

马红丽：《美国：家庭医生制度满足个性化需求》，《中国信息界》2016 年第 4 期。

蒲柳伊、代安琼：《新加坡家庭医生服务实施经验对我国的启示》，《医学与哲学》（A）2017 年第 10 期。

B.5
提高广州市适龄女生 HPV 疫苗接种率研究

姚卫光　毛秀华*

摘　要：　高危型乳头状瘤病毒（Human Papilloma Virus，HPV）持续感染是宫颈癌的主要诱因，接种 HPV 疫苗是预防 HPV 感染与宫颈癌的重要有效措施之一。世界卫生组织建议将 9~14 岁未发生性行为的女生作为 HPV 疫苗接种的主要目标人群，但我国 HPV 疫苗接种率处于较低水平，9~14 岁女生的接种率不足2%，直接影响宫颈癌的防治效果。研究通过对广州市适龄女生 HPV 疫苗接种情况与家长犹豫现状展开实地调查，深入剖析广州市适龄女生 HPV 疫苗接种率低、适龄女生家长 HPV 疫苗接种犹豫率高的原因，进而根据广州实际情况，结合国家、国际的 HPV 疫苗接种策略，提出适合广州市情的"提高适龄女生 HPV 疫苗接种率"的针对性政策建议：加强健康教育，提高认知水平；落实主体责任，提升疫苗信心；建立 HPV 疫苗费用补偿机制，加大疫苗供给力度，提高疫苗可及性；进一步加大 HPV 疫苗接种的科学宣传力度，让 HPV 疫苗惠及更多适龄女生；夯实 HPV 疫苗信息化基础，提高 HPV 疫苗接种工作实施效能，以期为促进适龄女生 HPV 疫苗接种行为、推动"消除宫颈癌行动计划"等提供参考依据。

关键词：　宫颈癌　适龄女生　人乳头瘤病毒疫苗　接种率

---

* 姚卫光，流行病与卫生统计学博士，南方医科大学卫生管理学院教授，研究方向为公共卫生政策；毛秀华，南方医科大学卫生管理学院硕士研究生。

宫颈癌是女性第二高发肿瘤，也是女性癌症的第四大死因。[①] 2023 年《中国人乳头瘤病毒和相关疾病报告》显示，2020 年我国新增宫颈癌病例约 11 万例，死亡病例约 6 万例，分别占该年度全球新发病和死亡总数的 18.2% 和 17.3%（见图 1）。并且，中国女性约 98% 的宫颈癌是由高危型乳头状病毒（Human Papiloma Virus，HPV）感染所致。可见，高危型 HPV 感染及宫颈癌已成为我国严重威胁女性健康的公共卫生问题之一。国内外相关研究也表明，高危型 HPV 持续感染是宫颈癌的主要诱因，而接种 HPV 疫苗（也称人乳头瘤病毒疫苗、宫颈癌疫苗）是预防 HPV 感染、子宫颈癌前病变和子宫颈浸润癌的重要有效措施之一。[②]

全球多个地区的 HPV 疫苗成本效益分析显示，相对于较高年龄组女生，低年龄组女生接种 HPV 疫苗后可诱导更高水平的免疫应答，可实现卫生经

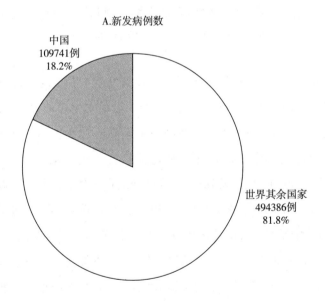

A.新发病例数

中国
109741例
18.2%

世界其余国家
494386例
81.8%

① Pimple S. A., Mishar G. A., "Global Strategies for Cervical Cancer Prevention and Screening," *Minerva Ginecologica*, 2019, 71（4）：313-320.
② 李双、孔北华：《人乳头瘤病毒疫苗临床应用中国专家共识（2021 年版）解读》，《实用妇产科杂志》2022 年第 11 期；Frazer I. H., "The HPV Vaccine Story," *ACS Pharmacology & Translational Science*, 2019, 2（3）：210-212.

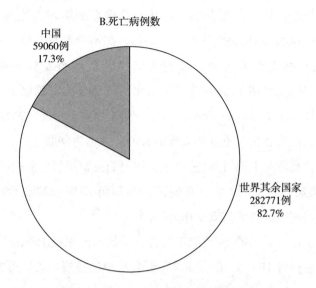

图1　2020年中国与全球宫颈癌新发病例及死亡情况

资料来源：*Human Papillomavirus and Related Diseases Report China*。

济效益最大化。① 因此，世界卫生组织建议将9~14岁未发生性行为的女生作为HPV疫苗接种的主要目标人群②，推动适龄女生接种HPV疫苗已被纳入《加速消除宫颈癌全球战略》。为进一步提高适龄女生HPV疫苗接种率，2023年国家卫健委等十部门发布《加速消除宫颈癌行动计划（2023~2030年）》，指出要推进适龄女孩HPV疫苗接种试点工作。同年，《健康中国行动—癌症防治行动实施方案（2023~2030年）》明确指出，促进适龄人群接种HPV疫苗，推动有条件的地区将HPV疫苗接种纳入当地惠民政策。《广东省卫生健康事业发展"十四五"规划》和《广东省加速消除宫颈癌行动计划（2023~2030年）》也提出，推动实施适龄女生HPV疫苗免费接种服务。广州扎实落实党中央和广东省委政策指示，将推动实施适龄女生HPV疫苗免费

① World Health Organization（WHO），*Human Papillomavirus Vaccines*，https：//www. who. int/publications-detail-redirect/who-wer9750-645-672.

② World Health Organization（WHO），*Human Papillomavirus Vaccines*，https：//www. who. int/publications-detail-redirect/who-wer9750-645-672.

接种项目纳入《广州市卫生健康事业发展"十四五"规划》，并于 2022 年 9 月起，启动适龄初中女生免费接种 HPV 国产二价疫苗工作；2023 年还将"进一步扩大适龄女生 HPV 疫苗免费接种数量"工作纳入广州市 18 项卫生健康重点工程。适龄女生免费接种 HPV 疫苗相关政策具体如表 1 所示。

表 1   适龄女生免费接种 HPV 疫苗相关政策梳理

时间	名称	颁布机构	政策相关内容
2020 年	《加速消除宫颈癌全球战略》	世界卫生组织	到 2030 年实现下列目标，将使所有国家走上消除宫颈癌的道路：90%的女孩在 15 岁之前完成人乳头状病毒疫苗接种；9~14 岁女孩接种 HPV 疫苗是宫颈癌一级预防的重要内容
2022 年	《广州市卫生健康事业发展"十四五"规划》	广州市人民政府办公厅	推动实施适龄女生 HPV（人乳头瘤病毒）疫苗免费接种项目
2022 年	《广州市适龄女生人乳头瘤病毒（HPV）疫苗免费接种工作方案（2022~2024 年）》	广州市卫生健康委、广州市教育局、广州市财政局、广州市妇联	2022~2024 年，每年对具有广州市学籍、9 月起新进入初中一年级未接种过 HPV 疫苗的 14 周岁以下女生，按照免费接种和知情自愿的原则，实施国产二价 HPV 疫苗免费接种
2023 年	《加速消除宫颈癌行动计划（2023~2030 年）》	国家卫健委等十部门	到 2025 年，试点推广适龄女孩 HPV 疫苗接种服务；到 2030 年，持续推进适龄女孩 HPV 疫苗接种试点工作
2023 年	《健康中国行动—癌症防治行动实施方案（2023~2030 年）》	国家卫健委等十三部门	加强人乳头瘤病毒疫苗（HPV 疫苗）接种的科学宣传，促进适龄人群接种，推动有条件的地区将 HPV 疫苗接种纳入当地惠民政策。多种渠道保障适龄人群接种
2023 年	《广东省加速消除宫颈癌行动计划（2023~2030 年）》	广东省卫生健康委员会等九部门	持续推进适龄女孩 HPV 疫苗接种服务，15 岁之前适龄女生 HPV 疫苗首针接种完成率达到 90%；继续实施适龄女生 HPV 疫苗免费接种项目，积极鼓励 15 岁及以上适龄妇女接种 HPV 疫苗
2023 年	2023 年广州市卫生健康重点工程		妇幼健康服务扩面工程；进一步扩大适龄女生 HPV 疫苗免费接种数量，做到"愿接尽接"

资料来源：根据公开资料整理。

2018 年世界卫生组织对各国 HPV 疫苗接种率的估计值数据显示，全球有 22 个国家超过 80% 的 9~14 岁女生至少接种 1 剂 HPV 疫苗，其中巴西、博茨瓦纳、墨西哥、塞舌尔四国的估测接种率超过 90%。[①] 2019 年一项关于我国浙江省、河南省、四川省、黑龙江省等多地区的大样本调查显示，我国 9~14 岁适龄女生的 HPV 疫苗接种率仅有 1.37%[②]，疫苗接种率亟待提高。研究表明，9~14 岁适龄女生健康意识受家长影响较大，且接种疫苗行为多由家长决定；家长对 HPV 疫苗的犹豫程度会影响适龄女生 HPV 疫苗接种情况。[③] 为立足广州实际，提高广州适龄女生 HPV 疫苗的接种率，南方医科大学广州公共卫生服务体系建设重点研究基地课题组抽取了广州市 3 个行政区的 3 家医院与 7 个社区居委会，选取 350 名适龄女生家长，就适龄女生 HPV 疫苗接种情况与家长犹豫现状展开调查，调查结果及政策建议如下。

一　适龄女生 HPV 疫苗接种及家长犹豫情况调查结果

（一）适龄女生 HPV 疫苗接种率低

调研结果显示，广州市适龄女生 HPV 疫苗接种情况不理想，样本人群中只有 15.71% 的女生接种过 HPV 疫苗，9~14 岁女生的 HPV 疫苗接种率仅为 6%，高于我国浙江省杭州市（3.09%）[④]、香港（2.2%）[⑤]、上海市（不足 1%）[⑥] 的调查结果，但显著低于全球 15% 的估算接种率，与美国（64%）、

---

① World Health Organization（WHO），*Data, Statistics and Graphics*，https：//www.who.int/immunization/monitoring_ sureillance/data/en/.
② 史金晶：《四省监护人对 9~14 岁女孩接种人乳头瘤病毒疫苗接受度的现况调查》，硕士学位论文，中国疾病预防控制中心，2020。
③ 史金晶、张肖肖、郑徽等：《中国大陆青少年家长人乳头瘤病毒疫苗认知度和接受度 Meta 分析》，《中国疫苗和免疫》2019 年第 4 期。
④ 王炳翰、严诗钰、王孙怡等：《9~14 岁儿童家长对 HPV 及其疫苗认知和接种意愿调查》，《公共卫生与预防医学》2023 年第 1 期。
⑤ 史金晶：《四省监护人对 9~14 岁女孩接种人乳头瘤病毒疫苗接受度的现况调查》，硕士学位论文，中国疾病预防控制中心，2020。
⑥ 史金晶：《四省监护人对 9~14 岁女孩接种人乳头瘤病毒疫苗接受度的现况调查》，硕士学位论文，中国疾病预防控制中心，2020。

加拿大（72.3%）、葡萄牙（80%）等发达国家的疫苗接种率相距甚远[①]。其中，独生女孩、广州市户籍女生的 HPV 疫苗接种率显著高于非独生女孩、非广州市户籍女生，分别为 11.43%/4.29% 和 13.43%/2.29%。宫颈癌及 HPV 疫苗基础认知得分较低、家中没有女性接种过 HPV 疫苗、不关注孩子健康的家长，其女儿的 HPV 疫苗接种率都偏低，接种率分别为 5.71%、4%、3.14%。此外，年龄偏大的家长，其女儿的接种率也较低（见表 2）。

表 2　不同特征适龄女生 HPV 疫苗接种情况比较（$n=350$）

单位：人，%

变量		人数（占比）	已接种 HPV 疫苗		χ^2 值	P 值
			是（$n=55$）	否（$n=295$）		
孩子年龄	9 岁以下	115(32.86)	9(16.36)	106(35.93)	11.827	0.008
	9~14 岁	133(38.00)	21(38.18)	112(37.97)		
	15~18 岁	50(14.29)	11(20.00)	39(13.22)		
	18 岁以上	52(14.85)	14(25.46)	38(12.88)		
独生女孩	是	176(50.29)	40(72.73)	136(46.10)	13.146	<0.001
	否	174(49.71)	15(27.27)	159(53.90)		
广州户籍	是	254(72.57)	47(85.45)	207(70.17)	5.441	0.020
	否	96(27.43)	8(14.55)	88(29.83)		
家长对宫颈癌及 HPV 疫苗基础认知得分	5 分及以下	162(46.29)	20(36.36)	142(48.14)	7.673	0.022
	6~7 分	88(25.14)	22(40.00)	66(22.37)		
	8 分及以上	100(28.57)	13(23.64)	87(29.49)		
家中女性已接种过 HPV 疫苗	是	132(37.71)	41(74.55)	91(30.85)	37.683	<0.001
	否	218(62.29)	14(25.45)	204(69.15)		
关注孩子身心健康	是	311(88.86)	44(80.00)	267(90.51)	5.170	0.023
	否	39(11.14)	11(20.00)	28(9.49)		
家长年龄	45 岁及以下	265(75.71)	30(54.55)	235(79.66)	15.903	<0.001
	45 岁以上	85(24.29)	25(45.55)	60(20.34)		

资料来源：调查数据。

---

① 史金晶：《四省监护人对 9~14 岁女孩接种人乳头瘤病毒疫苗接受度的现况调查》，硕士学位论文，中国疾病预防控制中心，2020。

（二）适龄女生家长HPV疫苗接种犹豫率高

疫苗犹豫是指受种者在缺乏对疫苗及其所防疾病认知的情况下，延迟或拒绝接种疫苗。世界卫生组织将疫苗犹豫列为全球十大健康威胁之一。调研发现，广州市适龄女生家长对HPV疫苗接种的犹豫情况较为普遍，犹豫率高达65.14%，远高于浙江省衢州市（28.35%）[1]、山东省潍坊市（37.20%）[2] 的调查结果。HPV疫苗犹豫率高的家长与HPV疫苗接种率低家长的特征基本一致，可见HPV疫苗犹豫是影响其接种的重要因素（见表3）。此外，样本人群中有19.14%的适龄女生家长明确表示拒绝为女儿接种HPV疫苗，高于浙江省衢州市（5.57%）[3]、山东省潍坊市（9.10%）[4]、浙江省杭州市（12.78%）[5] 的调查结果，主要原因是认为孩子太小、担心疫苗的安全性与有效性、疫苗难预约等。

表3 不同特征家长HPV疫苗犹豫情况比较（ $n=350$ ）

单位：人，%

变量		人数（占比）	HPV疫苗犹豫			χ^2 值	P 值
			疫苗犹豫（ $n=228$ ）	疫苗接受（ $n=55$ ）	疫苗拒绝（ $n=67$ ）		
孩子年龄	9岁以下	115（32.86）	83（36.40）	9（16.36）	23（34.33）	17.325	0.008
	9~14岁	133（38.00）	80（35.09）	21（38.18）	32（47.76）		

---

[1] 郑灿杰、王梦、刘艳等：《2022年浙江省衢州市初中女生家长人乳头瘤病毒疫苗犹豫现状及影响因素》，《疾病监测》录用定稿，网络首发时间：2024年1月19日。

[2] 许小凤、尹文强、刘敏等：《母亲HPV疫苗犹豫的现状及影响因素探究》，《现代预防医学》2020年第19期。

[3] 郑灿杰、王梦、刘艳等：《2022年浙江省衢州市初中女生家长人乳头瘤病毒疫苗犹豫现状及影响因素》，《疾病监测》录用定稿，网络首发时间：2024年1月19日。

[4] 许小凤、尹文强、刘敏等：《母亲HPV疫苗犹豫的现状及影响因素探究》，《现代预防医学》2020年第19期。

[5] 王炳翰、严诗钰、王孙怡等：《9~14岁儿童家长对HPV及其疫苗认知和接种意愿调查》，《公共卫生与预防医学》2023年第1期。

变量		人数（占比）	HPV 疫苗犹豫			χ^2 值	P 值
			疫苗犹豫（$n=228$）	疫苗接受（$n=55$）	疫苗拒绝（$n=67$）		
孩子年龄	15~18 岁	50（14.29）	35（15.35）	11（20.00）	4（5.97）	17.325	0.008
	18 岁以上	52（14.85）	30（13.16）	14（25.46）	8（11.94）		
独生女孩	是	176（50.29）	103（45.18）	40（72.73）	33（49.25）	13.490	<0.001
	否	174（49.71）	125（54.82）	15（27.27）	34（50.75）		
广州户籍	是	254（72.57）	168（73.68）	47（85.45）	39（58.21）	11.671	0.003
	否	96（27.43）	60（26.32）	8（14.55）	28（41.79）		
家长对宫颈癌及 HPV 疫苗基础认知得分	5 分及以下	162（46.29）	94（41.23）	20（36.36）	48（71.64）	31.122	<0.001
	6~7 分	88（25.14）	53（23.25）	22（40.00）	13（19.40）		
	8 分及以上	100（28.57）	81（35.52）	13（23.64）	6（8.96）		
家中女性已接种过 HPV 疫苗	是	132（37.71）	71（31.14）	41（74.55）	20（29.85）	37.720	<0.001
	否	218（62.29）	157（68.86）	14（25.45）	47（70.15）		
关注孩子身心健康	是	311（88.86）	211（92.54）	44（80.00）	56（83.58）	9.371	0.009
	否	39（11.14）	17（7.46）	11（20.00）	11（16.42）		
家长年龄	45 岁及以下	265（75.71）	179（78.51）	30（54.55）	56（83.58）	16.628	<0.001
	45 岁以上	85（24.29）	49（21.49）	25（45.45）	11（16.42）		

资料来源：调查数据。

二　适龄女生 HPV 疫苗接种率低的原因分析

（一）广州市适龄女生家长对宫颈癌和 HPV 疫苗认知不足

一是对 HPV 病毒和宫颈癌相关知识不甚了解。大部分家长不了解 HPV 病毒的传播途径、流行趋势及感染后果，认为只要洁身自好，女生就不存在感染 HPV 相关性传播疾病或宫颈癌的风险，因而拒绝为适龄女生接种 HPV 疫苗。二是对 HPV 疫苗存在错误认知。多数家长尚未充分认识到越早为女生接种 HPV 疫苗，可以达到越佳的预防效果；加之部分家长不了解现有 HPV 疫苗的区别，存在盲目追求"一苗难求"的进口四价、九价疫苗现象，使得部分适龄女生迟迟未接种 HPV 疫苗。三是性行为联系。调查发现，多数家长将 HPV 疫苗与"性活跃"联系在一起，认为为女生接种 HPV 疫苗会暗示其过早发生性行为，或担心女生有了 HPV 疫苗的保护，更易发生高风险性行为，导致 HPV 疫苗接种决策复杂化。

（二）广州市适龄女生家长对 HPV 疫苗信任不够

一是对国内疫苗市场信任度下降。近年来，受国内一系列疫苗负性事件的影响，家长对国内疫苗市场的可靠性产生了怀疑，担心疫苗生产、流通和储存等环节出现问题，继而对 HPV 疫苗产生犹豫。二是对 HPV 疫苗安全性的担忧。HPV 疫苗自问世以来，国际上对其安全性的质疑声音从未间断。并且，HPV 疫苗在国内上市五年尚未得到广泛应用，引发了适龄女生家长对 HPV 疫苗安全性的担忧。此外，由于 HPV 疫苗安全性监测数据未能及时发布或风险告知不充分等原因，部分家长没有正确认识 HPV 疫苗接种后可能出现的不良反应，夸大 HPV 疫苗的负性影响。三是对 HPV 疫苗有效性存疑。调查发现，部分适龄女生家长对 HPV 疫苗能否真正降低患宫颈癌或其他相关疾病的风险、持续效用时间是否能维持到婚育年龄等问题存在较多疑虑，故而对接种持观望态度。

（三）HPV 疫苗可及性有待提高

一是 HPV 疫苗价格过高。广州市 2022 年启动的适龄女生 HPV 疫苗免费接种工作的目标人群是 14 周岁以下初中一年级女生，14 周岁以上适龄女生仍需自费接种 HPV 疫苗。调查发现，国内已上市的 HPV 疫苗价格超出大部分家长愿意支付的价格范围，特别是对于低收入家庭和非独生子女家庭，疫苗费用负担较重，使得部分家长选择推迟或拒绝为女生接种 HPV 疫苗。二是 HPV 进口疫苗供应紧张。目前因全球生产商数量有限、生产周期长、运输路途遥远等，加之广州市适龄人群数量庞大，进口 HPV 疫苗目前无法满足实际需求。国产 HPV 疫苗暂时仅有二价疫苗，虽然供应充足，但家长普遍认为国产疫苗不如进口疫苗，对低价疫苗的接受程度低于高价疫苗，导致出现国产低价疫苗"无人问津"，而进口高价疫苗"一苗难求"的局面，影响了 HPV 疫苗的可及性。

（四）HPV 疫苗接种的科学宣传尚需加强

一是科学宣传渠道较单一。目前 HPV 疫苗接种的宣传主要依托互联网渠道，电视、广播、报纸、杂志等传统媒体和科普大篷车、学校科技馆等社会资源未得到充分利用，学校、居委会的科普教育力度不足，妇联、疾控和医疗机构等权威机构也缺乏专业讲解或推荐。二是"线"上宣传不规范。调查发现，适龄女生家长多数通过自媒体了解 HPV 疫苗及接种信息，而自媒体报道多为抓人眼球的片面信息，内容浅薄、知识零碎、专业性不强，甚至存在虚假宣传、掺杂广告、蓄意制造和传播年龄焦虑等现象。三是缺乏有效的专业咨询方式。调研显示，家长遇到 HPV 疫苗接种相关问题时，渴望能向专业医务人员咨询。目前，家长可以通过电话方式向预防接种机构寻求咨询服务，但多数预防接种机构并未设置专职咨询岗，接听咨询电话的工作人员通常身兼数职或专业能力不强，存在咨询缺乏足够时间与耐心、敷衍应付、讲解不够专业等问题，不能及时有效解答家长的疑惑。

（五）HPV疫苗接种信息化有待加强

一是疫苗接种信息发布和提醒的有效渠道不完善。目前，多数预防接种机构仅通过微信公众号发布疫苗接种信息，部分预防接种机构甚至仅将其张贴在公示栏，导致部分家长未能及时获取疫苗接种信息。此外，调研发现多数预防接种机构没有对受种者进行后续疫苗接种提醒，导致少数适龄女生存在接种剂次缺失和延迟的情况，影响了HPV疫苗的预防效果。二是HPV疫苗接种信息未充分整合。目前HPV疫苗接种工作由卫健、教育、财政、妇联四部门通力协作，主管HPV接种人群摸底登记的教育部门的权限十分有限，对适龄女生的疾病史、家族遗传史及宫颈癌筛查结果等信息均无权限查询，且各部门间信息交换机制尚不健全，往往采取定时推送或拷盘交换的方式实现数据共享，难以精准、动态地标识目标对象，从而遗漏了部分重点高危人群。

三 提高广州市适龄女生HPV疫苗接种率的政策建议

（一）加强健康教育，提高认知水平

一方面，加强对适龄女生及家长的科普教育。鼓励高校、科研院所、教育局、卫健委等相关部门建立"HPV病毒和疫苗接种科普教育社会课堂"专家团队，开发适合适龄女生的科学教育课程和项目。同时，各中小学将HPV病毒和疫苗接种相关知识教育纳入日常健康教育与科学教育内容，定期组织适龄女生和家长共同学习HPV相关疾病及疫苗知识，开展HPV病毒传播、HPV病毒致病方式、HPV疫苗保护机制等实验和探究实践活动，重点科普HPV病毒的传播途径与流行趋势，HPV疫苗的类型、区别及功效等，强调HPV疫苗的最佳接种年龄，消除围绕HPV疫苗接种的各种污名，提升学生及家长对生理健康的重视程度，提高认知水平。此外，应全方位、多层次开展社会倡导活动和公益广告宣传，准确清晰地向公众传播接种 HPV 疫苗的必要性和有效性，纠正 HPV 疫苗有关的各种错误信息，增强适龄女生及家长对接种 HPV 疫苗的健康信念，促进 HPV 疫苗接种行为。

另一方面，重视以基层全科医生为重点的医务人员专业培训。调查发现，医务工作者的推荐和建议是家长为适龄女生接种 HPV 疫苗决策形成的重要促进因素。全科医生作为居民健康的"守门人"和与居民关系最为密切的医务人员，是社区预防保健工作的主要承担者。因此，应进一步加强以基层全科医生为重点的医务人员 HPV 疫苗接种相关知识的教育培训，使医务人员首先认识到适龄女生接种 HPV 疫苗的重要性，并鼓励其在日常工作中主动开展健康宣教，积极引导适龄女生接种 HPV 疫苗。

（二）落实主体责任，提升疫苗信心

1. 将 HPV 疫苗纳入地方免疫规划

调查发现多数家长认为 HPV 疫苗目前尚未在国内广泛应用，广州市适龄初中女生 HPV 疫苗免费接种也是基于自愿原则，使得适龄女生家长对 HPV 疫苗的安全性和有效性尚存担忧。世界卫生组织推荐将 HPV 疫苗纳入国家免疫规划；国家卫健委也指出，鼓励有条件的地方将 HPV 疫苗加入地方免疫规划试点；《健康中国行动—癌症防治行动实施方案（2023~2030年）》更是明确指出，推动有条件的地区将 HPV 疫苗接种纳入当地惠民政策。广州作为国家中心城市，也是珠江三角洲重点核心城市之一，应率先将 HPV 疫苗纳入地方免疫规划，实现政府统一采购，扩大接种人群范围，以传递对 HPV 疫苗的信任态度，缓解家长担忧。

2. 完善 HPV 疫苗监管体系

政府相关部门应落实各级部门责任，敦促和监督相关部门严格按照《中华人民共和国疫苗管理法》的规定，结合广州实际，继续细化和完善疫苗监管措施，推进对 HPV 疫苗全生命周期的质量监督工作；同时，由卫健委、教育局、妇联及其相关职能部门成立疫苗接种联席督导小组，对 HPV 疫苗流通、储存、接种服务等环节进行内部协同监督，及时发现 HPV 疫苗接种过程中的薄弱环节并进行调整改善。此外，应提高 HPV 疫苗信息的公开与透明程度，搭建信息化监督平台，畅通社会监督举报渠道，强化社会监督力量。

3. 持续开展 HPV 疫苗上市后监测

严格落实疫苗上市许可持有人制度，持有人应建立健全疫苗全生命周期质量管理体系，制订并实施疫苗上市后风险管理计划，主动持续开展 HPV 疫苗上市后监测，包括对疫苗在实际使用中的安全性和有效性、疫苗可预防疾病的发病率，以及公众对疫苗接受度等的持续监测，并及时通过官方渠道向公众发布，进一步论证疫苗的安全性和有效性。

4. 加强风险沟通，传递正确信息

预防接种工作人员要严格履行告知义务，客观告知受种者及其家长有关 HPV 疫苗的功效、适应症、副作用及注意事项等，同时也应告知 HPV 感染相关性传播疾病或宫颈癌的危害与疾病负担等信息，传递接种 HPV 疫苗后仍需定期参加宫颈筛查、HPV 疫苗接种的整体收益远大于风险等科学理念，以使家长客观、准确地认识 HPV 疫苗接种的收益与风险。

（三）建立 HPV 疫苗费用补偿机制，加大疫苗供给力度，提高疫苗可及性

1. 建立 HPV 疫苗费用补偿机制

首先，卫生健康部门应积极与 HPV 疫苗生产商和进口代理商进行价格谈判，继续加大对国产 HPV 疫苗的投入，提高疫苗生产技术水平，降低生产成本，以降低疫苗接种费用。其次，参考国际补助方法，探索建立政府、医疗保险和个人三方疫苗资金筹措机制，适当扩大医疗报销覆盖范围，降低自付费用比例，减轻适龄女生家庭经济负担。再次，将 HPV 疫苗纳入医疗救助服务范围，为 HPV 重点高危人群中的困难群众提供疫苗接种财政补贴。最后，积极发挥社会组织作用，鼓励社会慈善捐赠，统筹调动慈善医疗救助力量，设立 HPV 疫苗接种专项资助项目，由慈善机构对低收入家庭进行帮扶，降低由于费用原因无法接种 HPV 疫苗的适龄女生比例。

2. 加大 HPV 疫苗供给力度

广州作为全国人口流入第一城,2023 年常住人口达 1873.41 万人,女性人口约占总人数的 48%,HPV 疫苗需求量较大。因此,一方面,应积极与全球 HPV 疫苗生产商和进口代理商进行沟通,争取加大进口 HPV 疫苗供应量。同时,强化源头管理,充分发挥广州高水平生物医药企业和医学院校聚集的优势,打造 HPV 疫苗创新科研平台、组建 HPV 疫苗研发重点实验室,加快对国内本土高价 HPV 疫苗的研发;推动疫苗成果转化和推广平台建设,加快 HPV 疫苗相关基础前沿研究成果在临床和健康产业中的应用;优化国产 HPV 疫苗的审评审批流程,缩短符合要求的国产 HPV 疫苗上市申报周期,推动更多国产疫苗早日进入市场,增加疫苗产能,尽早破解"一苗难求"的困局。另一方面,应当加强对 HPV 疫苗市场的监管,严查疫苗来源渠道,严厉打击非法生产销售假劣疫苗、走私疫苗以及倒卖疫苗接种资格行为,规范疫苗供应和销售渠道,确保疫苗质量安全、有效。

(四)进一步加大 HPV 疫苗接种的科学宣传力度,让 HPV 疫苗惠及更多适龄女生

1. 形成"点、线、面"宣传渠道合力

居委会、社区卫生服务中心等机构,通过 LED 电子屏、易拉宝、取阅架等多种方式开展适龄女生 HPV 疫苗接种科学宣传活动;动员科技工作者、科技特派员开通"订单式"HPV 疫苗接种宣传志愿服务,由适龄女生及其家长针对 HPV 疫苗接种相关知识的疑惑进行"点菜",志愿者"下厨",实现精准化 HPV 疫苗接种宣传志愿服务;针对患有宫颈癌相关疾病人群的家庭,妇联、社区等组织工作人员主动上门开展 HPV 疫苗接种宣传志愿服务活动,形成"点"上宣传。同时,以短视频、微信公众号、移动客户端等新媒体和电台、电视、广播等传统媒体为媒介,建设"互联网+HPV 疫苗接种科普"平台,以长短视频与适量文字结合的方式,向适龄女生及其家长定向投放 HPV 疫苗科普知识、免费接种政策等信息,通过媒体矩阵让"线"上宣传效应最大化。用活学校科技馆,打造几所中小学科技馆成为关

于 HPV 疫苗预防、阻断、延缓宫颈癌及相关疾病发生发展的主题科技馆，免费向全市学校、学生开放，为适龄女生及其家长提供一个了解 HPV 疫苗接种知识的"固定课堂"；充分利用科普大篷车"小型流动科技馆"，深入学校、机关、社区、乡镇、企业、部队、医院、新时代文明实践中心（站、点）等地方，广泛开展医学专家讲座、"HPV 疫苗接种实践小学堂"、"宫颈癌预防科研实验秀"等丰富多彩的 HPV 疫苗接种"进校园、进课堂、进家庭"的系列基层宣传活动，推进"面"上宣传。

2. 建立对网络信息平台的监督管理机制

规范自媒体的准入、审批和信息发布制度，通过加强地方立法约束自媒体的不客观、不公正信息传播行为，强化政府媒体和自媒体的正面宣传和正确报道。同时，建议卫生健康委员会和网信办成立联合工作小组，加大对健康科普类自媒体账号的网络巡查，重点推进微信、微博、抖音等13家主要平台的公众账号分级分类监督管理工作，坚决查处、关停一批发布或散播不当言论、蓄意制造和传播焦虑的网络媒体和公众号，惩罚一批蓄意带节奏的网络意见领袖。此外，建立健全正向激励机制，引导鼓励"自媒体"运营主体生产关于 HPV 疫苗接种的高质量宣传内容。

3. 建立有效专业咨询方式

妇联、疾控中心等权威机构应搭建公众咨询平台，通过提供在线咨询、互动问答等长效信息咨询渠道，及时收集、汇总、发布 HPV 疫苗相关信息和回应公众关切、社会热点。同时，医院、基层医疗卫生机构、专业公共卫生机构等可开设 HPV 疫苗接种咨询门诊，及时、准确解答家长对 HPV 病毒及疫苗接种的相关疑问。

（五）夯实 HPV 疫苗信息化基础，提高 HPV 疫苗接种工作实施效能

1. 统一信息收集标准和发布口径

作为国家中心城市，广州具有雄厚的互联网企业资源和科技力量，应制定信息收集和发布规则，统一相关部门信息收集标准和发布口径，避免产生

部门之间"信息壁垒"现象。

2. 加快 HPV 疫苗接种数据管理平台建设

依托广州"数字之城"建设，构建卫健、公安、教育、妇联等多部门信息共享大数据平台，将疫苗接种动态数据、预防接种资源、疫苗采购和调配、适龄人群等信息整合纳入信息平台，规范信息报告和发布制度，实现相关信息的实时共享与互补。同时，基于 HPV 疫苗接种数据管理平台增加信息发布功能，统一公布各个预防接种机构关于 HPV 疫苗的库存、预约方式等信息，为适龄女生家长提供及时、准确、全面的 HPV 疫苗接种相关信息。

3. 推进高新技术应用

大力支持大数据、人工智能、云计算等新兴技术，重点在精准性和便捷性等方面开展技术创新，扎实开展 HPV 重点高危人群精准识别与预测，发挥其在自动向适龄人群发送邀请和通知、非第一剂疫苗接种提醒、数字化随访等方面的重要作用。

参考文献

Pimple S. A. , Mishar G. A. , "Global Strategies for Cervical Cancer Prevention and Screening," *Minerva Ginecologica*, 2019, 71（4）: 313-320.

李双、孔北华:《人乳头瘤病毒疫苗临床应用中国专家共识（2021 年版）解读》,《实用妇产科杂志》2022 年第 11 期。

Frazer I. H. , "The HPV Vaccine Story," *ACS Pharmacology & Translational Science*, 2019, 2（3）: 210-212.

World Health Organization（WHO）, *Human Papillomavirus Vaccines*, https: //www. who. int/publications-detail-redirect/who-wer9750-645-672.

World Health Organization（WHO）, *Data*, *Statistics and Graphics*, https: //www. who. int/immunization/monitoring_ sureillance/data/en/.

史金晶:《四省监护人对 9~14 岁女孩接种人乳头瘤病毒疫苗接受度的现况调查》,硕士学位论文，中国疾病预防控制中心，2020。

史金晶、张肖肖、郑徽等:《中国大陆青少年家长人乳头瘤病毒疫苗认知度和接受度 Meta 分析》,《中国疫苗和免疫》2019 年第 4 期。

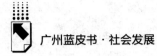
王炳翰、严诗钰、王孙怡等：《9~14岁儿童家长对HPV及其疫苗认知和接种意愿调查》，《公共卫生与预防医学》2023年第1期。

郑灿杰、王梦、刘艳等：《2022年浙江省衢州市初中女生家长人乳头瘤病毒疫苗犹豫现状及影响因素》，《疾病监测》录用定稿，网络首发时间：2024年1月19日。

许小凤、尹文强、刘敏等：《母亲HPV疫苗犹豫的现状及影响因素探究》，《现代预防医学》2020年第19期。

B.6
广州市月子中心服务状况调查分析报告

广州市消费者委员会课题组*

摘　要： 为促进月子中心提升、规范服务质量，广州市消费者委员会采用问卷调查、消费体察及行业专家访谈等方式对广州市月子中心进行了调查。调查发现，目前广州市高品质专业的母婴服务需求不断扩大，月子中心服务向多元化、精细化发展，但价格普遍高于消费者理想价位；消费者对母婴康护服务基本满意，但也担心出现虚假宣传、服务专业性不足及商家倒闭跑路等问题；对月子中心的监管不足，行业缺少相关标准规范。广州市消费者委员会建议相关部门加强对月子中心的监管，推动建立行业协会；月子中心优化提升服务质量；消费者在消费时提升辨别能力。

关键词： 月子中心　母婴服务　监管合力　广州

一　调查概括

（一）调查背景

月子中心是提供专业化护理产妇和新生婴儿的服务性行业机构，目前，国内的月子中心仍处于起步发展阶段，多数集中在经济发展较好的北京、上海、广州、深圳等一线城市。但随着中央和地方政府近年来接连推出规范母婴照料服务的政策和监管措施，全面二孩政策释放了大量的生育意愿，月子

---

* 课题组组长：罗瑞云，广州市消费者委员会副主任；课题组成员：李琼，广州市消费者委员会工作人员；卢斌，广东省粤正评估咨询有限公司高级工程师。

中心迎来了快速发展的时代。以广州为例，月子中心在二孩政策实施前只有几十家，在全面二孩政策实施两年后已增加到200家。① 随着经济的发展，在人们对专业化的产妇和婴幼儿护理机构越来越关注，对新生儿健康生长和产妇产后快速恢复身体以适应职业发展的需求越来越大，消费观念更新迭代等多种因素的共同作用下，女性对产后护理的重视程度越来越高，对科学的、专业的母婴护理服务需求不断增加。同时，越来越多的投资者关注月子中心服务行业的发展前景，促使广州月子中心服务行业不断快速发展和壮大。

月子中心在迅速发展的同时，也衍生出一些问题和消费者担忧的因素。经查询，2023年1~10月广州市消费者委员会受理家政服务投诉共494件。此外，在2023年的广东"315"晚会就曝光了个别月子中心医护资质不过关、虚假宣传等乱象。通过互联网搜索月子中心的相关报道发现，一些问题频繁涉及月子中心，其中包括无证制作"月子餐"、照料不周导致婴儿生病，还有月子中心老板拖欠费用后悄然离开等情况。

综合上述情况，结合2023年消费年主题"提振消费信心"，为强化消委会的社会监督作用，促进月子中心行业提升、规范服务质量，为广大消费者提供指引，提升消费信心，广州市消委会开展了广州市月子中心服务状况调查。

（二）调查实施情况

本次调查采用问卷调查、消费体察及行业专家访谈三种方式进行。

1. 问卷调查

以线下拦截访问及网络调查问卷两种调查相结合的方式开展，调查对象包括具有月子中心消费经验的消费者及有消费意愿的消费者。其中，线下拦截访问组织访问员在月子中心或母婴聚集场所对目标人群进行拦截访问。网

---

① 《全面二孩后带旺广州月子产业，两年机构数暴增4倍》，南方号，http://static.nfapp.southcn.com/content/201802/09/c962789.html。

络问卷调查利用线上问卷调查系统向目标人群进行定点发送。两种方式共搜集2113份有效问卷，样本完成情况详见表1、表2。

表1　被调查者年龄分布情况

单位：个，%

年龄	完成样本量	占比
19 岁及以下	29	1.4
20~24 岁	547	25.9
25~29 岁	888	42.0
30~34 岁	303	14.4
35~39 岁	119	5.6
40~44 岁	132	6.2
45 岁及以上	95	4.5
合计	2113	100

资料来源：问卷调查第2题"请问您的年龄符合哪个区间？（单选）"。

表2　被调查者人群分布情况

单位：个，%

人群	完成样本量	占比
曾经在广州市月子中心"坐月子"	430	20.3
正在广州市月子中心"坐月子"	619	29.3
正在挑选且实地考察过广州市月子中心	1064	50.4
合计	2113	100

资料来源：问卷调查第3题"请问您或您家人符合以下哪种情况？（单选）"。

2. 消费体察

以潜在消费者亲身体验月子中心开展，10名消费者以神秘顾客的形式到广州市各行政区域的月子中心进行实地消费体察，着重关注资质、门店环境、服务态度、服务能力、服务价格、专业服务、前期咨询等7个方面，共获取31份体察样本。体察样本完成情况详见表3。

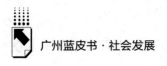

表3　消费体察月子会所区域分布情况

单位：份

行政区域	完成样本量	行政区域	完成样本量
天河区	9	花都区	2
海珠区	4	黄埔区	2
越秀区	4	荔湾区	2
白云区	3	增城区	2
番禺区	3	合计	31

资料来源：消费体察基本信息"体察的月子中心所在的行政区域"。

3. 行业专家访谈

邀请行业资深代表进行深度访谈，了解广州市月子中心行业整体发展情况、行业的发展趋势，政府相关鼓励政策、措施和监管情况，并对当前广州市月子中心服务质量提升空间和方向提出中肯意见和建议。广州市消委会结合专家意见，撰写广州市月子中心现状调查报告。

二　调查结果分析

结合问卷调查及消费体察数据，多维度分析广州市月子中心行业发展及服务质量情况。具体分析如下。

（一）行业发展现状：高品质专业的母婴服务需求不断扩大，月子中心服务向多元化、精细化发展

1. 产后服务需求多样化，为广州市月子中心服务提供了重要支撑

调查结果显示，产妇选择到月子中心坐月子的最主要原因是月子中心能提供专业的医学和护理服务。其中，有63.2%的受访者表示她们选择月子中心是因为月子中心能够对宝宝进行专业的护理，而62.1%的受访者则表示月子中心能够为产妇提供尽心专业的产后恢复护理。其次，月子营养餐也

是产妇选择月子中心的重要考虑因素。57.1%的受访者看重月子中心能够提供科学搭配的月子营养餐。最后是对母婴健康生活的关注，55.6%的受访者表示月子中心能够为母亲们系统地学习科学育儿知识和产后科学安排生活和工作，使母婴尽快步入正常、规律生活。其他的原因还包括能帮助尽快恢复身体、帮助调节产后心理、减少家人负担。

2. 新一代消费群体对母婴服务关注度提升，倒逼广州市月子中心服务向多元化发展

调查结果显示，广州市月子中心的消费者群体主要集中在"90后"家庭，即受访者中25~29岁占比42.0%（见表1）。据图1受访者家庭月收入分布情况分析，受访者中25~29岁家庭平均月收入①为4.30万元，消费者群体的家庭平均月收入为4.54万元。本次调查的"家庭月收入"含丈夫、公公婆婆等家庭中所有同住成员每月的工资、退休金、投资分红等所有收入。

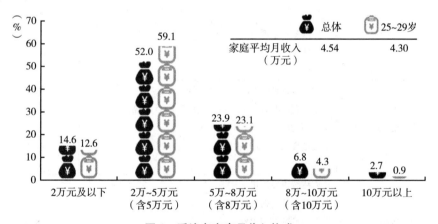

图1 受访者家庭月收入构成

资料来源：问卷调查第5题"请问您的家庭月总收入符合以下哪个区间？含丈夫、公公婆婆等家庭中所有同住成员每月的工资、退休金、投资分红等所有收入（单选）"。

---

① 家庭平均月收入为估算值，计算方法是"家庭平均月收入 = Σ每个选项均值×每个选项比例"。以25~29岁受访者家庭平均月收入为例：2×12.6%+3.5×59.1%+6.5×23.1%+9×4.3%+10×0.9%=4.30（万元）；同理，所有的受访者家庭平均月收入经换算后为4.54万元。

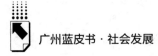

消费者挑选月子中心时主要考量的因素是母婴医护服务，宝宝及产妇的医护服务分别占 90.3% 及 80.3%。其他的考量因素还包括月子餐（70.4%）、环境（69.5%）及价格（45.5%）。

由于消费者对服务的重视，广州市月子中心的服务内容也向多元化发展。据体察结果所知，广州市月子中心服务除母婴照护、月子餐等基础服务外，也包含孕期的健康服务、出院后的指导服务及各类型的增值服务，产康服务也更精细化，全面照顾到产妇的不同需求。问卷调查结果显示，72.8%的消费者表示在出院后月子中心会继续提供出院后的服务（见表4）。

表4 消费体察的月子中心提供的基础服务情况

单位：%

月子中心提供的服务内容		占比
产妇服务	自有厨房制作月子餐	100.0
	育儿课程	96.8
	生活护理	90.3
	产后修复美容塑形	87.1
	产后体检	83.9
	心理辅导	51.6
婴儿护理	生活照料（哺乳记录、三浴抚触处理等）	96.8
	健康护理（温湿度调节、衣物奶瓶消毒等）	93.4
	疾病预防（黄疸观察、脐带护理等）	87.1
	带教培育（语音动作训练、互动安抚睡眠）	77.4
	婴儿游泳	96.8
出院后服务	产妇后续康复跟进	60.4
	婴儿疫苗注射提醒服务	54.0
	婴儿的护理知识讲座	48.2
	婴儿满月派对	36.1
	亲子摄影	25.9

资料来源：消费体察第9题"月子中心能提供以下哪些专业服务？（多选）"。

3. 月子中心消费存在价格高于消费者理想价位的现象

月子中心往往位于市区繁华地带，能够提供科学专业的母婴护理服务并配备专业人才和舒适的环境。体察结果显示，广州市月子中心最常见的28天套餐平均单价为4.54万元，价格远高于问卷调查中消费者对月子中心的理想平均价格（28天套餐平均理想价格为1.92万元），目前市场平均价格明显超出九成消费者的接受范围（见图2）。

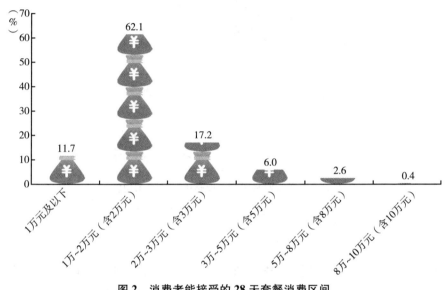

图2　消费者能接受的28天套餐消费区间

资料来源：问卷调查第12题"请问您在月子中心接受服务的套餐收费价格是多少？（单选）"。

（二）服务质量现状：消费者对母婴康护服务基本满意，但服务细节仍需改善

月子中心服务作为高端专业的服务行业，大部分消费者对广州市月子中心的服务表示满意。问卷调查结果显示，月子中心的服务质量满意率达81.8%（非常满意+比较满意）（见图3）。

消费者的满意度主要体现在以下几个方面。

1.整体环境

问卷调查及消费体察结果显示，消费者对广州市月子中心的整体环境表示满意，具体体现在以下几个方面。

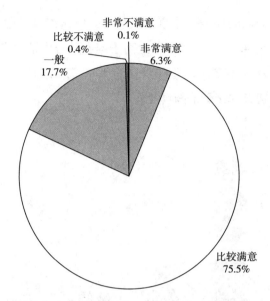

图3　消费者对月子中心服务的整体满意程度

资料来源：问卷调查第31题"总的来说，您对广州市月子中心服务质量的评价如何？（单选）"。

　　一是功能区卫生且划分清晰。消费者对各区域卫生环境的满意率均达到八成以上（见图4）。细分各功能区来看，月子中心一般划分为居住区、产

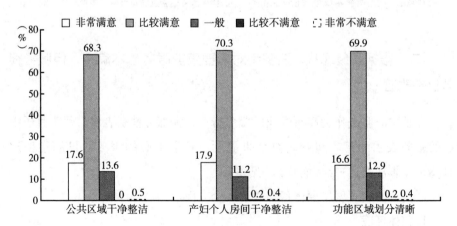

图4　消费者对月子中心整体环境的满意程度

资料来源：问卷调查第15题"请问您对月子中心的整体环境评价如何？（每行单选）"。

后理疗区、新生儿托管区、家属休息区、厨房、洗衣房等不同功能区域，消费者对各功能区的满意率评价均较高（见图5）。

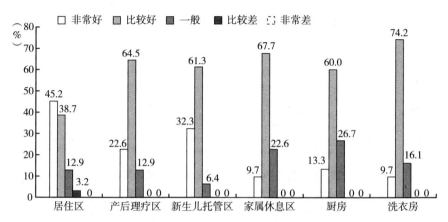

图5 消费者对月子中心功能区环境的满意程度

资料来源：消费体察第10题"月子中心的以下区域的卫生环境如何？（单选）"。

二是环境安静。问卷结果显示，消费者对月子中心各区域环境的安静情况满意率超过八成（见图6）。在线下的消费体察中，调查员表示居住区能保证百分之百安静，只有不足二成的调查员表示体察的月子中心公共区域有轻微噪音，但能接受（见图7）。

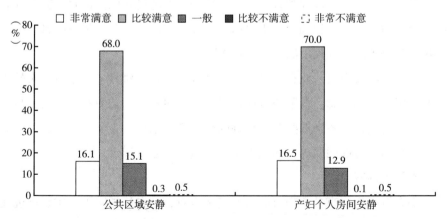

图6 消费者对月子中心整体环境的满意程度

资料来源：问卷调查第15题"请问您对月子中心的整体环境评价如何？（每行单选）"。

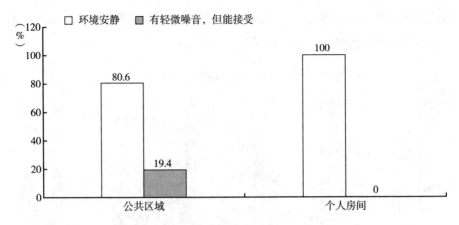

图7 对月子中心公共区域及房间的噪音评价

资料来源：消费体察第11、12题"对门店环境安静度评价如何？（单选）"。

2. 服务人员

消费者对月子中心工作人员的服务态度表示满意，满意率达九成，具体体现在以下几个方面。

一是服务专业性。首先是超过90%的月子中心能够在衣着上表现出专业形象，它们要求员工统一穿着服装、佩戴工牌，并在整个服务过程中始终戴着口罩。其次是持证上岗情况。问卷调查结果显示，消费者对月子中心服务人员持证上岗、护理师和育婴师的配置满意率超过九成。最后是拥有专业的母婴护理知识。问卷调查结果显示，逾九成的消费者对月子中心服务人员掌握母婴知识的情况表示满意（见图8）。

二是耐心及细致。调查结果显示，九成的消费者对月子中心服务人员的耐心及细致表示满意。线下消费体察调查员也表示，月子中心服务人员是一对一照顾宝宝；在咨询期间会详细询问孕妇产检信息，为孕妇提供服务；能站在客户角度考虑问题等，体现出服务人员的耐心及细致。

3. 服务内容

消费者对广州市月子中心的服务基本满意，消费清晰明了，主要体现在以下几个方面。

一是服务内容及收费清晰。消费者对月子中心宣传真实性及价格清晰度

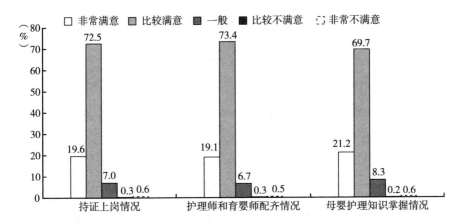

图8 对月子中心服务人员的评价

资料来源：问卷调查第20题"请问您对月子中心服务人员评价如何？（每行单选）"。

都给予了较高的满意度，满意率接近九成。线下消费体察调查员也反映，月子中心都能明示收费标准，基本上都能明示服务内容，让消费者能清楚明白消费（见图9）。

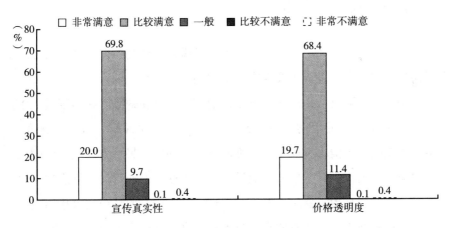

图9 对月子中心的咨询服务评价

资料来源：问卷调查第16题"请问您对月子中心的咨询服务评价如何？（每行单选）"。

二是母婴服务满意率高。调查结果显示，消费者对母婴各项服务的满意率均超过八成。对月子餐的营养搭配、卫生满意率更达到九成以上（见表5）。

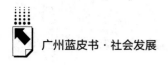

表5 消费者对母婴服务的满意度

单位：%

服务内容		"非常满意+比较满意"的占比
产妇服务	产妇妇科护理	89.5
	生活护理（室内环境清洁、床品衣物清洁）	86.4
	心理辅导（预防抑郁症、调节情绪）	89.5
	疾病预防（产褥期疾病预防）	88.6
	产后修复美容塑形	88.2
婴儿护理	生活照料（哺乳记录、三浴抚触处理等）	87.1
	健康护理（温湿度调节、衣物奶瓶消毒等）	86.0
	疾病预防（黄疸观察、脐带护理等）	85.7
	带教培育（语音动作训练、互动安抚睡眠）	87.9
月子餐	颜色、味道	89.7
	营养搭配	92.9
	卫生	93.7

资料来源：问卷调查第17题"请问您对月子中心的产妇护理服务评价如何？（每行单选）"，第18题"请问您对月子中心的婴儿护理服务评价如何？（每行单选）"，第19题"请问您对月子中心的月子营养餐评价如何？（每行单选）"。

虽然消费者对广州市月子中心服务质量满意率较高，但在部分服务细节上仍需进一步加强管理，主要存在以下问题。

一是安全保障有待提高。一方面是消防安全存在缺陷。在体察过程中发现，10家月子中心的消防安全存在消防安全设备配置不完善、走道太窄、逃生路线图指示不清晰及安全出口堆放杂物等问题。另一方面是场所的人员安全保障。广州市的月子中心一般设在公寓大楼、商业广场、酒店内，只有少部分月子中心是独栋建筑。调查员发现，月子中心所在公寓大楼出入人员繁杂，产妇和新生儿的人身安全保障难度很高，同时人员出入复杂也容易造成产妇和新生儿恢复期内感染。

二是经营资质公示不规范。此次调查的31家月子中心机构均能公示营业执照。此外，根据《中华人民共和国食品安全法》规定，从事餐饮服务的相关个体经营者和企业，应向当地的市场监管部门申请并取得"食品经营许可证"。① 31 家月子中心均自称是自有厨房制作月子餐，但体察过程中发现，其中有 13 家没有根据《食品安全法》规定公示"食品经营许可证"，同时有 15 家没有公示员工的"健康证"。

三是母婴康护设备及人员专业性提升。目前，虽然消费者对月子中心服务人员的专业性表示满意，但随着消费者对高质量母婴康护服务需求的不断扩大，仍有超过四成的消费者希望月子中心能提升设备和人员的专业性，提供更高质量的母婴服务。

（三）消费维权现状：消费投诉事件少，但消费者有诸多因素的担忧

调查访问的 2000 多名消费者中，只有 2 名消费者表示曾因为月子中心服务问题进行过消费维权，维权问题分别是价格和人员服务质量问题。

1. 安全性、专业性及价格是消费者选择月子中心机构消费的主要因素

调查结果显示，超过四成的消费者在选择月子中心机构时的主要考量，一是安全性，反映在卫生、安全等方面没有保障的占比 46.1%。二是价格，以单价 28 天套餐平均理想价格为 1.92 万作为中间价位（见图 2），消费者反映价格偏高的达到 44.5%。三是专业性，反映从业人员不够专业的占比 43.8% 和设备不够齐全的占比 43.3%。其他还包括机构布点不多、离家较远占 42.4%，环境不够好占 41.8% 和月子餐外包占 38.2%。

2. 虚假宣传、服务态度及商家倒闭跑路等成为消费者重点关注的问题

问卷调查结果显示，超过三成的消费者认为以下几点是重点关注的问题。一是虚假宣传问题，主要反映支付的价格与承诺不同的占比 46.5%，专业服务与承诺不同的占比 45.1%，门店环境与宣传不同的占比 44.4%，经营资质、人员资质与宣传不同的占比 42.6%。二是服务问题，反映服务

---

① 根据《中华人民共和国食品安全法》第 35 条规定，国家对食品生产经营实行许可制度，从事食品生产、食品销售、餐饮服务，应当依法取得许可。

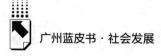

态度差的占比31.9%和服务人员流动性较大的占比31.9%。三是月子中心倒闭、跑路问题,受访消费者中33.7%的人反映非常担心月子服务中心出现跑路或倒闭现象。

3.消费维权意识高

由于月子中心消费价格高,若遇到糟心事,接受访问的消费者均表示会主动进行消费维权。其中,64.7%的消费者选择直接与月子中心协商解决,51.8%的消费者选择拨打政府服务热线投诉,48.2%的消费者选择通过法律途径解决,43.0%的消费者选择向消费者组织投诉。

(四)消费者呼吁社会各界形成监管合力,促进广州市月子中心服务质量提升

调查结果显示,消费者希望从行政监管、行业监管及媒体监管等各方面形成监管合力,促进广州市月子中心服务质量提升及行业的有序发展。

1.行政监管方面

消费者选择政府应制定统一的行业规范和管理制度,对卫生资质、餐饮服务等作出明确规定的达40.7%。

2.行业企业方面

消费者选择加大从业人员的培训力度,提升内部人员的专业素质和技能的占比44.5%;选择月子中心应建立标准合格的质量管理体系,严格把好环节服务关的占比41.7%;选择建立行业的标准评选体系倒逼企业自律,推动月子中心发展的全面提升的占比40.9%。

3.媒体监督方面

消费者选择强化媒体和政府监督效力,提高月子中心透明度和服务质效的占比40.7%。

4.消费者组织方面

消费者选择从多方面多角度开展月子中心的消费教育,提升消费者风险辨别能力和理性消费能力的占比43.0%(见图10)。

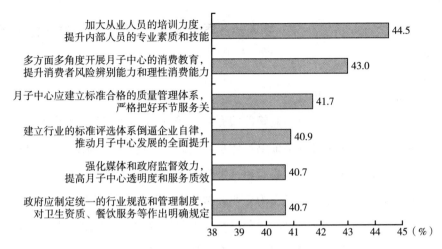

图10　提升广州市月子中心服务质量的意见建议

资料来源：问卷调查第33题"您对提升广州市月子中心服务质量有哪些意见建议？（多选）"。

三　存在的问题与分析

此次问卷调查以及线下体察显示，消费者对广州市月子中心各方面总体表示满意，但仍存在人身安全、从业人员专业性不足等方面的担忧。综合调查数据和情况分析，让消费者担忧的原因有如下几个方面。

（一）主管部门不明确，监管合力尚未形成

月子中心作为"体验+功能"式消费，涉及康复护理、生活料理、住宿、消防、卫生、餐饮等众多方面，涉及卫健委、公安消防、市场监管、城管等多个部门，多个部门都有监管职能。各部门在监管过程中存在"铁路警察各管一段"，各行其是，或者是多个部门参与，但因缺乏明确的监管平台，监管没有形成合力，容易造成监管缺位，导致监管仍存在一定的困难，也造成消费者维权困难，不利于行业健康发展。发生消费纠纷的时候，可能会遇到多个部门不同的解释，让消费者无所适从。

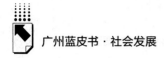

（二）行业从企业准入到人员资质再到行业监管，迄今并无相关标准规范

1. 企业准入门槛低

目前，月子中心在市场监管部门完成注册登记手续后即可开始运营，不需要特定的资质或相关资格证书。体察时发现，一些月子中心选择租用几层楼并改装成酒店式设施，然后聘请月嫂和护理人员为产妇和新生婴儿提供服务。取得营业执照，应该只作为企业经营的准入门槛，体察发现的这种场所设置，缺乏相应的前置许可和行业标准，可能导致大楼人员出入复杂，对产妇和新生婴儿的人身和财产安全带来意外风险和隐患。

2. 行业缺乏指导性标准

虽然近几年国家和地方不断推出针对母婴护理服务的法规政策，但相关法规都是针对宏观面上的规定，并未落到细处。月子中心行业目前只有一个国家推荐性标准——《母婴保健服务场所通用要求》（GB/T 33855—2017），不具有强制性。据访谈的行业代表表示，目前，该行业在国内经营发展处于市场经济自然淘汰模式，政府虽然大力鼓励发展，但是没有明确开展经营需要具备哪些资质，行业尚未有行业协会，也并未形成行业服务标准，既无行业服务标准也无行业服务规范，导致一方面不利于消费者辨别月子中心的服务质量和水平，另一方面也不利于该行业的健康发展。

3. 缺乏统一的计价收费标准

目前，月子中心的定价并未被列入政府定价目录，而是实行市场调节价，允许月子中心依法自主定价。体察中发现，尽管各项服务内容的价格清晰明了，但价格收费却相差甚远。调查数据显示，以28天的基础月子套餐为例，体察的月子中心收费从3万~17万元不等，价差将近5倍。加上月子中心服务是先付费再体验，容易出现价格与服务质量之间的匹配不够理想，消费者在实际消费后发现性价比不如预期，存在心理落差而引发消费纠纷。

（三）广州市月子中心行业协会发育不够完善，无法充分发挥行业协会对企业的引导作用

行业协会往往具有填补政府监管不足和平衡市场发展的重要作用。据访谈的行业代表表示，目前，广州市尚未设立专门针对月子中心的行业协会，而现有的妇女协会和母婴产品协会主要关注婴儿方面的事务，缺乏一个专门的月子中心行业协会作为社会第三方参与，导致无法发挥行业协会对企业的自律作用，弥补政府监管的缺失，不利于该行业的健康有序发展。

（四）月子中心服务内容同质化严重，不利于月子中心服务高质量发展

通过体察发现，广州市月子中心的服务模式及内容同质化现象严重，各月子中心的服务内容大同小异，如针对产妇方面提供的月子餐、产妇的盆底肌修复、产妇乳腺保健及疏通、产后塑形等服务，针对婴儿方面提供的基础生活照料、健康监测、婴儿游泳、婴儿摄影等服务。造成价格差异更多的是源于产妇房间面积大小及服务次数不同，非服务内容的差异。体察过程中发现，服务项目、配套价格等可选择的空间很小，容易出现市场恶性竞争，服务质量下降，不利于广州市月子中心整体服务水平的提升及市场的健康有序发展。

（五）缺乏从业人员资质的监管及审查体系，不利于月子中心行业高质量发展

妇科专家、儿科专家、催乳师、护理师（月嫂）、产后修复师，这些都是月子中心的核心力量。目前，该服务行业缺乏对从业人员资质的监管及审查体系。体察发现，尽管23家体察的月子中心都展示了护理人员的专业资格证明，但每家中心的专业护理人员只有2~3名，其他护理人员存在不具备专业背景和专业护理知识的可能性。同时体察发现，除1家民营医疗机构开设的月子中心有专职妇产科医生外，其他的月子中心的医生以外聘为主，

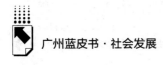
无定时定点行医的保障，可能导致当产妇或孩子发生状况时无法得到及时诊治。

四　对策与建议

月子中心作为专业化的母婴类服务行业，市场发展前景乐观。为推动广州市月子中心行业健康发展，提升月子中心服务质量，对行政监管、行业协会建设、企业发展及消费者选购提出如下建议。

（一）让"高消费"的月子中心迎来"强监管"

1. 完善行政层面的立法立规立标

从月子中心的硬件设施、环境以及从业人员的基本素质和专业技能等方面进行规范和完善标准。硬件方面，明确场地环境、设施设备、安全卫生、人员资质等要求。软件方面，明确医师、护士、育婴师、营养师、月嫂等从业人员的技术等级和配比，行业制度规范、经营资质及操作流程等管理细则和操作规范都要在显著位置公开展示，提高行业服务标准。对月子中心运营过程中随意降低服务标准的，各监管部门及时给予相应教育、处罚和公示，及时惩戒违法违规经营者，营造良好的消费环境。

2. 进一步明确主管部门和相关部门的职责

加强各个监管部门间的协调和沟通，积极培育行业协会发展，充分发挥行业自律作用，形成行政职能部门和行业协会共治合力，加强事前、事中、事后监管，形成监管闭环，从体制机制上消除行业"监管盲区"。

3. 确定行业内专业学科培训及从业人员的认定、考核、发证的行业标准

母婴照料涉及产妇和婴儿的健康，从业人员必须具备专业的医疗知识和服务技能，出台统一的行业标准，对从业人员进行专业的培训及考核，持证上岗，为母婴提供良好的专业技术服务保障。

4. 服务收费实行政府指导价

由于接受服务的对象是处于弱势位置的妇女和婴儿，而且接受服务期间

需要非常专业的技术人员保障，就服务内容、收费标准等建议明确主管部门，同时健全价格公示、价格监管等规范制度，以保障消费者的知情权和选择权。

（二）建立行业协会，推动社会共治

建议政府牵头推动成立月子中心等母婴照料机构行业协会，发挥行业协会对行业的指导作用，补齐行政监督管理的短板，推动社会共治。第一，引导行业协会通过制定规章制度，广泛推行服务承诺、服务公约、服务规范等方式规范行业行为。第二，定期开展从业人员培训工作，实行资质认定、红黑名单管理，结合2022年广东省推出的《月子中心安全与服务管理规范》①，将月子中心服务管理与安全管理相融合，引导行业自律。第三，完善消费投诉渠道和奖惩机制，分级分类指导管理，引导市场良性竞争。

（三）优化服务质量管理，让服务质量跟上市场发展步伐

1. 要树立正确的经营理念

月子中心的核心在于服务，经营者应将重心投入提升服务质量、提升员工素质等核心竞争力上，避免同质化恶性竞争，承担起维护月子中心市场有序发展的责任。

2. 完善质量管理体系

构建质量与安全管理架构，建立完整的质量与安全管理体系，制定质量目标、质量标准及考核方案，确定关键指标开展质量评价，开展质量和安全的教育与培训，制定服务满意度评定考核管理办法等实施措施，全方位听取顾客意见与建议，及时改进服务不足之处，不断提高服务质量。

3. 提高员工专业素养

定期组织开展企业内部从业人员专业培训，满足员工技能提升的需求，同时提升企业服务质量与人力的竞争力，优化从业队伍，提升服务质量。

---

① 《月子中心安全与服务管理规范》广东省团体标准（T/GDJX 1—2022）由广东省孕婴童用品协会提出，并联合广东省标准化研究院、广东省家庭服务业协会等多家单位共同编制。

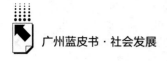
（四）消费者擦亮双眼，辨析月子中心美丽诱惑

随着母婴服务行业的快速发展，既省事又舒适安逸的月子中心成为新晋宝妈的选择之一。消费者在选择月子中心时，应注意以下几个方面。

1. 提前实地考察

仔细检查月子中心的营业执照和许可证，多途径了解商家的经营状况、信誉程度和服务能力；对月子中心的私密性、安全性以及母婴服务的专业性、卫生消毒、环境及空气质量、设施设备配备情况等进行全方位了解。

2. 按需理性选择

把母婴人身安全放在首位，不要被奢华高端所迷惑，要根据自身（产妇和婴儿）的需求和经济能力选择合适的服务，同时应尽可能全面了解和掌握好各项服务的细节和流程，并做好必要的书面记录，尤其是商家的承诺。

3. 签订书面合同

商家为了便利经营，一般向消费者提供事先拟定的格式合同，格式合同上一般会列明服务项目和价格，明确双方的权利和义务。但格式合同也是有补充条款的，建议消费者应将商家的口头承诺作为补充条款更新至补充条款中，以保障自身合法权益。对预缴定金的额度，依据《中华人民共和国民法典》第586条规定，定金的数额由当事人约定，但不得超过主合同标的额的20%。

4. 留存证据以防万一

月子中心承诺的医疗环境、营养餐、婴儿喂养和护理、产后塑形、美容、产后肌体检测、摄影、服装等服务内容，应尽量采取书面约定，确实临时增加或者减少的事项，消费者也尽可能要留存相应证据，便于今后维权。一旦发生纠纷，可先行与经营者协商解决。若协商不成的，可拨打020 - 12345服务热线或向有关行政部门、消费者组织投诉，依法维护自身合法权益。

参考文献

安征：《母婴产业入口行业研究——基于月子中心发展的视角》，《中国市场》2019年第 14 期。

刘东丽：《广州敦南真爱月子会所服务营销策略研究》，硕士学位论文，吉林大学，2020。

陆晓燕、张家琪、姬淑红等：《上海市杨浦区月子会所卫生状况调查》，《上海预防医学》2016 年第 9 期。

裘文、安丽、栾丽琴：《上海市"月子会所"现况调查与分析》，《中国卫生法制》2017 年第 2 期。

王盼盼、杨瑞贞、张洪美：《我国月子会所发展的 SWOT 分析》，《护理学报》2017年第 4 期。

向娟：《基于女性主义视角下的女性空间研究——以月子中心为例》，硕士学位论文，西南交通大学，2015。

张晨韵、陈钰琪、李跃平等：《月子中心监管对策研究——基于母婴权益保障视角》，《南京医科大学学报》（社会科学版）2021 年第 3 期。

《母婴保健服务场所通用要求》（GB/T 33855—2017）。

社会治理篇

B.7

广州市涉老诈骗社会协同治理
现状及对策研究[*]

广州大学广州发展研究院课题组[**]

摘　要：　近年来，我国反诈骗工作取得显著成效，但新型涉老诈骗手段不断涌现，老年人群体由于认知能力下降、网络知识匮乏和防范意识薄弱，成为诈骗的主要目标。广州市在打击涉老诈骗方面取得了较好的成绩，但存在

　＊　本报告是广州市新型智库广州大学广州发展研究院、广东省社科研究基地国家文化安全研究中心的研究成果。

＊＊　课题组组长：涂成林，广州大学二级教授，博士生导师，广州市粤港澳大湾区（南沙）改革创新研究院执行院长，广东省区域发展蓝皮书研究会会长，研究方向为城市发展战略、文化软实力、科技创新政策、国家文化安全等；谭苑芳，博士，广州大学广州发展研究院院长、教授，广州市粤港澳大湾区（南沙）改革创新研究院理事长。课题组成员：臧传香，广州大学管理学院博士，广州市粤港澳大湾区（南沙）改革创新研究院研究员；周雨，博士，广州大学广州发展研究院副院长、讲师，广州市粤港澳大湾区（南沙）改革创新研究院副院长；郭启华，广州市南沙区社会组织党委委员、南沙区百民社会工作服务中心理事长；于晨阳，博士，广州大学广州发展研究院副教授，广州市粤港澳大湾区（南沙）改革创新研究院研究员；杨丽红，广州大学马克思主义学院硕士研究生，广东省社会科学研究基地国家文化安全研究中心研究人员。执笔人：谭苑芳。

治理主体联动性和主动性不足、治理手段单一与技术掣肘等问题。为应对这些挑战，建议加强社会协同治理和技术应用，构建多元化协同治理框架，整合各方资源，利用科技手段构建数字化治理模式，严格全领域涉老业务治理，并加大涉老诈骗反制技术研发投入。通过这些措施，可以有效提升涉老诈骗的综合治理能力，保护老年人权益，加快实现"健康中国2030"战略目标。

关键词： 涉老诈骗　社会协同治理　反制技术　老年人保护

近年来，我国反诈骗工作初见成效。受反诈教育宣传和行业反诈技术提升的影响，传统骗术日渐式微。数据显示，2021年网络诈骗类案件在近五年来首次出现下降。在肯定成绩的同时，我们也应认识到犯罪分子正在花样翻新，新型骗术层出不穷。中国移动发布的《2022年电信网络诈骗态势分析报告》指出，"诈骗犯罪已经形成了一整套黑灰色产业链，其上中下游各环节组织清晰、分工明确，呈现出跨地域、跨行业、跨网络作案的显著特点"。报告还强调，老年群体更易成为诈骗分子的目标，占比已达27.7%。[①]人口老龄化是我国的基本国情。2023年11月，民政部新设立老龄工作司，将老龄群体和老龄工作进一步摆在重要位置。加强涉老诈骗社会协同治理和技术应用，是深入实施积极应对人口老龄化国家战略的必经环节，也是进一步探索中国特色积极应对人口老龄化道路的重要实践。在此背景下，深入研究反诈骗策略的优化与创新，尤其是针对老龄群体的防范措施，具有重要的理论和现实意义。探索跨部门协作机制，运用先进技术手段提升反诈骗效率，构建全社会共同参与的防诈骗体系，将为我国积极应对人口老龄化提供重要支持。

---

① 《2022年电信网络诈骗态势分析报告》，搜狐网，https：//www.sohu.com/a/665021720_121106884。

一 加强涉老诈骗社会协同治理的重要性和紧迫性

一是人口老龄化趋势日益严峻，老龄社会威胁的加剧影响社会稳定和经济发展。当前，我国已接近中度老龄化社会，医疗、养老、司法等社会保障体系面临严峻挑战。2022 年，我国人口形势发生重要转折，出现了 61 年来首次人口负增长。截至 2023 年底，全国 60 岁及以上人口已达 29697 万人，占全国总人口的 21.1%；其中，65 岁及以上人口为 21676 万人，占全国总人口的15.4%。[①] 老龄社会威胁的加剧，尤其是涉老诈骗等问题，将直接或间接引发一系列社会和经济问题。一方面，社会信任可能因此减弱，经济负担将进一步加重。随着老龄人口比例的上升，消费能力可能下降，进而影响整体经济增长。此外，医疗和社会服务的需求将大幅增加，给现有的社会保障体系带来巨大压力，养老金制度亦面临前所未有的挑战。另一方面，代际矛盾的加剧也是不可忽视的问题，年轻一代容易因赡养压力和资源分配问题对老年人产生不满，从而削弱了社会凝聚力。

二是老年人群体在认知、生理和社会因素上的特殊性对社会治理和技术应用提出了更高要求。一方面，老年人由于年龄增长，认知能力和分辨能力有所减退，使得他们在面对复杂的信息环境时更容易受到欺骗。同时，网络知识的匮乏使老年人在日益数字化的社会中处于劣势，加之老年人防范意识相对薄弱，社交圈层相对狭窄，使得他们难以识别和应对网络诈骗，在面对外界信息时更容易相信不法分子的谎言。对健康产品和服务的需求较高、保健欲望强烈也是老年人的一个显著特点，这为诈骗分子提供了可乘之机，而信息获取不足和情感寄托缺失则进一步加剧了这一问题。另一方面，老年人的思想相对固执，对新鲜事物的接受度相对其他年龄群体较低，一定程度上

①《王萍萍：人口总量有所下降 人口高质量发展取得成效》，国家统计局网站，https：//www. stats. gov. cn/xxgk/jd/sjjd2020/202401/t20240118_ 1946711. html。

限制了他们接受反诈骗教育和宣传的效果。犯罪分子利用老年人的这些特点，采用多种智能化手段，精准实施各种涉老诈骗活动。这些手段不仅花样繁多，而且不断更新升级，增加了防范的难度。推进老龄化社会的协同治理和治理现代化，是提高老年人生活和生命质量的重要基石。要实现"健康中国 2030"战略目标，必须重视老年群体在社会中的特殊地位，全面提升他们的安全感和幸福感。

三是"人口老龄化"与"犯罪智能化"交织背景下新型诈骗手段层出不穷，涉老诈骗常态化治理任务艰巨。随着大数据和互联网技术的飞速发展，犯罪分子的作案手法不断翻新，从早期的单一诈骗手法逐步演变为利用个人信息大数据，紧跟热点事件实施综合性诈骗手法。在此背景下，犯罪分子的目标群体逐渐向老年人转移。犯罪分子利用老年人弱点，设计了各种复杂且高度智能化的诈骗手段，如冒充政府机构、假冒健康保健产品、虚假投资等，导致老年人频频受骗。2022 年 4 月，全国开展了打击整治涉老诈骗专项行动，重点治理侵害老年人合法权益的涉诈乱象问题。这一专项行动取得了显著成效，成功遏制了一批涉老诈骗案件，保护了老年人的合法权益。然而，专项行动的结束并不意味着问题的彻底解决。随着专项行动的结束，常态化的治理工作仍面临诸多挑战，老年人受骗的警情依旧频繁发生。首先，诈骗手法的不断翻新和复杂化，犯罪分子利用大数据和人工智能技术，精确定位老年人群体，并根据其个人信息和行为习惯设计针对性的诈骗手段，使得常规的防范措施难以奏效。犯罪分子使得诈骗活动更加隐蔽和难以识别。其次，社会各界在常态化治理过程中，协调和合作仍需加强，尽管有专项行动的宣传和教育，老年人对新兴诈骗手段的了解和防范能力依然不足。

二 广州市涉老诈骗治理的现状和问题分析

2023 年广州公安发布的"成绩单"显示，2022 年，广州公安共侦破养老诈骗案件 1695 宗，打掉作案团伙 276 个，抓获嫌疑人 2860 名，追赃挽损

9.72 亿余元。① 广州专项行动取得了阶段性胜利，但面对"局中局""骗中骗"等复合式诈骗陷阱，仍存在治理短板。

（一）治理主体联动性与主动性不足

一方面，犯罪防控主体较为单一。涉老诈骗治理长期以来主要依赖政府主导，而社会主体在治理中的联动性和主动性明显不足。这种单一的治理模式导致社会资源未能充分发挥作用，尤其是社区和社会组织的参与广度和深度远远不够。目前，社会工作机构主要在涉老诈骗的前期预防阶段介入，但其专业性和覆盖面都存在明显局限，与专门的涉老诈骗治理团队相比，其力量和影响力相对薄弱。因此，社会其他力量的参与意识和能力需要进一步唤醒和提升。

另一方面，犯罪治理主体之间缺乏联动。在新形势下，犯罪分子的"司法对抗"能力不断增强，开始呈现"合规化"趋势。他们利用专业法律支持，识别合规风险，注重留下"合规"痕迹，为未来可能的调查、诉讼布局抗辩空间。这种现象使得传统的公安机关单独应对显得力不从心，难以有效处理这些"合规化"诈骗案件。现有的治理体系中，公安机关、检察机关、法院等司法部门之间的协作还不够紧密，信息共享和联动机制尚未完善。这种治理主体之间缺乏联动的状况，使得在面对高智商、高技术含量的涉老诈骗案件时，整体打击效果不佳。犯罪分子的手法日益复杂多变，跨地域、跨行业、跨网络的作案特征明显，单靠某一部门难以全面遏制。

（二）治理手段单一与技术掣肘

一是源头治理的打击力度不够深入。在当前的涉老诈骗治理中，源头治理的打击力度尚未深入全面。打击对象不仅应包括直接实施诈骗的犯罪分子，还应扩展到那些兜售老年人个人信息的"灰色产业"以及为诈骗活动

---

① 《广州公安 2022 年"成绩单"出炉　养老诈骗案件追赃挽损 9.72 亿余元》，广东省人民政府网，https://www.gd.gov.cn/gdywdt/zfjg/content/post_ 4101287。

提供便利的平台和机构。例如，许多虚假的健康讲座或投资讲座不仅是诈骗活动的温床，还通过这些活动获取老年人的个人信息，进一步加大了老年人受骗的风险和隐患。只有对这些源头进行深入打击，才能从根源上减少老年人受骗的可能性。

二是技术掣肘加大治理难度。随着移动互联网和大数据技术的发展，这些技术已经深度嵌入社会治理体系中，成为重要的治理工具。然而，单一监管部门和网络平台在不断升级风控措施的同时，犯罪分子也在不断寻找新的突破口。他们利用不同行业和平台之间的信息不对称或信息壁垒进行犯罪，进一步增加了涉老诈骗治理的难度。犯罪分子通过跨平台、跨行业的手段，巧妙地利用信息不对称规避监管。这种信息壁垒不仅使得不同平台之间的协同治理变得困难，也使得犯罪分子能够在一个平台受阻后迅速转移到另一个平台继续进行诈骗活动。这种动态的犯罪手法使得涉老诈骗的治理存在明显的滞后性。

三　加强广州涉老诈骗社会协同治理和技术应用的建议

（一）贯彻落实积极应对人口老龄化国家战略，将涉老诈骗社会协同治理融入老年友好型社会建设全过程

1.加强主体协同，构建主体多元的协同治理框架

打击整治涉老诈骗是一项社会系统工程，相关治理主体众多。需要广州市委市政府牵头，各行业各部门共同参与，形成高效的联动协同治理机制。

一是明确党和政府始终处于统领地位。在涉老诈骗治理中，党和政府必须发挥核心的统领作用。广州市委市政府应牵头，制定全面的治理政策和战略，统筹各行业各部门的力量，形成统一的行动指南。政府需要加大对涉老诈骗问题的统筹力度，明确各相关部门的职责和权限，建立健全"利益再分配"机制。通过适当的资源和利益调整，消除不同治理主体之间的"利

益界墙",确保各部门能够积极配合,共同推进治理工作。

二是积极整合电信运营商、金融机构、互联网企业以及社区组织的优势资源,动员多方主体协同参与。电信运营商作为信息传输的主要渠道,应加强对涉老诈骗信息的监控和拦截,提供技术支持,协助公安机关追踪诈骗来源。金融机构在涉老诈骗治理中扮演着关键角色,应加强对异常交易的监测,建立快速响应机制,及时冻结可疑账户,防止老年人资金受损。互联网企业则需加强对网络平台的监管,及时清理涉诈信息,封禁涉诈账号,利用大数据和人工智能技术,建立诈骗行为识别系统,提前预警潜在风险,协助公安机关打击网络诈骗。社区组织作为基层治理的前沿,应积极开展反诈骗宣传教育活动,建立社区防范网络,定期组织老年人参加防诈骗讲座和培训。社区民警应深入群众,了解老年人的实际需求和困难,提供及时的帮助和指导。

三是建立生态协同机制,铸就"联防壁垒"。各行业应履行社会责任,建立生态协同机制,共同铸就"联防壁垒",探索全生命周期涉老诈骗难题的治理路径。涉老诈骗治理应贯穿老年人生活的各个阶段,从日常生活到金融交易、医疗保健等方面,建立全方位的防范体系。各主体应建立信息共享平台,及时交换涉诈信息,提高预警和应对能力。通过发挥社区驻警制度的优势,社区民警应深入群众,建立起与老年人的密切联系,及时了解他们的需求和问题,提供有针对性的防范指导和帮助。

四是强化源头防范治理,完善协同配合机制。通过这些措施,可以有效提升涉老诈骗治理的综合能力,保护老年人的合法权益,营造全民参与、共同防范的社会氛围。

2. 加强技术协同,利用科技赋能强化协同治理能力

利用科技手段构建数字化治理模式,通过移动互联网、数据警务和人脸识别等技术,建立涉老诈骗犯罪立体化技术体系,实现集识别预防、监测预警、回应决策以及考核反馈于一体的全方位治理。

一是数据源建立和共享。建立受骗易感性老年人数据源是提升治理能力的基础。关注老年人的财务状况,特别是银行储蓄和开销等情况,并将这些

数据与公安部门的人口信息进行比对，有助于及时识别和标记潜在受骗风险的老年人。广州市可以利用大数据技术整合各部门数据，特别是金融、人口信息和公安数据，构建老年人受骗风险评估的智能系统，辅助执法部门进行预警和干预，提前识别可能面临诈骗风险的老年人，采取预防措施。

二是跨部门信息共享和合作。借鉴广州市现有的城市治理平台，构建更加安全高效的数据共享机制。例如，公安机关与食品药品监管部门合作，利用数据资源共享，联合打击保健品诈骗等犯罪活动。通过整合不同部门的数据资源，形成协同作战的合力，有效提高涉老诈骗的打击力度和治理效果。

三是技术赋能反诈宣传工作。鉴于老年人逐渐融入互联网生活，可以借助广州市现有的数字化城市基础设施，通过大众媒体和短视频平台，传播适老化、娱乐化的反诈信息。利用短视频平台的广泛影响力，通过生动、有趣的形式，将反诈骗知识传递给老年人，提高他们的防范意识和能力。此外，还可以开发适合老年人的反诈 App，提供简明易懂的操作指南和防骗提示，帮助老年人识别和防范各种诈骗手段。

（二）严格全领域涉老关联业务治理，加大涉老诈骗反制技术研发投入，提升反诈科技支撑水平

1. 严格全领域涉老关联业务治理

在电信治理领域，需要加强对老年人物联网卡的监测和风险控制。由于老年人对技术的了解较为有限，他们在使用物联网卡时容易成为诈骗分子的目标。因此，电信运营商应加大对异常办卡情形的识别和处置力度。具体措施包括建立专门的风险评估制度，针对老年用户制定专门的风险评估标准，识别潜在的高风险行为和异常使用模式。此外，电信运营商应通过技术手段限制物联网卡的开通功能和适用设备，防止其被用于不法用途。针对网内和网间的虚假主叫、不规范主叫，电信运营商应加强技术监测，进行精准识别和拦截，确保老年人免受骚扰和诈骗电话的侵害。在金融治理领域，老年人客户的交易需要更加严格的尽职调查。金融机构在为老年人提供服务时，应该采取一系列措施以确保其财产安全。在交易过程中，金融机构应确保识别

受益人的真实身份，核实老年人的身份信息和资金来源，防止不法分子利用老年人账户进行非法活动。同时，金融机构需要保障交易信息的完整和一致性，确保老年人的交易信息透明、清晰，避免信息的不一致或遗漏，从而防止资金被非法挪用或转移。此外，金融机构应对老年人账户进行定期监测，及时发现异常交易，采取必要的保护措施，防止老年人财产受到侵害。在互联网治理领域，需要强化对老年人移动应用和网络服务的管理，确保他们在使用互联网时的安全。特别关注域名解析和链接转换服务，确保这些服务能够准确、可靠地将老年人引导至可信的网站，避免误导至诈骗网站。针对老年人的使用习惯和需求，开发专门的互联网服务和应用程序，这些服务应当简便易用，具有明确的安全提示和防诈骗功能。同时，通过技术手段建立一套可信网址的验证机制，帮助老年人在浏览互联网时能够安全地识别和访问合法、可信的网站，防止被恶意网址引导至诈骗网站。

2. 加大涉老诈骗反制技术研发投入，提升反诈科技支撑水平

近年来，在工信部、央行、网信办等部门推动下，电信运营商、商业银行、非银行支付机构、互联网企业分别建立监测模型，及时感知发现高危涉诈行为，取得了良好的实践效果。然而此类研发多由行业主管部门推动，且未有针对涉老诈骗的专项研究。广州应率先鼓励企业主体自主开展反制技术研发应用，尤其是涉老诈骗的专项技术研发，鼓励企业切实履行好反诈责任，加大对涉老诈骗反制技术研发的投入。

一是聚焦大数据产品，前移对抗防线。面对不断迭代的涉老诈骗技术，应聚焦发展对抗形式更加丰富的大数据产品，将防线前移到网络、平台和终端侧。通过提升感知能力，使其更高效、更智能、更强大。大数据技术的应用可以帮助企业更准确地识别和预测潜在的诈骗行为，并在诈骗行为发生之前进行有效的预警和防范。电信运营商和互联网企业可以通过数据分析和行为监测，及时发现异常活动，并采取相应的防范措施，减少老年人受骗的风险。

二是大力发展人工智能和机器学习技术。着力发展以人工智能和机器学习等新技术手段为主导的涉老诈骗治理技术，贯穿事前防范、事中拦截和事后止损全链条。通过机器学习算法，可以分析大量的交易数据和行为模式，识别出潜在的诈骗行为。在事前防范阶段，通过智能分析可以识别出高风险的用户行为，提前进行干预；在事中拦截阶段，可以实时监控交易过程，及时发现并阻断可疑交易；在事后止损阶段，通过智能分析可以迅速识别出受害者，并采取相应的补救措施，减少损失。

三是确保治理技术符合可信 AI 要求。确保治理技术本身符合可信 AI 的要求，提升"数据隐私保护"、"鲁棒性"和"可解释性"等核心要素能力。在对抗涉老诈骗违法犯罪的同时，从根本上保护老年人的合法权益。数据隐私保护是技术应用的前提，必须确保老年人的个人信息不被滥用；鲁棒性是技术应用的基础，必须确保技术在各种复杂场景下都能有效运行；可解释性是技术应用的保障，必须确保技术决策过程透明可解释，以便于在出现问题时进行追溯和改进。

参考文献

《2022 年电信网络诈骗态势分析报告》，搜狐网，https：//www. sohu. com/a/665021720_ 121106884。

《王萍萍：人口总量有所下降 人口高质量发展取得成效》，国家统计局网站，https：//www. stats. gov. cn/xxgk/jd/sjjd2020/202401/t20240118_ 1946711. html。

《广州公安 2022 年"成绩单"出炉 养老诈骗案件追赃挽损 9. 72 亿余元》，广东省人民政府网，https：//www. gd. gov. cn/gdywdt/zfjg/content/post_ 4101287。

B.8
广州市民对改善社区容貌品质的
期盼与建议研究[*]

梁 居[**]

摘 要： 近年来，广州市持续开展社区环境改善工作，社区容貌提质升级迈进全域提升、高质量发展的新阶段。为了解广州市民对改善社区环境，全面提升社区容貌品质的看法和期待，广州市统计局通过万户居民调查网，于近期对全市 11 区 39 条行政街 200 个社区 5000 名年龄在 18~65 岁的常住居民进行了入户调查。调查结果显示，随着城市社会的发展，社区容貌品质提升、功能升级和人文建设的要求也水涨船高。超八成的受访市民表示社区容貌品质提升有助于增强社区归属感；市民在社区功能升级的期望重心落在楼栋隔音降噪、规范停车管理、环境卫生精细化管理上；"场地空间有限"成为社区人文建设主要难点，并受市民认知度参与度低，不同群体文化差异、社区文化资源少、文化氛围不够浓厚等因素掣肘。最后提出社区容貌品质提升建议：补齐社区"软硬环境"短板，合理规划社区环境改善工程，注重社区公共空间的开发和利用，关注社区居民诉求。

关键词： 社区容貌品质 空间规划 人文建设 城市社区规划

---

* 本文为"广州市统计局万户居民调查课题组"研究成果。
** 梁居，广州市统计普查中心一级主任科员，研究方向为统计学。

一　研究背景与目的

（一）研究背景

随着我国经济的快速发展，新型城市化的进程也在不断推进。快速城市化进程给城市的建设发展带来前所未有的挑战。可持续性城市规划与城市空间的局限，日益增长的高品质生活需求与公共资源低配置的矛盾，历史文化与现代文化的碰撞与交融，政府、社会、居民多主体间的协调共建等，归根到底都归属社会资源配置的优化与合理化问题。

根据广州市委"1312"思路举措中"要着力加强城市规划建设治理"，将优化城市发展战略空间格局，提升城市精细化、品质化、智能化治理水平，率先转变超大城市发展方式列入城市建设的目标重点。[①] 老旧小区改造是所有城市社区建设必须直面的一个主要问题。广州"十四五"规划以城市更新"1+1+N"政策体系为指导积极推动"三旧"改造，重点推进历史文化街区、老旧社区改造;[②] 根据广州市老旧社区二期改造计划目标，到2025年底大部分2000年底前建成的老旧社区都基本完成改造。推进城市有机更新提质增效是新型城市化的必然要求，也是未来城市化发展进程的一种新常态。

城市社区建设需注重规划的可持续性，确保生态宜居性，增强社区组织管理能力和公共服务水平，打造多样化的文化空间。广州市"十四五"规划中"提升城市科学化精细化管理水平"关于"优化城市形态和公共空间

[①] 《广州市委"1312"思路举措》，广州统一战线网，http：//www.gztzb.org.cn/c/tyzx/yw/39330.jhtml。

[②] 《广州市国民经济和社会发展第十四个五年规划和2035年远景目标纲要》，广州市人民政府网，https：//www.gz.gov.cn/zwgk/fggw/szfwj/content/post_7288094.html。

设计"提出实施"社区设计师制度"①。为更好地建设文明和谐的社区环境，全方位打造具有完善社区体制和服务功能，满足社区多元化文化需求的人文社区搭起了多主体之间沟通的桥梁。

（二）研究目的

根据数据统计我国2020年城镇化率已达到63.8%，标志着我国城市化已进入中后期快速发展中的减速推进时期。据分析预测我国城市化经过近20年快速发展期后速度将会明显放缓，全面提高城市化的质量将是未来我国城市化的一种新常态。②本文从广州社区容貌品质提升角度切入，结合广州城市更新微改造实施情况的民生反馈和呼声，深入发掘分析城市更新改造现实中存在的问题症结，得出结论并提出建议，以期真实准确地为政府反映民意民声，为更好地推进城市更新改造提供有价值的参考建议。

二 调查前期准备及说明

（一）万户调查网

课题组建立万户居民调查网，每年常态更新万户居民调查样本库，利用样本库开展万户居民入户调查、电话访问系统（CATI）调查及网络调查，着力为市委市政府收集社情民意，搭建政府与群众沟通的桥梁。历年

---

① 社区设计师：由政府部门组织选聘，为责任范围内的规划、建设、管理提供专业指导和技术服务的第三方人员（或团队），其工作内容主要包括为政府部门的工作决策提供专业咨询服务，了解社区居民需求并对社区空间环境存在的问题提出改进建议，围绕社区项目设计提供专业意见等方面为城市社区环境品质化提升提供技术支撑，搭建政府、专家、社区居民之间的沟通桥梁。

② 《李善同：对我国城市化发展趋势的若干思考》，澎湃网，https：//www.thepaper.cn/newsDetail_ forward_ 13905110。

来为市民表达意愿，为市委市政府围绕民生制定相关政策提供有力的数据支撑。

在样本选取方面，万户居民调查网通过整群随机抽样方法确定调查户，在全市 11 个行政区 39 条行政街 200 个社区居委中抽取 5000 户常住居民户作为调查样本户，具有样本量大、抽样科学、代表性好的突出优势。本文以 2023 年的入户调查数据为基础，撰写调查分析。

（二）制定调查方案

1. 调查目的

本次调查的主要目的是了解广州市民对改善社区环境，全面提升社区容貌品质的看法和期待，为广州市委市政府及有关部门了解社情民意、提高人民生活质量以及制定相关政策提供参考依据。

2. 调查内容

调查内容主要包括以下几个方面。

一是调查在不同维度下市民对理想居住城市、理想社区认同度的差异。

二是调查市民对社区容貌品质提升工作的知晓度及其对居住满意度和社区归属感影响的差异。

三是全面提升社区容貌品质激发社区活力应如何"软硬兼修"。

3. 调查的方式

本次调查采用调查员入户的方式进行访问。

4. 抽样方法与调查户条件

本次调查按广州市各辖区常住家庭户①的分布比例进行抽样，各区样本分布如表 1 所示。

---

① 调查户需满足以下条件：1. 在广州市居住半年以上的常住家庭户，且一年内无搬迁意向；2. 家庭中有能独立完成调查、年龄在 18~65 岁且思维清晰、语言表达清楚的成员；3. 剔除住宅区内（包括街巷）的商铺、公司、士多、美容店、发廊、家庭旅馆等，以及空置的民居和集体户。

表1 样本数量的分布

地区	样本数（户）	街道（个）	社区居委数（个）
合计	5000	39	200
荔湾	500	4	20
越秀	500	4	20
海珠	750	5	30
天河	900	6	36
白云	900	6	36
黄埔	450	3	18
番禺	300	3	12
花都	200	2	8
南沙	150	2	6
从化	150	2	6
增城	200	2	8

资料来源：广州市统计局 2023 年广州市万户居民调查样本。

5. 质量控制与样本基本情况

（1）质量控制

为确保万户居民调查资料数据的准确性和真实性，调查质量控制贯穿抽样建网、入户调查、资料和数据录入的全过程。

入户调查阶段：质量控制的重点是加强对调查员入户环节的核查，确保调查问卷是被调查对象真实填答的；调查过程中，在各中选街道派驻督导员，负责本街道质量监控和业务指导。

数据资料录入阶段：质量控制的重点是问卷数据的准确录入，确保数据资料的准确性，主要通过全面交叉复核防止录入差错。

（2）样本基本情况

从样本性别构成来看，男性 2650 人，占比为 53.0%；女性 2350 人，占比为 47.0%（见表2）。

表2 样本性别构成情况

单位：%

性别	占比
男	53.0
女	47.0
合计	100.0

资料来源：广州市统计局2023年广州市万户居民调查样本。

从样本受教育程度状况来看，本科的样本占比最高，为30.0%；高中/中专/职高/技校和大专样本的占比较高，分别为26.0%和20.7%（见表3）。

表3 样本受教育程度状况

单位：%

受教育程度	占比	受教育程度	占比
小学及以下	0.4	本科	30.0
初中	19.7	研究生及以上	3.3
高中/中专/职高/技校	26.0	合计	100.0
大专	20.7		

资料来源：广州市统计局2023年广州市万户居民调查样本。

从样本就业状况来看，在业的样本占比最高，为78.9%；离退休人员样本的占比次之，为12.3%（见表4）。

表4 样本就业状况

单位：%

就业状况	占比	就业状况	占比
在业	78.9	料理家务	3.8
离退休人员	12.3	合计	100.0
待业	5.0		

资料来源：广州市统计局2023年广州市万户居民调查样本。

127

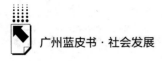

从样本年龄构成来看，30~59岁区间三个年龄段的占比78.7%，29岁及以下和60岁及以上的分别占比12.3%、9.0%（见表5）。

表5 样本年龄构成情况

单位：%

年龄	占比	年龄	占比
29岁及以下	12.3	50~59岁	21.3
30~39岁	29.0	60岁及以上	9.0
40~49岁	28.4	合计	100.0

资料来源：广州市统计局2023年万户居民调查样本。

6. 调查方法

为确保调查数据的科学可信，本次调查采用直接上门采集数据的方式进行。调查员根据市统计局提供的入户底册，按照底册内的地址逐户上门使用万户居民调查数据采集平台手机端面对面对调查户进行问卷调查和样本信息采集。调查数据实时上传至调查平台，真正实现调查数据的真实可靠。

三　调查结果

（一）理想居住城市认同度高，但理想居住社区尚有差距

1. 九成以上市民认为广州是理想的居住城市

调查显示，92.2%的受访市民认同"广州是我理想的居住城市"，其中46.3%的"非常认同"，45.9%的"比较认同"。年龄越大、家庭月收入越高、在广州居住年限越长的市民对理想居住城市的认同度越高（见表6）。分户籍来看，本市户籍的受访市民（94.2%）认同"广州是我理想的居住城市"这一观点的比例高出非本市户籍的市民（87.6%）6.6个百分点。

表 6　不同年龄、家庭月收入及居住年限的受访市民认同度

单位：%

年龄	认同度	家庭月收入	认同度	在广州居住年限	认同度
18~29 岁	84.6	7000 元以下	90.1	1 年及以下	78.0
30~39 岁	91.3	7000~14999 元	94.8	2~3 年	75.1
40~49 岁	94.1	15000~19999 元	94.8	4~5 年	85.5
50~59 岁	93.6	20000~24999 元	93.4	6~10 年	90.6
60 岁及以上	96.3	25000~29999 元	96.0	11~15 年	91.0
		30000 元及以上	96.6	15 年以上	94.5

资料来源：广州市统计局 2023 年广州市万户居民调查样本及调查数据。

2. 超三成受访市民认为所在社区与理想居住环境有差距

社区是居民生活的基本单元，社区建设的好与坏直接关系市民的生活质量，36.7%的受访市民认为自己所在社区的环境和理想的居住环境还有差距，其中，8.2%的认为"差距很大"，28.5%的认为"差距较大"。此外，50.5%的受访市民表示"差距不大"，5.4%的表示"没有差距"，7.4%的"说不清"。所在社区建成年限越久，受访市民认为有差距的比例越大，社区建成年限在 30 年以上的受访市民认为社区环境与理想居住环境有差距的比例为 41.4%，高出社区建成年限在 10 年以下的市民（34.4%）7.0 个百分点。

（二）社区容貌品质提升工作的知晓度，对市民的居住满意度和社区归属感产生影响

1. 近三成社区已完成容貌品质提升工作，近两成市民不了解提升工作进展

近年来，广州市渐进式开展社区微改造等容貌品质提升工作，27.4%的受访市民表示所在社区"已完成"提升工作，39.7%的市民选择"正在开展"，"计划开展"和"没有开展"的比例均为 7.8%，另有 17.2%的表示

"不了解"提升工作的开展情况。分居住区域来看①，中心城区②的受访市民表示社区提升工作"已完成"的比例为31.9%，近郊区③为33.6%，远郊区④为36.6%。

2.市民对社区各方面的满意度超七成，开展社区容貌品质提升工作有助于提升市民居住满意度

受访市民对社区居住条件、社区容貌、社区服务、人文建设、社区治安及社区管理等方面的满意度均在八成左右，满意度（"非常满意"和"比较满意"之和）最高的是"社区治安"（85.2%），最低的是"社区服务"（76.3%）。所在社区提升工作"已完成"的受访市民满意度均超九成，社区"没有开展"提升工作的市民满意度均低于七成，"不了解"开展情况的市民满意度则低于八成（见表7）

表7　市民对社区各方面的满意度评价

单位：%

评价内容	总体满意度	"已完成"的满意度	"没有开展"的满意度	"不了解"开展情况的满意度
社区治安	85.2	94.2	66.1	78.0
社区居住条件	83.9	93.0	63.8	76.1
社区管理	82.0	93.5	57.1	70.5
社区容貌	79.4	91.8	50.0	69.2
人文建设	78.5	92.5	56.4	63.0
社区服务	76.3	91.2	49.5	60.5

资料来源：广州市统计局2023年广州市万户居民调查数据。

分评价内容来看，"已完成"提升工作的社区受访市民和"没有开展"的社区受访市民对"社区容貌"和"社区服务"的评价差异最明显，社区

---

① 已剔除"不了解"开展情况的数据。

② 中心城区为越秀区、荔湾区、天河区和海珠区4区。

③ 近郊区为白云区、黄埔区、番禺区3区。

④ 远郊区为花都区、增城区、南沙区、从化区4区。

容貌品质提升工作在环境改善方面成效较大。"已完成"提升工作的社区受访市民和"不了解"开展情况的市民对"社区服务"和"人文建设"的评价差异较明显（见图1），可见，容貌品质提升工作宣传范围的扩大和知晓度的提高有助于增强市民对社区的认识及参与度，提高市民对社区的满意度。

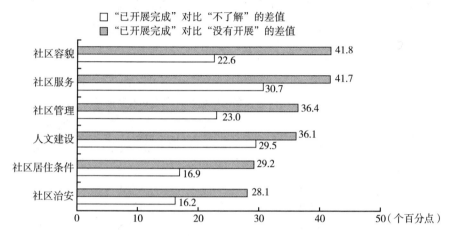

图1 社区容貌品质提升工作进展不同的市民满意度差值

资料来源：广州市统计局2023年广州市万户居民调查数据。

3. 超八成的受访市民表示社区容貌品质提升有助于增强社区归属感

35.4%的受访市民认为社区开展容貌品质提升工作对增强社区归属感"作用很大"，47.9%的认为"作用较大"。所在社区提升工作"已完成"的受访市民在归属感的增强效果上更为明显，表示社区提升工作对增强归属感有作用的市民的比例（92.3%）高出社区"没有开展"提升工作的市民的比例（66.7%）25.6个百分点。容貌品质提升工作是增强市民居住满意度和社区归属感的有力抓手，需有针对性地开展提升工作，不断缩小目前社区环境与理想社区及宜居城市的差距。

4. 社区居住条件、社区容貌、社区服务与人文建设是社区环境改善的重点

在社区软硬环境六个方面中，受访市民表示所在社区最需要改善"社区容貌"（57.6%）、"社区服务"（56.3%）和"社区居住条件"（49.7%）。对

这六个方面的满意度与期望改善的中选率进行比较分析发现，受访市民对"社区容貌"和"社区服务"的满意度靠后，同时也是期望改善的重点，说明这两方面同居民期待仍有较大差距；"社区居住条件"在满意度的排名靠前，但受访市民仍期待其不断优化；"人文建设"的满意度和期望改善的中选率均较低，这可能与居民对人文建设的关注和参与较少有一定关系，或是人文建设的成果还未在社区内完全发挥，短期内难以被居民感知有关（见表8）。因此，社区容貌品质提升需"硬环境"和"软环境"两手抓，坚持提"容貌"与塑"品质"同步推进。

表8 受访市民对社区居住环境的满意度和改善期望

单位：%

内容	满意度	排名	期望改善	排名
社区容貌	79.4	4	57.6	1
社区服务	76.3	6	56.3	2
社区居住条件	83.9	2	49.7	3
社区治安	85.2	1	48.8	4
社区管理	82.0	3	46.0	5
人文建设	78.5	5	41.5	6

资料来源：广州市统计局2023年广州市万户居民调查数据。

（三）改善社区环境需关注功能升级和文化建设，打造"软硬环境"兼具的理想社区

1.楼栋优化方面市民最期盼加强隔声降噪

对于所居住的楼栋，受访市民表示最需要改善声音环境，"提高建筑隔声降噪效果"的市民的比例为45.6%，其中黄埔区（56.2%）的市民对隔声降噪效果更为关注。收入越高的市民越注重居住区域的声音环境。此外，三成以上的市民希望"加装、维护安防设备"、"改造雨污分流"以及"保障水、电、气、照明需求"（见图2）。

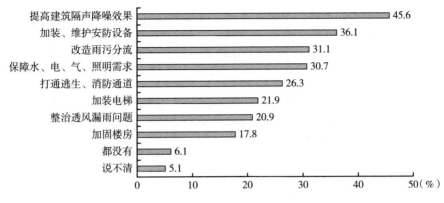

图2 受访市民对优化居住条件的期待

注：多选题，比例之和大于100.0%。
资料来源：广州市统计局2023年广州市万户居民调查数据。

2. 社区改善方面市民最期盼规范停车管理

对于所居住的社区，受访市民对"规范机动车、非机动车停车管理"（46.6%）的需求明显高于其他改善需求，黄埔区（55.8%）、番禺区（51.3%）和荔湾区（48.0%）的中选率稍高于其他区。随着市民机动车以及电动自行车保有量的持续增长，如何破解车位分布不均问题、疏通文明交通之路成为社区容貌提升的必答题。推进环境卫生精细化管理是容貌提升的另一重点，39.4%的受访市民期盼社区"做好垃圾清理工作"，35.2%的表示需要"整治乱摆乱放"。此外，受访市民还希望通过"修缮翻新老化建筑、设施"（34.9%）、"修补破损道路"（34.0%）让社区"旧貌换新颜"（见图3）。

3. 市民呼吁增添便民设施以提高社区服务水平

改善社区环境，还需关注社区服务和功能的提升。调查显示，受访市民对"社区服务"的满意度最为靠后，同时也是期望改善的重点。近郊区（73.6%）和中心城区（76.8%）的市民对社区服务的满意度均低于远郊区市民（80.8%）。

市民表示，优化社区服务最需要"增配便民设施"，中选率为40.3%，所在社区建成年限越久的市民对便民设施期盼越大；其次为优化"基层医

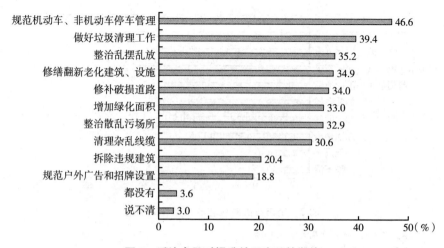

图3 受访市民对提升社区容貌的期待

注：多选题，比例之和大于100.0%。

资料来源：广州市统计局2023年广州市万户居民调查数据。

疗卫生服务"（38.8%）和"居家养老服务"（35.5%），年龄越大的市民对优化这两项服务的呼声越高。此外，三成左右的市民期盼社区在应急救援和文体休闲等服务上持续发力（见图4）。

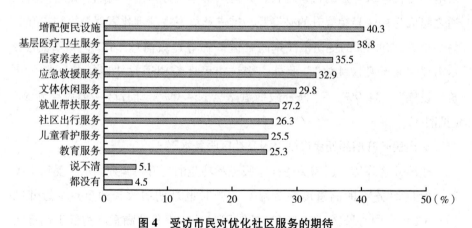

图4 受访市民对优化社区服务的期待

注：多选题，比例之和大于100.0%。

资料来源：广州市统计局2023年广州市万户居民调查数据。

4. 市民表示打造多样化的文化场所是加强社区人文建设的重点

调查显示，年龄越大的市民对人文建设的满意度越高，60 岁及以上市民（85.9%）的满意度比 18~29 岁市民（75.9%）高出 10.0 个百分点。此外，收入越高的市民对社区人文建设的满意度越低。

为加强社区人文建设，受访市民表示最需要"打造多样化的文化场所"以支撑社区文化发展，占比 45.0%。37.6% 的受访市民呼吁"推进数字文化建设"，通过社区数字图书馆、数字展馆等方式消除文化建设在时间和空间上的弊端。此外，三成左右的市民希望从邻里关系、节庆民俗、资源盘活、活动组织、法治建设、家风民风等多角度营造社区文化（见图 5）。

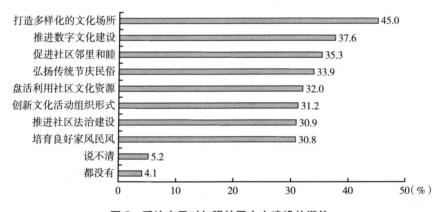

图 5 受访市民对加强社区人文建设的期待

注：多选题，比例之和大于 100.0%。
资料来源：广州市统计局 2023 年广州市万户居民调查数据。

（四）提高组织管理能力和激活社区活力是解决社区软硬环境改善难点的方向

1. 硬环境建设需关注后期清理维护及污染控制

在优化居住条件、提升社区容貌等硬件改造建设方面，受访市民表示要规避"后期清理、维护不足"（43.3%）、"产生噪声、空气等污染"（42.3%）问题，中选率明显高出其他可能存在的问题。此外，32.9% 的市民表示不能

"忽视小街巷、水电管网等内部建设"（见图6）。规划设计、工程施工、污染控制、管理维护等改造过程中的每个细节都需要精准把控，用绣花功夫推动市民居住品质的稳步提升。

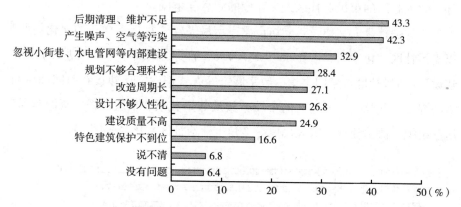

图6 受访市民认为社区硬件改造建设可能存在的问题

注：多选题，比例之和大于100.0%。
资料来源：广州市统计局2023年广州市万户居民调查数据。

2.软环境提升需注重场地空间的开发和利用

调查显示，受访市民表示在参与社区人文建设等软环境提升过程中有一定限制，其中"场地空间有限"（41.0%）是人文建设的首要难点，这与受访市民期盼打造多样化的文化场所支撑社区文化建设的诉求相契合。其次，广州市人口多、流动快，社区内不同居民在文化偏好、文化诉求等方面存在较大差异，31.9%的市民认为不同群体的文化差异是影响社区人文建设的另一因素。此外，三成以上的市民认为"文化氛围不够浓厚""文化资源少"是限制社区文化发展的原因（见图7）。

3.提高组织管理能力要以居民诉求为导向

无论是硬环境改造还是软环境提升，都对社区组织管理能力提出了更高要求。调查显示，受访市民认为提高组织管理能力最重要的是要"关注居民诉求"（47.8%）。此外，35.3%的市民表示需要"提高管理人员服务意识"，34.8%的表示要"激励不同人员共同参与"；期待"多渠道及

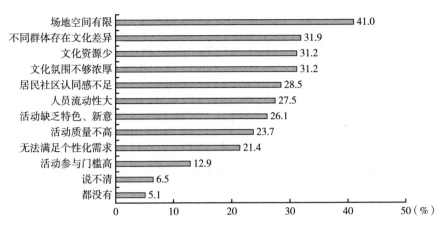

图 7 受访市民参与社区人文建设受到的限制

注：多选题，比例之和大于 100.0%。

资料来源：广州市统计局 2023 年广州市万户居民调查数据。

时发布信息""提高精准化服务水平"的比例分别为 33.2% 和 32.2%（见图 8）。

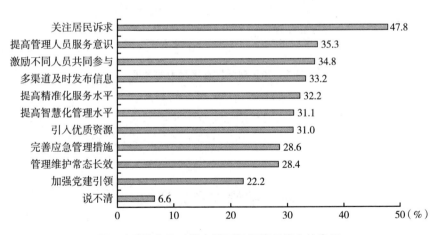

图 8 受访市民对提高社区组织管理能力的意见

注：多选题，比例之和大于 100.0%。

资料来源：广州市统计局 2023 年广州市万户居民调查数据。

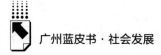

4. 激发社区活力要以完善公共空间布局为切入点

社区软硬环境的改善，最终目的都是要激发社区活力。受访市民认为激发社区活力最需要"完善公共空间的多功能布局"，占比 47.4%。42.6% 的市民表示要"鼓励居民参与社区管理"。此外，受访市民表示激发社区活力还要从"修复、完善社区基本功能""提高社区文化的吸引力""推动社区居民融合"等方面提高社区软环境建设水平，构建功能服务完善、文化底蕴丰富、邻里关系和谐的理想社区，焕发社区新活力（见图 9）。

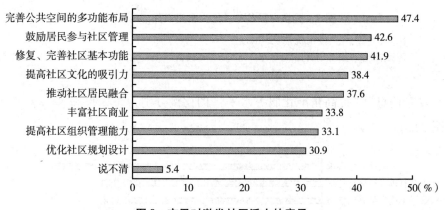

图 9　市民对激发社区活力的意见

注：多选题，比例之和大于 100.0%。

资料来源：广州市统计局 2023 年广州市万户居民调查数据。

四　结论与意见建议

（一）主要结论

1."广州是我理想的居住城市"认同度高

92.2% 的受访市民认同"广州是我理想的居住城市"。所在社区建成年限越久，受访市民认为所在社区与理想居住环境有差距的比例越大。

2. 社区容貌品质提升影响市民居住的满意度和社区归属感

所在社区提升工作"已完成"的受访市民满意度均超九成，表示社区提升工作对增强归属感有作用的比例为92.3%；社区"没有开展"提升工作的市民满意度（57.15）和归属感（66.7%），平均在六成左右。

3. 社区居住条件、社区容貌、社区服务与人文建设成为社区环境改善的重点

改善"社区容貌"（57.6%）、"社区服务"（56.3%）和"社区居住条件"（49.7%）呼声最高，人文建设期望改善愿望偏低（41.5%），还需进一步加强居民对人文建设的关注和参与度，促进人文建设成果在社区内的完全发挥。

4. 市民期盼改善社区环境需关注功能升级和文化建设，打造"软硬环境"兼具的理想社区

社区"硬环境"改善中优化楼栋隔音降噪（45.6%）、规范停车管理（46.6%）、环境卫生精细化管理（35.9%）成为重点，"软环境"改善中"场地空间有限"（41.0%）成为人文建设的首要难点。不同群体的文化差异影响社区人文建设，"文化氛围不够浓厚""文化资源少"成为限制社区文化发展的主要因素。

（二）意见建议

社区容貌品质提升工作有重点、有难点，因地制宜开展提升工作需下足绣花功夫。

一是补齐社区"软硬环境"短板，在完善隔声降噪、停车管理的基础上关注社区服务和人文建设的提升。

二是合理规划社区环境改善工程，抓好改善工程质量，关注后续管理和维护，实现提升工作"从好到优、从优到恒"的目标。

三是注重社区公共空间的开发和利用，结合社区服务和人文建设需求打造居民满意、可亲近的公共空间，激发居民与社区的碰撞与交流。

四是关注社区居民诉求，广泛宣传动员群众力量参与社区建设，提高居民对社区的归属感。社区美好环境建设只有起点，群众幸福生活缔造没有终点，推动社区容貌品质提升仍需久久为功、笃行不怠。

B.9
超大城市城中村治理中基层妇联执委的作用发挥研究

——以广州市为例

彭桑子　吴肖彬　李宗莲　姜　茜*

摘　要： 本文深入研究了广州在推进超大城市城中村治理工作基层妇联执委这一群体的作用发挥情况，通过调研发现城中村治理中面临诸多问题，如组织运转不顺畅、工作指引不清晰、机制执行不到位等。针对上述问题，本文提出了激活发挥基层妇联执委作用的相关对策：完善执委履职机制，提升执委队伍履职活力，促进执委履职深化以及优化线上线下妇联阵地平台等，以打破城中村妇联执委作用发挥的瓶颈，推动妇联组织的执委群体嵌入基层治理体系，提升城中村治理效能。

关键词： 超大城市　基层妇联执委　城中村治理

城乡基层治理是影响党的事业发展、国家长治久安、人民幸福安康的基石。党的二十大以来，习近平总书记强调，基层强则国家强，基层安则天下安，必须抓好基层治理现代化这项基础性工作。广州作为一个管理着2000多万人口的超大城市，现有城中村272个，由于城中村环境复杂，流动人口密度较大，社会治理任务重。为此，广州市政府高度重视城中村治理，专门

　* 彭桑子，广州市妇女干部学校，管理五级，研究方向为妇女干部培训赋能；吴肖彬，广州市创新社区治理发展研究院，中级社工师，研究方向为妇联组织建设与女性发展；李宗莲，广州市创新社区治理发展研究院，中级社工师，研究方向为妇联组织建设与女性发展；姜茜，广州市妇女干部学校管理岗九级职员，研究方向为妇女干部培训赋能。

出台了《城中村治理专项工作实施方案》，以加强党对城中村治理的全面领导为统领，健全党组织领导的自治、法治、德治相结合的城中村治理体系。

围绕党政所急、妇女所需和妇联所能，为找准妇联参与城中村治理工作的着力点，广州市妇女干部学校成立了专门课题组深入研究基层妇联执委在城中村家风家教、妇儿维权、平安治理等基层治理工作中发挥的独特作用。这一问题的深入解决将有利于激活广州市的基层妇联干部和基层妇联执委的力量，也有助于进一步找准妇联队伍参与城中村治理的角色和定位。

一　研究背景

妇联的基层妇女干部，尤其是基层妇联执委具有与广大妇女群众联系最密切的天然优势，是妇联参与城中村治理最重要的工作队伍。广州市现有基层妇联执委达4.6万人，探索如何发挥巾帼力量助力广州做好超大城市的城中村治理，是妇联组织在围绕中心工作中亟须关注和解决的重点问题。

本研究主要关注妇联基层干部群体，尤其聚焦研究妇联执委群体在城中村治理中的作用发挥。在开展课题研究中，重点关注以下三大类问题：一是城中村妇联可以扮演哪些角色，城中村妇联执委可以发挥哪些积极作用；二是广州城中村妇联在融入城中村治理的过程中涌现了哪些值得推广的经验做法，同时在推动执委履职过程中存在哪些困难和障碍；三是如何支持和赋能城中村妇联与执委参与城中村治理。

通过对以上问题的深入研究，进一步明确问题重点，破解城中村妇联执委作用发挥难题，为妇联组织优化基层妇联执委工作找准方向，为培养新时代基层妇女干部指明道路。

二　研究方法

本课题主要研究的对象选取来自广州市城中村的妇联执委这一群体。

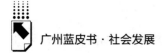

本研究主要采用实地观察法、座谈研究法、个案研究法、焦点小组法与文献调查法等方法开展。①

（一）实地观察法

在本研究中，课题组深入具有代表性的城中村白云区江夏村、天河区石牌村进行实地观察与调研，了解城中村的环境、分布群体、基层妇联执委队伍建设与履职参与等维度的基本情况。

（二）座谈研究法

为充分了解广州市城中村妇联及执委参与治理工作的基本情况，课题组通过组织白云区、荔湾区、海珠区、番禺区、天河区分管妇联专职副主席及部分城中村妇联主席、执委代表开展座谈会，通过座谈会的方式收集与本研究相关的研究资料。

（三）个案研究法

在本研究中主要选取了白云区黄石街江夏村作为个案研究的对象。在广州市相关部门的支持下，课题组在白云区黄石街江夏村设立了"妇联参与城中村治理观察站"，为课题组深入了解城中村典型代表——江夏村的基本情况进行了典型选点，这为研究工作的顺利开展带来了一定的便利性。

（四）焦点小组法

在开展调研的过程中，课题组主要组织了白云区江夏村、天河区石牌村的基层妇联执委（约每组 10 名）分别开展了焦点小组，根据课题组设计的调研提纲，收集到与本研究相关的一手资料。

（五）文献调查法

目前中国知网上关于"城中村基层治理研究""妇联""基层妇联执

---

① 风笑天：《社会研究方法》，中国人民大学出版社，2018。

委"等的相关文献研究资料丰富，课题组在深入开展实地调研前已整理出本课题相关的文献资料库，并通过案头研究、文献梳理等方式，了解课题相关的前沿研究观点、最新研究成果等，将根据研究需要充分参考与运用到本研究成果中。

三　问题发现：妇联执委参与城中村治理的瓶颈障碍

（一）城中村妇联执委履职机制待健全

1.组织运转不顺畅

当前广州市已经搭建起市—区—镇（街道）—村（社区）四级妇联工作体系，但组织运转不顺畅，力量整合有难度，主要表现在上级妇联在谋划工作时存在"两多两少"：任务要求多，实际指导少，对基层妇联执委履职的预期高；节点联系得多，平时联系得少，在会议期间与基层妇联执委联系多，大会之后就进入了"休眠期"，缺少长效联系机制，导致妇联力量触角难以深入城中村开展妇联工作。

2.工作指引不清晰

基层妇联执委来自不同领域和行业，大多不熟悉妇联工作，对妇联组织了解不深，对妇联政治职责和基本职能认识不到位，面临着"履职任务不清楚""工作流程不清晰"等问题。妇联执委履职意识和能力不足，制约了其参与社会治理的广度和深度。这些问题都表明了当前缺乏指导妇联执委开展工作的明确指引。

3.机制执行不到位

基层妇联执委大多是以兼职身份参与妇联工作，由于现有的工作参与机制、激励机制和支持机制等相关工作机制的执行不到位，部分基层妇联执委出现"参与服务积极性低""履职意识不够强""个人优势发挥受限"等问题，难以落实妇联执委的基本履职要求。以上问题都表明当前妇联执委的履职机制建设不健全、指导落地性不足。

（二）城中村妇联执委队伍建设待加强

1.城中村妇联执委队伍建设"选人"不够全面和精准

一方面，城中村妇联执委的队伍"选人"不够全面。当前，广州市的基层妇联执委队伍的人员组成更多考虑选择当地的户籍女性担任，非户籍妇联执委的比例不够高甚至是没有。由于没有考虑到城中村流动人口多的特殊性，执委队伍成员组成欠缺合理性。

另一方面，城中村妇联执委队伍"选人"不够精准。广州市的基层妇联执委队伍多由村（居）委会的妇女干部、企事业单位的优秀女性担任，忽略城中村流动女性中的重要群体，如女房东、女白领等群体。由于"选人"不够准、代表性不足，妇联执委推动城中村妇联工作受限。

2.城中村妇联执委队伍建设"赋能"不够精和实

关于基层妇联执委的"赋能"培育方面，课题组发现存在以下两个方面的问题。一方面，城中村妇联执委队伍建设的"赋能"不够精细。新选举的妇联执委多数存在着对妇联工作不了解、不知如何承担任务等问题，然而每年基层妇联执委队伍的赋能轮训工作由于人数受限、资源有限等因素难以覆盖全部的基层妇联执委。[①] 另一方面，城中村妇联执委队伍建设的"赋能"实用性不强。目前基层妇联执委参与的应知应会轮训时间短、知识零散、针对性不强，培训效果难以支撑妇联执委履职工作，让执委产生本领恐慌。

（三）城中村妇联执委履职成效待提升

1.城中村妇联执委的履职角色有待提升

基层妇联执委的履职角色可以是从服务的参与者、协助者到服务的调查者、推动者、策划者和倡导者。[②] 然而，当前城中村的妇联执委的履职角色

[①] 胡尔培：《超大城市基层治理存在的问题及对策研究——以深圳市 G 街道为例》，硕士学位论文，中共广东省委党校，2021。

[②] 李文：《群团改革背景下基层妇联执委队伍建设及其作用研究》，《山东女子学院学报》2019 年第 3 期。

多数仍停留在参与者或简单的服务协助者阶段，缺乏履职积极性，较为被动地参与妇联的各项工作。同时，大部分城中村妇联执委对自己的履职角色定位不清晰，不清楚妇联执委的基本工作内容。

2. 城中村妇联执委的履职广度有待提升

部分城中村妇联执委对妇联工作的认知还停留在传统的妇联工作上，以关注妇女儿童家庭的权益保障和关心关爱服务为主，履职范围较窄，一定程度上影响其履职的广度。事实上，新时代基层妇联工作已贯穿妇女维权、儿童保护、家庭教育、妇女发展、社区治理等不同领域，妇联执委需要找准适合自身的服务领域进行履职。

3. 城中村妇联执委的履职深度有待提升

随着调研的深入，调研团队了解到基层妇联执委在履职深度上存在着"活动化""表面化""不专业"等问题。第一，将妇联工作等同于"活动化"服务。当前妇联执委所开展的服务多涉及结合重要节日开展妇女儿童家庭类的活动，内容较为单一，缺乏项目化运作。第二，妇联执委工作多停留在"浅表"。多数根据上级要求开展工作，如参与社区的"创文""消防""防诈骗"等工作，未能扎根社区结合妇联工作特点开展相关的工作。第三，妇联执委参与的专业性不足。主要表现为部分妇联执委缺乏群众工作经验，不知道如何开展妇女工作，缺乏在新形势下开展妇女工作的技能和方法。整体而言，以上存在的问题都在一定程度上影响了基层妇联执委的履职深度。

（四）城中村妇联执委阵地平台待完善

1. 线下阵地缺乏有效运营

第一，阵地的使用率不高。目前，广州市各个城中村社区基本上都建立起了妇联的阵地，但部分基层妇联并不经常利用妇联的阵地开展执委之间的联系交流，导致妇联阵地存在空置的问题，甚至存在部分执委并不了解"妇女之家"所在位置的情况。这表明，妇联阵地的空间使用率不高，未能有效发挥空间聚人的作用，基层妇联执委的组织归属感、认同感未能有效建立。

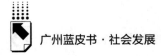

第二，阵地缺乏服务内容。据课题组实地走访了解，广州市大部分城中村的妇联阵地多用于开展社区活动，缺乏妇联品牌的项目开发。同时，大部分城中村的妇联执委未能充分利用妇联的线下阵地开展妇联执委服务。

2.线上平台欠缺高效运作

其一，发挥功能单一。通过与妇联执委深入沟通了解，课题组发现与执委相关的工作平台、工作微信群多局限于线上发送工作动态、分享政策、知识学习等，服务成效还十分有限。

其二，使用频率不高。妇联执委的工作微信群平时较为"沉默"，执委较少在群中交流与发言，工作群有待激活。

其三，数字化建设欠缺。广州市目前有4.6万名的庞大妇联执委队伍，目前尚未建立起一个全市通用的执委数字化平台。尤其对于城中村基层妇联执委而言，数字化线上平台的建设将有利于更好地管理和发挥妇联执委队伍的作用，有助于打通四级妇联执委数据库实现共享，充分整合人才力量，助力解决城中村的复杂问题。

四 示范经验：广州妇联执委参与城中村治理的优秀做法

（一）组织发力：不断延伸城中村特色妇联链条

1.向外拓展：创建城中村的"四新"妇联组织

建立行业妇联组织，联结行业女性。在产业集中分布的城中村，推进行业"四新"妇联组织建设，是将妇联组织链条和工作触角延伸到新领域新业态女性的有效方法。例如，白云区就先后建立了广州民营科技园、大源商会、永平学山文化谷、广州巾帼社会工作服务中心妇联等行业妇联组织，为不同行业不同领域的妇女群众开展引领、联系、服务工作。

建立巾帼志愿队伍，灵活聚集女性。并非所有城中村区域和行业都具备马上建立"四新"妇联组织的条件，此时组织不同领域、不同专长的妇女建立巾帼志愿队伍是另一种选择。例如，海珠区成立巾帼志愿服务协会，通过发动巾帼志愿者、妇联执委网格员成立巾帼宣传队、咨询团、帮帮团、聊聊团，拉近与群众的交流和联系，用思想政治引领城中村妇女家庭积极配合参与城中村综合改造提升工作。巾帼志愿队伍以更灵活的方式、更多样的形式为城中村治理添砖加瓦。

2. 向下传递：打造城中村的妇女微家矩阵

对比成立队伍，建立阵地更能快速地联络和服务群众。受限于城中村的公共服务阵地条件以及妇女群众普遍比较分散的特点，大多数城中村缺乏条件建立更多的"妇女之家"，于是部分区探索在城中村建立"妇女微家"。

例如，白云区江夏村在社区党委的支持下，村妇联联合基层妇联执委力量，以产业或人群聚集为划分依据，成立了"的嫂微家""管家嫂微家"等6支微家队伍。以共用妇联阵地、妇联执委引领的工作开展方式，关注城中村特有群体的需求，将大批外来流动妇女团结起来，共同参与社区议事，推动城中村治理工作。"妇女微家"正在以更加简便而灵活的方式，像毛细血管一样渗透城中村，成为妇联执委履职的重要平台。

（二）服务发力：具体化推动城中村民生服务

1. 聚焦城中村特有群体开展执委服务

聚焦城中村流动妇女儿童开展服务。城中村妇女儿童是城中村妇联执委重点关注的弱势群体之一，针对该群体开展专项服务是考量城中村妇联执委工作是否到位的关键因素。例如，番禺区妇联结合妇联执委联系群众工作，落实城中村重点家庭及人群结对帮扶，将该类人群纳入"护苗行动"的重点对象中，联合妇联执委开展走访和关爱服务，打造妇女儿童"六位一体"立体维权网络。

聚焦城中村特色行业人员开展服务。广州市相当一部分城中村都聚集着特定的行业人员，部分是由于区域产业集群发展，部分则是由于特定行业人员在此聚居。例如，天河区石牌村有大量外卖人员和快递人员聚居，社区搭建"快递员驿站"，妇联执委参与提供暖心关爱服务。又如，白云区江夏村

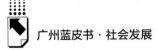

出租车家庭云集，妇联执委通过了解"的嫂"家庭的需求，最终推动建成江夏立体停车场，解决出租车家庭停车难的大烦恼。特色行业人员是城中村中的一个庞大群体，是妇联执委开展工作的重要切入口。

2. 聚焦城中村重点需求开展执委服务

城中村租赁纠纷解决。除普遍性的社区矛盾和家庭纠纷以外，城中村往往大量存在着租赁矛盾、退押金纠纷等问题。例如。天河区石牌村为出租屋管理搭建社区调解平台，妇联执委在其中发挥调解作用，解决二手房东与租客之间的租赁纠纷。又如，白云区江夏村专门为女二手房东成立"管家嫂微家"，通过落实责任、激励评选的方式实现流动人口出租屋一站式管理。解决租赁问题，就解决了城中村的一大治理难点。

城中村文化氛围营造。许多城中村作为上班族居住的地方，需要注重社区文化的营造，为住户营造归属感。例如。白云区江夏村妇联执委及妇女骨干深度参与社区春晚、社区马拉松等大型文体活动。妇联执委在文化工作上发力，能有效补充社区的力量，助力社区文化建设，营造和谐的城中村社区文化氛围。

（三）治理发力：妇联执委纳入城中村治理体系

1. 配合城中村大整治工作

在快速城镇化的过程中，城中村整治势不可当，妇联执委应在推动城中村大整治中发挥柔性力量。例如，海珠区制定了"一工程三行动"方案，成立了6个实体化的工作专班进行城中村改造。海珠区妇联动员妇联执委带头，并以思想引领的方式动员城中村的妇女儿童家庭，积极配合参与城中村的综合改造提升工作，这表明妇联执委能够成为参与和推动城中村大整治的重要工作力量。

2. 推动城中村微治理工作

城中村治理除了规划上的大整治、大改造，还有许多渗透性的治理工作，妇联执委在其中发挥着重要的作用。例如，白云区江夏村以村妇联和执委为带动主体，依托妇女微家开展"五微"特色活动，推动"微议事"有问题在微家中探讨，"微公益"有难处在微家中解决，"微活动"有才艺在微家中展示,"微创业"有发展需求在微家中满足,"微宣传"有知识在微家中分享。吸引城中村妇女群众走出"小"家融入"大"家,有事找微家、活动在微家、心聚在微家。

3. 纳入城中村网格化工作

基层治理精细化到网格化管理,要充分发挥"妇联执委+巾帼网格员"地熟、人熟、事熟的优势,推动妇联工作力量下沉到网格。例如,白云区黄石街牵头引入"妇联网格执委"工作机制,利用"江夏综合智慧指挥平台"和"江夏微声音"小程序打造"1+1"智慧服务体系,将妇联执委融入网格服务管理队伍,划分网格责任区,明确妇联执委网格员职责,通过"看、听、问、帮、报、想、讲、记"等方式进百家门、知百家事、解百家忧、办百家事,促进基层妇联执委智能化精准履职。

五 对策建议:发挥广州超大城市城中村 妇联执委全域治理功能

解决广州市超大城市城中村妇联执委作用发挥的难题,核心在于解决机制完善的问题,本研究基于"组织建设铁三角"理论提出执委履职机制的逻辑框架,并从队伍、服务、阵地三个维度提出具体的对策,其中既考虑通用场景,亦关注城中村的特殊场景。

(一)顶层设计:推动执委履职机制建设

要更高效地联系和引领基层妇联执委,增强其参与基层治理的成效,第一步需要借助顶层设计,完善机制建设的基本逻辑。即将基层妇联执委履职工作标准化,再通过培训让基层妇联执委了解自身角色,要开展哪些基础工作,有哪些履职资源,如何考评及激励,通过标准化机制建设解决这些问题,能大幅度提升妇联执委履职的效能。依据"组织建设铁三角"理论和执委履职支持的需要,妇联执委履职机制建设建议参考以下逻辑。

其一,履职队伍是灵魂,机制建设需要明确选什么样的人担任妇联执

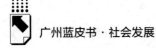

委，而特定场景下如城中村，其妇联执委又需要具备什么特质，以及如何培训妇联执委、用好妇联执委、成就妇联执委。

其二，履职服务是载体，是妇联执委真实发挥作用的桥梁。一方面要完善机制建设，列明执委履职必须遵循的基础制度和工作事项有哪些，要以章程和政策文件为依托；另一方面要提供给妇联执委深度履职、创新履职的指引，包括方法、案例、资源库等。

其三，履职阵地是保障，应明确指引和鼓励建立基层妇联执委履职阵地，以线下阵地为主、以线上阵地为补充，清晰说明阵地类型、创建的基本要求以及阵地应发挥的功能（见图1）。

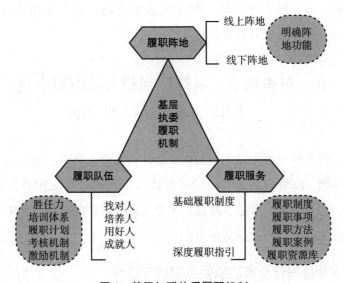

图1 基层妇联执委履职机制

资料来源：广州市创新社区治理发展研究院绘制。

（二）队伍建设：提升执委队伍履职活力

1.在找人中选对执委

（1）执委基本胜任能力考察

基层妇联执委作为基层妇联组织的延伸队伍力量，考察选取妇联执委人选时，不能盲目选人，应对照基层妇女干部胜任能力模型对候选人进行科学考察，建议关注图2中的四个方面。

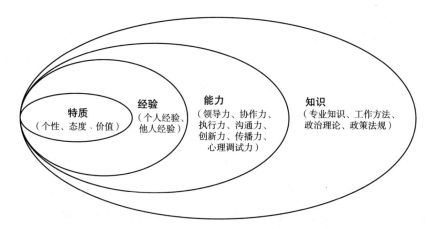

图2　基层妇女干部胜任能力模型

资料来源：彭桑子、李宗莲、吴肖彬《广州市农村基层妇女干部胜任能力调查与对策研究》，载涂成林主编《2023年中国广州社会发展分析与展望》，社会科学文献出版社，2023。

当然，人无完人，不能以绝对的基层妇女干部的胜任能力标准要求妇联执委，但考察妇联执委胜任力有助于基层妇联组织进行好中选优，并根据能力、特质的互补原则进行妇联执委队伍的人选配置，让妇联执委队伍的整体战斗力达到最高。[①]

（2）为城中村选合适执委

基于妇联执委胜任能力基本考察之外，还要依据区域特点和需求来选配妇联执委。相关文件要求，村（社区）一级妇联组织，纵向将扎根在自然村的妇女小组长、社区女性网格员或楼栋长，横向将活跃在城乡社区的巾帼致富带头人、女性兴趣组织带头人、广场舞活动带头人和在村居妇女群众中热心、有影响、有一技之长的女性居民等最大限度地吸纳到村（社区）妇

---

① 周梦芬：《基于胜任力模型的乡镇妇联干部能力建设研究》，硕士学位论文，湘潭大学，2017。

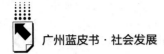

联工作队伍中来。[1]

考虑到城中村社区的特点，除上述妇女代表以外，还应抓住城中村中的关键女性，如热心的流动妇女、有号召力的行业/商家代表、有代表性的女房东/女二手房东、新市民代表等。城中村治理任重道远，应不唯年龄、不唯身份、不唯资历，不拘一格选人才，将热爱妇女工作、群众威信高的优秀女性充分吸纳到城中村妇联执委队伍中来。[2]

2.在培养中武装执委

（1）培训全覆盖

优秀的妇联执委都是培养出来的，相关上级部门应定期开展基层妇联执委培训需求调研，在基层妇女干部培训体系的基础上，建议尽快完善基层妇联执委的履职培训体系。根据实际制定不同的培训班，建立培训资源库，实现基层妇联执委轮训全覆盖。同时，为城中村妇联执委开发相应的专项课程，如"城中村治理规划""租赁法律纠纷调解""流动人口的管理与服务"等，回应城中村妇联乃至执委在工作中所遇到的真实难题。

（2）实训强操作

课堂培训的效果是有限的，有条件的区、街镇、村（社区）妇联可组织妇联执委轮岗实训或参访实训。一方面，依托轮值制度让不同妇联执委轮流担任主席，或轮换工作小组分工，在实践中训练妇联工作技巧；另一方面，根据区域优势资源，安排妇联执委到不同单位、岗位上实践学习或参访学习，开阔妇联执委的眼界。

相关部门还可推动建立妇联执委人才库，统筹调配和利用妇联执委资源。通过收集登记妇联执委信息，包括妇联执委受教育程度、职业、专业技能、发展需求等，形成妇联执委人才库，利用数字化平台等实现妇联执委资源的跨区域协调和申请。可有效解决部分基层妇联执委队伍结构单一、妇联

---

① 《关于进一步深化改革　夯实基础　更好发挥基层妇联组织作用的意见》，全国妇联，2017年8月。

② 《关于进一步深化改革　夯实基础　更好发挥基层妇联组织作用的意见》，全国妇联，2017年8月。

执委资源与工作需求不匹配的难题。同时，也能助力探索和实现妇联执委跨区域交流与实训的可能性。

（3）互训促支持

基层妇联执委都是由妇女工作者和各行各业优秀妇女代表组成的，掌握着一定的专长和资源。除了外部培训的资源，往往容易被忽略的是妇联执委队伍本身具备的巨大能量。

因此，鼓励有条件的区成立妇联执委学院，让有能力、有意愿的妇联执委成为导师，发挥自身的专业特长，开发"一执委一拿手课"，实现妇联执委互为导师，促进妇联执委队伍内部的相互支持。

（4）督导解疑难

一方面，开展工作督导。让妇联骨干和妇联执委进行结对，由妇联骨干负责指导和督导妇联执委开展日常工作，传达上级精神与要求，解决方向性问题。另一方面，开展专业督导。可加强妇联主席、治理专业智库、相关专家等专业力量，对妇联执委开展定期的集体督导，为妇联执委履职问题的解决引入专业力量的支持。

3.在实践中用好执委

（1）情感联系，提供支持

建议开好几个会。第一，开好执委会。一年至少召开一次执委会，发挥好妇联执委会进行人事程序、年度述职、制订工作计划、履职考核的功能，避免妇联执委会走过场。第二，开好轮值会。让轮值会推动轮值制度的运行，发挥进度汇报、交接、议事等功能。第三，开好交流会。建议定期召开主题妇联执委交流会，甚至让妇联执委轮流召开和主持，组织妇联执委开展履职交流、互学共进、激励表彰等内容。总之，要利用一切机会、创造一切条件联系妇联执委，带动妇联执委。

（2）聚焦优势，因人设岗

要让妇联执委发挥好作用，就要给妇联执委履职的舞台和空间，利用好妇联执委会、议事会等做好工作分工、分组。城中村妇联还可因应城中村社区特点和需求，创造相应的分工，如负责租赁调解的、负责流动家庭关爱

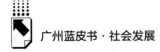

的、负责环境整治的、负责安全排查的，等等。让每一位妇联执委都切实明确自己的履职任务，调动妇联执委做好妇联的宣传员、联络员、调查员、办事员。

4.在成效中成就执委

（1）用考核检验成果

应建立基层妇联执委履职考核机制，妇联定期开展妇联执委履职考核工作，履职分数低于合格线者，妇联组织内部应及时做好谈话谈心，进行指导和帮扶。履职期满，累计的考核结果应作为妇联执委连任参选的参考之一。

设计基层妇联执委履职考核标准，有一些必要的考量维度，包括会议议事、活动参与、学习培训、联系妇女、宣传引导、述职履职等。此外，还可针对城中村等特殊社区增加相应的考核指标，以契合考核实际。

（2）用激励共享成果

一是评优评先，荣誉加身。将妇联执委履职情况作为评选星级执委、百名好执委、流动执委红旗、执委工作室示范点等荣誉的重要依据。二是资源倾斜，正向循环。妇联执委履职表现优秀的，优先获得示范点建设资金、社会服务项目推荐名额、项目承接等机会，尤其可将资源倾斜至服务难度更大、资源更稀缺的城中村妇联执委手上。三是学习交流，成长激励。以妇联执委能力建设、妇联执委风采展示为主题，举办以促进妇联执委交流学习为目的的各类会议、比赛、培训以及外出参访活动。

（三）服务管理：促进执委履职深化

1.扎实开展城中村执委领办项目制

鉴于城中村工作开展的难度和需求的复杂性，建议在城中村推行妇联执委领办项目制，并且要给予更细化的制度实施指引，如在区、镇（街）的指导下拟定"城中村妇联执委优势和社区需求清单"，进一步制定"城中村妇联执委领办项目清单"；还可采用妇联执委单独领办或联合领办的方式灵活开展。让妇联执委领办项目真正立足妇联执委优势，真正围绕城中村的治理需求，把妇联执委领办工作做到城中村妇女儿童的心坎上，让妇联执委服务更精准、更专业。

2. 倡导城中村一执委一团队工作制

鉴于城中村事务多元复杂、难以一条线统到底的特点，可借鉴河南省妇联的"四组一队"工作模式，即将城中村妇联事务进行分类分组，并由妇联执委担任小组长，动员更多妇女骨干加入小团队共同开展工作。

根据需求，小团队可分成巾帼志愿类、文艺兴趣类、群体类（宝妈、同行等）等，发展成熟的团队推动建成"四新"领域妇联组织；没有充足条件建立队伍的，建立一执委一微家，妇联执委的家也能建立微家，发挥阵地聚人的作用。"一执委一团队"工作制，实际上就是群众二次动员机制，借助妇联执委的力量将更多有力量的妇女凝聚在组织周围，形成"群众工作群众做"的生动局面。

3. 探索城中村执委的微治理参与制

在综合整治需求强的城中村社区，不大拆大建，以微改造、微治理为主，优化公共服务的要求已十分明确，因此妇联执委的参与空间很大。

可进一步探索妇联执委在城中村微治理中的作用发挥，如妇联牵头召开妇联执委微治理参与议事会，拟定妇联执委参与治理事项清单；妇联执委参与城中村公共服务微改造，由妇联执委走访征集群众意见，上报并督办改造；建立妇联执委服务站，实现妇联执委与群众零距离等。让妇联执委参与城中村综合整治，从服务的角度提升城中村人居生活品质。

（四）阵地优化：发挥两个平台的作用

1. 线下平台活化使用

第一，用于议事交流。所谓阵地聚人，即要发挥阵地为人服务的基本功能——沟通，将执委会、议事会、交流会、茶话会等引进到阵地，是盘活阵地的基本要求。第二，用于互学共进。将阵地建成妇联执委培训基地、执委学院等，让阵地成为基层执委增长本领的成长"加油站"。第三，用于开展服务。包括妇联经典系列活动，也包括社会化、项目化服务，引入服务资源到阵地，把服务送到妇女群众身边。

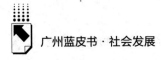

2.线上平台完善功能

一方面，注意线上线下平台的紧密衔接。尤其是服务平台，避免线上平台独立化，要将线上平台作为线下服务资源引流的工具，让群众更便捷快速地找到需要的信息和服务。同时，也要发挥好线上平台的管理功能，整合全市基层妇联执委的数据，实现统一规范管理。

另一方面，注意线上社群功能的发挥。在新时代做群众联系工作，也要与时俱进，利用好新兴媒体平台和社交工具，建立妇联执委联系群众的社群工具，将思想引领、政策宣传、群众动员等妇联基本工作借助数字化平台进行延伸，以妇女群众喜闻乐见的方式渗透生活。

六 结语

新时代的妇联工作要求推动妇联组织嵌入基层治理体系、工作融入基层治理各项建设、力量加入基层治理队伍。因此，深入研究城中村妇联执委的作用发挥，对于妇联参与城中村的治理工作有重要的研究意义和价值。

通过本课题研究，我们必须认清城中村妇联执委的履职工作既有普遍性，也有特殊性。要发挥好城中村治理中妇联执委的作用，既要加强妇联执委履职的普适性支持和机制建设，也要充分关注城中村妇联执委履职的特殊要求，完善阵地、队伍、服务三个维度在城中村场景下的建设，让城中村妇联执委工作实现由妇联专项向综合治理、由自发向自觉、由零散向系统、由经验向科学、由运动式向常态化转变。

参考文献

风笑天：《社会研究方法》，中国人民大学出版社，2018。

胡尔培：《超大城市基层治理存在的问题及对策研究——以深圳市 G 街道为例》，硕士学位论文，中共广东省委党校，2021。

李文：《群团改革背景下基层妇联执委队伍建设及其作用研究》，《山东女子学院学报》2019 年第 3 期。

赵楠:《超大城市城中村社会治理新格局的规划实施路径探索——以广州市大源村综合整治和发展规划为例》,《房地产世界》2022 年第 21 期。

肖泽磊、王烨:《超大城市社区冲突类型、成因及治理路向》,《湖北行政学院学报》2023 年第 1 期。

张弛:《群团改革背景下妇联基层组织参与社会治理实践的研究——以 G 省为例》,硕士学位论文,西北师范大学,2019。

彭桑子、李宗莲、吴肖彬:《广州市农村基层妇女干部胜任能力调查与对策研究》,载涂成林主编《2023 年中国广州社会发展分析与展望》,社会科学文献出版社,2023。

周梦芬:《基于胜任力模型的乡镇妇联干部能力建设研究》,硕士学位论文,湘潭大学,2017。

《关于进一步深化改革　夯实基础　更好发挥基层妇联组织作用的意见》,全国妇联,2017 年 8 月。

蔡秋红:《基层妇联干部的职业素养状况与角色期待教育》,《中华女子学院学报》2005 年第 2 期。

B.10
广州市涉案企业合规改革工作成效
与对策研究

广州市人民检察院、广州市工商业联合会、
泰和泰（广州）律师事务所联合课题组*

摘　要：　自开展涉案企业合规改革试点以来，广州市涉案企业合规改革工作取得了明显成效，但涉案企业合规意识有待加强、涉案企业合规整改团队能力存在不足、第三方组织运行机制有待优化、合规有效性评估标准有待明确、"刑行"衔接机制未完全建立等实务难题逐步显现，改革工作进入深水区。课题组在总结涉案企业合规改革先行先试地区先进经验基础之上，结合广州市营商环境与企业经营管理现状，提出了持续优化第三方组织工作机制；细化企业合规有效评估标准；强化司法贯通，完善"刑行"衔接机制，推动合规互认机制；深化全社会"大合规"体系建设等多项对策建议，以助推广州市经济高质量发展。

关键词：　涉案企业合规　合规第三方机制　"刑行"衔接　合规改革

自 2020 年 3 月起，最高人民检察院在上海、江苏、山东、广东 4 个省市的 6 个基层检察院开展涉案企业合规改革第一批试点工作。2022 年

---

*　课题组负责人：李学东，广州市人民检察院党组副书记、副检察长，研究方向为刑法刑诉法检察实务；曾纯青，广州市工商业联合会专职副主席，研究方向为民营企业法律服务。课题组成员：鄢静、董李培、贺辰、杨南钦、张吕、谢振声、吴漫珊、胡淳。执笔人：贺辰，广州市民营企业投诉中心主任；张吕，泰和泰（广州）律师事务所党支部书记、主任，中华全国律师协会企业合规法律专业委员会副主任，研究方向为企业合规、民商事法律。

4月，最高检会同全国工商联召开"全国检察机关全面推开涉案企业合规改革试点工作部署会"，决定全面推开改革试点工作。据统计，截至2022年12月，全国检察机关累计办理涉案企业合规案件5150件，其中适用第三方监督评估机制案件3577件（占全部合规案件的69.5%），较2022年4月初全面推开时分别新增3825件、2976件；对整改合规的1498家企业、3051人依法作出不起诉决定。① 在广州市层面，2021年4月广州市检察院和天河区、从化区检察院被最高检确定为第二批试点单位开展涉案企业合规改革。自广州市涉案企业合规改革工作开展以来，该项改革工作取得了明显成效，但随着改革工作的不断深化，实务难题也逐步显现。因此，有必要总结广州市涉案企业合规改革工作成效，深度剖析广州市涉案企业合规改革推进过程中存在的问题及其根源，并有针对性地提出应对之策。

一　广州市涉案企业合规案件办理情况

据统计，截至2023年5月底，广州市及广州市辖区内各区检察院共经办涉案企业合规案件61件，涉案企业65家，企业规模、所涉行业、涉案罪名呈现如下特点。

一是在企业规模层面。中小微企业占比93.85%，在涉案企业合规整改案件中是主要对象（见图1）。

二是在所涉行业层面。在广州市涉案企业合规改革案件中，涉案企业主要集中在高科技行业（见图2）。

三是在涉案罪名层面。涉嫌虚开发票及贿赂案件合计20件，占比32.79%，属于广州市涉案企业合规整改案件中较为典型的犯罪类型（见图3）。

---

① 《充分发挥典型案例指引作用　深入推进涉案企业合规改革——最高检第四检察厅负责人就发布涉案企业合规典型案例（第四批）答记者问》，《检察日报》2023年1月17日。

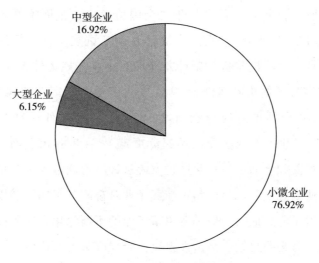

图1 涉案企业的规模情况

资料来源：广州市及各辖区涉案企业合规第三方机制委员会。

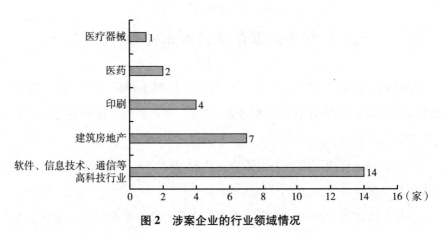

图2 涉案企业的行业领域情况

资料来源：广州市及各辖区涉案企业合规第三方机制委员会。

通过涉案企业合规整改案件办理，目前已有37家涉案企业通过了合规整改验收，其中，通过分析问卷回收数据，93%的涉案企业有聘请律师等专业团队协助开展合规整改。这些企业根据自身特点建立了相应的合规体系，如搭建合规管理三道防线，梳理与涉案相关的合规义务及风险，完善了企业

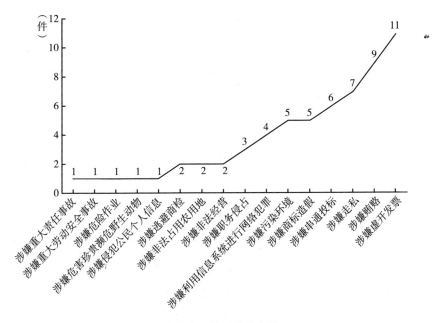

图3 涉案企业的涉案罪名情况

资料来源：广州市及各辖区涉案企业合规第三方机制委员会。

选人用人、重大项目决策、合同订立、付款审批等制度流程。部分企业专门成立了合规风控部门，开展合规法律培训，培育合规文化。

二 广州市涉案企业合规改革工作成效

（一）建立健全涉案企业合规改革工作制度规程，确保改革有章可循、规范有序

广州市检察院充分发挥涉案企业合规改革主力军作用和司法办案中的主导作用，广州市工商联切实担起第三方机制管委会办公室牵头职责，共同牵头制定了广州市涉案企业合规第三方监督评估机制实施办法、管理委员会工作规则、第三方监督评估机制专业人员选任管理办法、第三方监督评估组织运行规则等规范性文件，搭建起了涉案企业合规改革基本制度框架。为规范

涉案企业合规办理，制定了《广州市企业合规案件办理工作规程（试行）》等工作规范，形成了一整套规范、标准的企业合规工作"八步法"。同时，第三方机制管委会不断探索建立标准化工作规程，牵头组建广州市涉案企业合规第三方机制管委会巡回检查小组并建立相关工作机制，提升第三方监督评估工作质量。

（二）着力打造涉案企业合规改革联动机制，推动改革形成合力、全域推进

广州市检察院牵头与广州市财政局、广州市国资委、广州市工商联、广州市司法局、广州市生态环境局、广州市税务局、广州市市场监督管理局、广州市地方金融监管局、广州市贸促会、广东证监局、广州海关、黄埔海关共13家单位联合成立了第三方机制管委会，创新性地引入地方金融局、证监局和海关作为成员单位，充分契合广州地区金融证券和对外贸易活跃的特点，也体现了相关行政部门对企业合规工作的重视和支持。第三方机制管委会成立后大力推动建立广州市涉案企业合规第三方监督评估机制，成为凝聚司法、执法、行政、行业监管合力的有效平台。选聘了涵盖政府监管部门公职人员、律师、会计师、审计师、税务师、专家学者、行会商会人员等在内共155人组成的涉案企业合规第三方机制名录库。

（三）深入开展涉案企业合规整改工作，以"真整改""真合规"促进企业高质量发展

一是明确有效合规计划，严把合规整改过程。第三方组织深入了解企业涉案情况，加强对企业制定合规计划的审查把关。全程从严从实把握企业合规整改。二是针对案件和企业特点，合理确定合规考察方式。有的指派检察官进行合规指导监督，有的协同相关行政主管部门、行业协会、工商联等联合考察，大多数是启动第三方机制对企业履行合规承诺、执行合规计划情况进行指导、监督、考察和评估。三是针对企业规模不同，合理规划整改考察内容。对于涉案小微型企业，采取合规考察简易模式，重点考察企业专项合规计划制定和落实情况。对于涉案大中型企业，采取合规考察规范模式，重点考察企业全面合规管理体系建设情况。四是落实司法政策，保障企业正常经营。将"少捕慎押"与认罪认罚从宽制度适用、企业合规改革试点结合起来，最大限度减少司法办案对民营企业正常经营活动带来的影响。

（四）积极主动作为，从治罪走向治理，从"一企合规"向"一起合规"转变

一是以全面合规为目标，消除涉案企业再犯可能。在涉案事项专项合规整改基础上，检察院与第三方组织共同指导制订企业合规计划，明确合规管理规范，构建合规组织体系，完善业务流程，防止再次发生违法犯罪行为，逐步形成全面系统的合规体系。二是强化能动履职，推动行业领域合规治理。通过合规整改案件办理，切实找准案件背后反映的普遍性、行业性问题和社会治理问题，加强与行政主管部门和行业自律组织沟通，提出适用于某一领域内企业的行业合规指引，制发行业领域合规指引，从源头上预防和减少相关案件再次发生，促进从"个案合规"提升为"行业合规"。三是推动企业未雨绸缪开展合规体系建设。通过以案说法、政策宣讲、合规讲座、公布典型案例、开展日常法律咨询等方式，强化企业合规意识，变"要我合规"为"我要合规"，实现企业"事前合规"。

（五）体系化发展，推动构建社会"大合规"工作格局

一是在监管方面，广州市国资委印发了《广州市市属企业合规管理指引（试行）》《广州市国资委监管企业数据安全合规管理指南（试行2021年版）》，并将2022年确定为合规管理强化年。二是在企业方面，在各级检察机关和各方推动下，全部在穗中央企业已成立合规委员会。此外，越来越多的民营企业主动购买合规法律服务或者向检察机关表达寻求合规指导的意愿、咨询合规培训事宜。三是在第三方机构方面，经各方努力，社会组织、人民团体和自律组织等纷纷建立合规职能的机构。四是在高校方面，在穗高校陆续建立合规研究机构，设立合规专业课程。

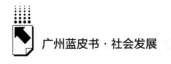

三 广州市涉案企业合规改革工作存在的主要问题

（一）涉案企业合规意识有待加强

一是在合规整改重视程度上，部分涉案企业一把手合规整改工作开展前期对合规整改重视力度不够，未亲自指挥与把关或"走过场"。二是在合规整改工作安排上，部分涉案企业在合规整改的工作执行效率、频率、员工响应等方面存在认知不到位，涉案企业部分工作人员未能积极配合合规整改律师做好相关工作，对合规整改的意义认识不足。三是在合规整改内容上，涉案企业重心在于对涉案行为的合规整改，而对企业事前合规的力度仍不足、意识不到位。

（二）涉案企业合规整改团队能力存在不足

在广州涉案企业中，中小微企业占比超过九成，经营管理能力较低，难以培养出自身专业合规人才。在聘请外部整改团队时，较少聘请专业合规团队协助其开展合规建设及相关整改工作，往往是在涉嫌刑事案件后采取聘请刑事辩护律师作为整改律师，但刑事辩护律师可能缺乏合规整改经验。在企业合规整改团队能力缺失的情况下，本应发挥合规评估、合规审查作用的第三方监督评估组织（以下简称"第三方组织"）与经办检察院在实际开展工作中不得不充当涉案企业合规建设者的角色，不仅增加了工作量，还容易造成自身定位与职责相背离的情况。

（三）第三方组织运行机制有待优化

一是对第三方机制相关制度不熟悉。多数第三方组织成员往往直到履行第三方监督评估职责时才开始研究第三方机制相关制度。二是缺乏第三方组织内部议事规则。第三方组织成员出现意见分歧时的议事规则不明确。三是缺乏第三方组织履职考核与退出机制、市区两级第三方机制专业人员互融互用机制。

（四）合规有效性评估标准有待明确

在调研过程中，多名第三方组织成员表示，办法列举的评估重点内容过于原则，在具体对涉案企业合规整改有效性进行评估时，专家与专家之间理解不尽相同，由第三方组织专家现场制定涉案企业评估指标体系可能存在缺乏客观性、科学性的缺陷，有待建立一套明确、可量化的合规有效性监督评估指标或标准指引供第三方组织在进行企业合规评估时使用。

（五）"刑行"衔接机制未完全建立

在广州市涉案企业合规改革工作过程中，有部分涉案企业经合规整改免予起诉后仍面临行政机关高额行政处罚情况，对企业后续健康持续发展产生了不小的影响。合规不起诉案件检察意见是否可以就行政处罚的种类、强度、履行方式等提出具体明确意见仍在实践中存在疑问，检察机关不敢提、行政机关不接受现象仍有发生。涉案企业合规改革工作与行政机关之间如何在法律框架下形成有效衔接，是目前亟待解决的实务难题。

四 深化广州市涉案企业合规改革对策建议

（一）持续优化涉案企业合规第三方组织建设

1. 完善第三方工作机制

探索建立第三方组织成员内部议事规则，保障第三方组织规范履职，同时明确适用第三方机制案件范围，完善第三方机制启动程序和运行流程等。

2. 强化第三方组织人员管理

通过建立健全第三方组织成员激励与考核机制，明确淘汰与退出规则，加强监督回访，促进第三方组织成员履职尽责。

3. 加强第三方组织人员培训

制定第三方组织人员企业合规监督评估培训课程清单，将专项培训和常

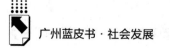
态化培训相结合,组织第三方组织人员完成全程培训,并组织履职专业能力测试,不合格暂缓上岗,不断提升第三方组织人员的履职能力和水平,以充分发挥涉案企业合规第三方机制的"外脑作用"。

(二)完善繁简分流机制,细化有效合规标准

1. 健全完善繁简分流的监督评估机制

明确"简式合规"的适用条件,做到"简式不减质",以此提升简单案件的办案效率,将精力集中在复杂案件的办理上。

2. 明确个案合规评估工作方案与评分表

在个案监督评估过程中制定合规评估工作方案与评分表,每个个案结合企业的实际情况,进一步明确考察期限、考察标准、考察程序、考察要点、考察方法、中止中断情形等,以指导涉案企业对标整改。

3. 形成常态化合规有效性评估标准

结合典型案例,总结形成行业合规指引或重点领域合规指南,就不同行业领域、不同企业类型制定常态化合规有效性评估标准。

(三)推动全流程合规,探索建立合规互认机制

1. 先行先试

由第三方机制管委会内部探索推动行政合规和刑事合规成果互认,签订合规互认框架协议,协议效力及于第三方机制管委会成员。对于已由检察机关作出合规不起诉企业,同时又涉及在管委会成员单位(行政机关)监管领域违规经营的,由办案检察机关主动向成员单位发出检察建议,充分说明合规整改过程和成效,依法提出从宽处理的意见建议,作为管委会成员单位(行政机关)对企业做出行政处罚决定的重要参考。

2. 逐步推广

广州市各级检察机关与各级行政机关签署合规互认协议,在现有法律框架下逐步建立"刑行衔接"机制,加强与审判机关工作协调,做好起诉与审判阶段工作衔接,使实施合规整改的涉案企业不仅可以获得宽大刑事处

理，还可以进一步获得较为轻缓或者免除行政处罚或司法审判。

3. 事前激励

推动建立事前合规"白名单"，鼓励广州市企业开展事前合规管理体系搭建及认证工作，以通过合规认证的企业名单为依托，推动建立事前合规"白名单"，在现有法律框架下给予白名单企业一定程度的行政激励。

（四）多管齐下，持续深化"大合规"工作

1. 建立企业合规促进委员会

由人大、政协、纪委监委、法院、检察院、发改、工信、市场监管、工商联、司法局等职能部门及区镇等成员单位组成，以涉案企业合规改革工作为基础、以推动企业事前合规建设为目标，双管齐下，积极推动广州市企业合规管理体系建设，推进全社会企业合规工作。

2. 帮助企业加强合规建设

一是探索制定广州企业合规管理体系建设标准，引导企业从事后合规主动走向事前合规。二是探索形成重点领域或重点行业合规指南，结合广州市科技公司数量众多、网络犯罪影响深远等特点，编写"数字科技企业数据安全与数据融通合规指引"。三是推动建立企业事前合规体检机制，对标国际标准 ISO 37301：2021 及国内标准 GB/T 35770—2022《合规管理体系要求及使用指南》，对广州市拟上市民营企业、行业领军企业开展全方位合规体检，帮助民营企业筑牢合规经营底线等。

3. 加强企业合规宣讲培训

进一步整合企业合规工作力量，发挥好第三方机制管委会、第三方机制专业人员库、企业合规建设讲师团等工作力量，借助市律协合规与内控业务专业委员会等平台，形成工作合力，对广州市企业、商协会等开展合规宣讲培训。

4. 加强企业合规人才培养

探索借助市律协合规委、法学会企业合规研究会、高校合规研究院等端口，搭建"政行企律校研"一体化合规交流平台与合规人才培养基地。

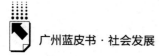

5. 引入搭建合规信息化系统

借助信息技术对涉案企业、重点行业、重点领域、重点环节、重点人员等进行实时动态监控，以期实现从事后合规整改向事前合规预警逐步推进。

参考文献

陈瑞华：《企业合规不起诉制度研究》，《中国刑事法杂志》2021年第1期。

陈瑞华：《论企业合规的性质》，《浙江工商大学学报》2021年第1期。

高铭暄、孙道萃：《刑事合规的立法考察与中国应对》，《湖湘法学评论》2021年第1期。

黎宏：《企业合规不起诉：误解及纠正》，《中国法律评论》2021年第3期。

李本灿：《企业合规程序激励的中国模式》，《法律科学》（西北政法大学学报）2022年第4期。

李本灿：《刑事合规制度改革试点的阶段性考察》，《国家检察官学院学报》2022年第1期。

李奋飞：《涉案企业合规刑行衔接的初步研究》，《政法论坛》2022年第1期。

李勇：《企业附条件不起诉的立法建议》，《中国刑事法杂志》2021年第2期。

刘艳红：《企业合规不起诉改革的刑法教义学根基》，《中国刑事法杂志》2022年第1期。

B.11
大都市核心区青年志愿服务
高质量发展研究

——以广州市越秀区为例

刘思贤　李少欢　郑欣欣*

摘　要： 党的二十大报告明确提出要"完善志愿服务制度和工作体系"，广州具有"志愿之城"的美誉，越秀区作为广州国际大都市核心区在青年志愿服务领域深耕多年，志愿服务不仅是基层治理的工作抓手，更是链接民生的有效方式。本文通过对千余名区级志愿者及其所在志愿服务组织的调查研究，发现当前区级青年志愿服务组织存在志愿服务骨干人才供给不足、志愿组织资金筹措能力较弱、项目内容策划创新不够、文化传播方式手段有限等问题。通过对区级各类资源的梳理，提出未来广州青年志愿服务可打造以智能管理技术为前端、民办非企业团队运营、市区两级相关部门共建联动引导的社会组织发展，最终形成具有岭南风貌和广府特色的中国式现代化广州青年志愿服务高质量发展模式。

关键词： 大都市核心区　青年志愿服务　区级志愿服务组织

党的二十大报告指出"高质量发展是全面建设社会主义现代化国家的首要任务"，并要求"完善志愿服务制度和工作体系"。中国式现代化的发

* 刘思贤，广州市团校政治学讲师、社会工作助理研究员，研究方向为志愿服务、青少年社会工作；李少欢，越秀区志愿者指导中心主任；郑欣欣，暨南大学公共管理学院2022级行政管理专业研究生。

展为党领导下的青年志愿服务事业提供了新机遇，指明了新方向，也提出了新要求。自2023年始，越秀区结合本地良好的青年志愿服务基础，持续推动青年志愿服务"向前一步，走深一层"，策划开展多种适配于现代都市核心区的青年志愿服务行动，并在原有基础上取得了一定的创新和突破。

为进一步增进对在广州市越秀区工作、学习、生活的青年志愿者的群体认知，掌握当前青年志愿服务对服务区域中心大局的贡献度，提前科学谋划下一步越秀区青年志愿服务工作内容，越秀区志愿者行动指导中心、越秀区青年志愿者协会采用定量与定性研究相结合的方法，面向越秀区18条街道志愿组织和志愿者个体发放问卷1165份，回收有效问卷1103份，访谈百余名街道、社区、社会组织、其他企业团委志愿服务负责人，发现青年志愿服务现存问题，为进一步服务大都市核心区高质量发展打下坚实的研究基础。

一 越秀区青年志愿者群体概况

当前越秀区受访志愿者主要呈现以下特征。

一是志愿者主力人群中，"上班族"占比达54.76%，近半青年志愿者拥有"本科及以上学历"，群众自发性参与度更高。其他人群参与比例依次为退休人员（24.03%）、学生（13.82%）、个体商户经营者或自由职业者（5.67%）。通过细分人群年龄层数据可见"18~35岁"青年群体占比38.54%，其次是"46岁及以上参与者"（35.79%），"36~45岁的参与者"占比17.42%，18岁以下群体占比仅为8.24%。群体学历调查数据显示，当前志愿者群体学历水平较高，"本科及以上"占比48.76%，"大专学历"占比18.28%，"高中及中专学历"占比21.37%，"初中及以下"占比11.59%。政治面貌数据则显示除党员志愿者（34.85%）、团员志愿者（18.8%）合计占比过半之外，群众志愿者参与热情较高，已达到45.84%。简言之，辖区内当前实际参与一线志愿服务的主力人群集中于"70后"晚期到"00后"早期，即已参加工作的青壮年是志愿服务的"核心担当"。

二是志愿服务组织类型及志愿者个体参与习惯，超六成志愿者加入统筹型及实施型志愿者组织，近半志愿者偏好"不定时"参与志愿服务，超五成志愿者累计服务时间在 100 小时以内，近九成志愿者对自身"在志愿服务中的专业性发挥"表示满意。对于志愿者组织，区内志愿者主要选择归属统筹型志愿服务组织（市、区志愿者联合会）（33.18%），其次是实施型志愿服务组织（协会、总队、团队）（31.73%），支持型志愿服务组织（研究会、培训组织、促进组织等）（8.7%）和传播型志愿服务组织（文化、媒体志愿组织等）（7.52%）占比较小，也有 18.86% 的志愿者没有加入任何志愿组织。同时，数据显示选择志愿者"不定时"参与志愿活动的占比 43.16%，每月多次参与志愿服务的占比 38.62%，每月一次的志愿者占比 10.34%。时长方面，累计参与 50 小时以下的占比 37.44%，50~100 小时的（不含 100 小时）占比 17.95%，100~300 小时的（不含 300 小时）占比 13.06%，300~500 小时的（不含 500 小时）占比 6.35%，500 小时及以上的占比 25.2%。此外，数据显示越秀志愿活动在发挥志愿者专业相关性方面发挥得较好，与专业"基本相关"和"部分相关"的合计占比 55.31%，87.38% 的志愿者认为其专业在参与志愿服务活动过程中所发挥的作用"很好"或"较好"。

三是志愿服务咨询获取的途径和方式，在区内 78.79% 的志愿者通过志愿时/i 志愿平台获取志愿服务活动，70.35% 的志愿者表示已关注了"越秀志愿圈"公众号便于就近就便报名参加。50.77% 的志愿者通过微信群招募了解志愿服务活动，30.1% 的志愿者通过"微信朋友圈"了解，志愿组织或个人志愿者可以通过在微信朋友圈发布相关信息和活动招募来吸引志愿者，22.67% 的志愿者是通过"家长/朋友/同学告知"了解到志愿活动，25.2% 的志愿者通过志愿活动的"线下宣传点"了解志愿活动，如在社区、学校、公共场所等地设立宣传点，通过海报、宣传册等外展方式让志愿者获取志愿服务信息。

四是青年志愿者激励措施方式，70.08% 的志愿者认为"社会认可"更能激励到他们，包括媒体报道、颁奖典礼等方式，能够让志愿者在更广

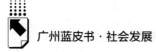

泛的社会范围内得到认可和赞誉,提升他们的社会声誉和形象;52.95%的志愿者认为荣誉证书和称号更能激励到他们,颁发荣誉证书和称号可以肯定志愿者的贡献和成就,让志愿者感到自己的努力被认可和重视,这种方式能够满足志愿者在社会中获得尊重和认可的需求。43.43%的志愿者更喜欢交通食宿补贴的激励方式,由于志愿服务活动可能需要志愿者投入大量时间和精力,提供交通、食宿补贴可以减轻志愿者的经济负担,增加他们参与活动的积极性;41.52%的志愿者更认可情感关怀带来的激励作用,给予志愿者情感支持和关怀,包括关心、鼓励、解决问题等,可以增强志愿者的归属感和满足感,志愿者会因为得到关怀而感到被重视和珍惜;40.34%的志愿者更喜欢实物奖励的激励方式,实物奖励通常是一些物质性的奖品等。

五是志愿者参与动机及社会成长,超六成(60.47%)的志愿者认为是社会责任感驱使他们参与志愿服务活动,他们希望通过志愿服务来回报社会,改善社会环境和他人的生活;59.93%的志愿者希望通过志愿服务"锻炼个人能力",提升自己的组织、沟通、领导等能力,促进个人成长和发展;55.76%的志愿者认为"实现个人价值"比较重要,志愿服务可以让人感到自己对社会有所贡献,实现自我价值和成就感;50.41%的志愿者是因为热爱志愿活动才参加志愿服务活动,有些人对志愿活动本身就抱有浓厚的兴趣和热爱,享受其中的乐趣和满足感;34.36%的志愿者主要是出于"结识更多人",他们认为志愿服务是一个结识新朋友与扩大社交圈的机会,可以认识志同道合的人,建立有意义的人际关系;34.36%的志愿者主要是"体验生活",他们认为志愿服务可以让人接触不同的社会群体和环境,丰富自己的生活经历,开阔眼界;23.12%的志愿者认为"闲暇时间较多/充实生活"驱使他们参与志愿活动;21.76%的志愿者认为是"相关组织号召/动员";12.51%的志愿者是因为学校有相关志愿要求,如一些学校对学生的综合素质和综测分数有志愿服务的要求,这也是一部分学生参与志愿服务的动机之一;9.07%的志愿者是想要为"简历添彩/增加职业竞争力",特别是在一些与志愿服务相关的领域或行业。

二　当前越秀区青年志愿服务存在的问题

有专家指出，从当前志愿服务研究情况来看，青年志愿者和青年志愿服务组织中仍然存在"四个如何跟上"的问题。一方面，习惯原有的"活动式"服务，缺乏不断深化服务、持续拓展服务的能力；另一方面，局限于微观的服务思维，制约了青年志愿服务在新时代的主动作为和积极贡献。调查数据显示，当前越秀区青年志愿服务存在的问题主要集中于组织管理和个人成长两个维度。

（一）青年志愿者组织管理领域

1. 对于组织发展

（1）骨干和专业志愿者不足

调查显示，有32.55%的志愿者认为骨干和专业化志愿者较少，骨干志愿者是组织中非常重要的一支力量，他们具备专业的知识和丰富的经验，在文化辅导和教育领域具有较高的素质和能力。目前，区级志愿服务组织面临着骨干志愿者数量有限，难以满足社区居民对于高质量、专业化服务的深层次需求。由于缺乏专业化志愿者，文化辅导和教育服务往往无法提供精细化的产品，响应组织高质量发展。某组织负责人表示："人才培育是一个系统工程，理论培训后还要实战，需要搭建平台让志愿者骨干在实践中成长，因此我们现在面临的一个问题就是很缺志愿者骨干，而且各个驿站、各个社区队伍基本上老龄化很严重，一个健康的队伍除了年长者指导方向外，还需要中青年担任中坚力量，但目前来看，我们大部分队伍基本上都没有接班人或人才梯队。"（访谈编号：2308080930）

（2）志愿服务项目经费不足

有63.37%的志愿者认为志愿服务活动经费不足是存在的问题之一，目前需支付的开销通常包括志愿者交通、培训、物资等，而这些费用往往需要

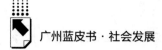

从有限的经费中支付，显得捉襟见肘。同时，由于越秀地处都市核心区，人口众多，社区复杂，志愿服务实际工作量较大，现有工作经费已无法满足日益增长的群众需求，导致活动规模受限。

2. 对于项目创新

39.35%的志愿者认为志愿服务项目类型较少，由于项目类型较少，志愿者在参与志愿服务活动时的选择有限，无法充分发挥自己的潜力和能力，无法最大限度地发挥志愿服务的社会效益。随着社会的变化和发展，新的社会需求不断出现，这就需要青年志愿者组织不断更新创新项目，适应社会发展变化。目前项目创新问题主要集中在以下几个方面。

（1）文化创意类

调查结果显示，有51.31%的志愿者认为文化创意活动种类不够丰富，目前志愿服务活动中关于文化创意活动种类相对较少，缺乏多样化和创新性，缺乏引入新颖材料和创新设计的机会，文化创意活动的互动性和体验性有待提升，缺乏具有创意互动性的体验项目，限制了居民的参与和感受。创意教育与培训方面的机会也较为有限，缺乏创意培训课程、工作坊等教育平台，制约了居民在创意方面技能和知识的提升。

（2）应急救援类

41.61%的志愿者认为急救知识没有做到全民普及，35.72%的志愿者认为应急救援讲座开展次数少，以上两方面是区级应急救援志愿服务存在的不足。志愿者普遍认为应急救援是一项关乎生命安全的重要知识，目前普及力度不足，很多居民没有机会接受系统的应急救援培训，缺乏必要的急救技能和知识。

（3）生态文明类

50.23%的志愿者认为越秀区的生态恢复和保护活动规模相对较小，体现在生态恢复和保护活动的范围有限，当前的活动通常只集中在一些特定的区域或景点进行，参与活动人数有限。由于资源和时间的限制，普通志愿者并没有机会参与到生态恢复和保护的实际行动中，难以发挥出更大的社会影响力。同时，有50.68%的志愿者认为由于缺乏专业知识和技能，志愿者在面对复杂的环境污染问题时难以做到全面、系统地解决，他们可能只能处理一部分污染源或采取暂时性的治理措施，无法从根本上解决问题，志愿者在环境污染治理方面的实际效能有限。

（4）智能技术类

42.52%的志愿者认为智能技术与志愿服务的结合不够充分是目前区级志愿服务存在的短板。在志愿服务的信息管理和资源调配方面，智能技术的应用还不够广泛和深入，志愿组织通常需要处理大量的志愿者信息、项目需求和资源分配等事务，如果能更充分地利用智能技术，如人工智能和大数据分析，将志愿者的技能与项目需求进行匹配，优化资源调配，将有助于提高志愿服务的精准性和效率。

（5）社区服务类

首先，22.85%的志愿者认为社区对志愿服务的需求和认知度不高，无法理解志愿服务的意义和价值，也不知道如何参与志愿服务，导致社区对志愿服务的需求有限。其次，面对社区真实需求的多样化和复杂性，志愿者需具备初步处理社区居民生活、教育、医疗、文化相关专业的知识和技能，才能达到社区居民的基本要求。最后，缺乏社区志愿者组织动员力，社区居民主动参与社区志愿服务的积极性不高，需要有专门的人员进行组织动员，但多数志愿者组织能力专长有限，难以有效引导和组织社区志愿者队伍。

3. 对于文化传播

（1）缺乏多样化宣传方式

35.9%的志愿者认为活动宣传和推广不够广泛，目前的宣传主要依赖于传统媒体和线下宣传，而忽视了数字化媒体和社交媒体的广泛运用。现有的宣传内容相对单一，缺乏创意亮点，难以引起更广泛青年群体的兴趣和关注。对宣传渠道选择亦缺乏针对性，导致宣传效果不及预期。

（2）个别专项宣传针对性不足

33.54%的志愿者认为在已开展的专项中，对交通安全志愿服务的宣传缺乏多样性，目前仍侧重于基本的交通规则和安全常识的传达，而缺乏针对性宣传措施。例如，对于不同年龄段、不同职业群体以及行人、骑车

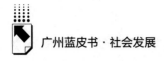

人、驾驶员等不同参与者的宣传需求未能充分照顾,随着社会媒体和互联网的发展,新的宣传手段和渠道可以被更广泛地利用。

(二)青年志愿者社会参与及实践教育

1. 初级志愿者对"助人"的认知理解有待提升

调查显示,34.63%的初级志愿者认为服务对象的不配合是他们参与志愿服务过程中较大的阻碍之一。志愿者认为存在"服务对象不接受帮助或拒绝帮助的情况";24.84%的初级志愿者认为困难源于周围人的不理解,周遭不理解、怀疑或冷漠态度可能使他们感到"孤立和沮丧"。

2. 志愿者培训时间内容有待进一步优化

志愿服务作为"赠人玫瑰,手有余香"的城市精神文明品牌,肩负着对青年志愿者的实践教育塑造功能。11.51%的志愿者认为"自身缺乏相关技能或经验培训",8.43%的志愿者认为"缺乏相应的政策和资源,可能会给志愿者带来困扰和挫败感"。有41.34%的志愿者认为志愿者的培训和保障要进一步细化,如有出现培训时间存在与实际需求不匹配的情况,使志愿者难以参与到其中。某驿站站长提出:"今年志愿者培训经常是在上班的时间开展,但是我们的骨干志愿者基本不能参加,因为骨干志愿者有些也需要上学或者上班,培训方可能也不想双休日回来,但是要考虑到我们这些骨干的需求。"(访谈编号:2308081541)

通过青年志愿者不断持续参与,对其自身而言可加速完成社会融入,提升并增强其"社会人"属性进而完成学生身份到社会身份的社会心理转变。借此,从调查数据中可见当前青年志愿者亦需要系统的志愿服务引导与培训。如果志愿者无法获得相关的培训和学习机会,就难以提升自身能力,影响服务的质量和效果。

3. 对志愿者个人后勤需提供坚实保障

有52.49%的志愿者认为各区标准不一,对志愿服务组织支持力度不一。例如,有不少志愿者反映"志愿组织生存压力大""志愿驿站设施过于简陋""运营经费微薄"。另外,志愿者认为自身为志愿服务投入了一定的时间和精力，基础补贴不足会导致青年志愿者参与积极性和稳定性受到影响。某组织负责人指出："全市关于志愿者的补贴需要有一个统一的标准，区与区之间的差别不小，我们作为项目的一个组织者与管理者，保障志愿者的安全是最重要的，但是也要给予志愿者足够的后勤保障，如交通补贴和餐补需要给予志愿者，这样志愿者才能有归属感。"（访谈编号：2308161135）

三　推动越秀青年志愿服务高质量发展的对策建议

2024 年 4 月，中共中央办公厅、国务院办公厅印发《关于健全新时代志愿服务体系的意见》，这是系统部署健全新时代志愿服务体系的第一份中央文件，是党中央对志愿服务的全局谋划和具体要求，对促进志愿服务事业的长远发展具有重要意义。广州作为中国改革开放的排头兵，是我国志愿服务起步早、发展快、规模大的城市之一。一直以来，广州志愿服务事业发展走在全国前列，在中国志愿服务发展史上打造了许多"首创"，具有举足轻重的地位。2013 年，越秀区就专门成立了区级志愿者指导中心作为统筹全区青年志愿服务的有生力量，从人员、资金、阵地等方面综合加大对全区青年志愿服务工作的支持力度。

近十年来，受城市功能核心区转移及人口因素影响，越秀区作为广州中心城区青年人口密度大幅下降，但不影响中心城区以工作就业、学习培训为核心的青年人口吸纳能力。城市高质量发展离不开源源不断的青年力量，在志愿服务领域亦是如此。越秀青年志愿服务规模化、正规化发展起步于 2010 年广州亚运会，截至目前已发展成为覆盖文明实践、乡村振兴、社区治理、邻里友善、关爱助困、应急救援、生态环保等多领域的青年社会参与项目。目前，越秀青年志愿者基础坚实，活跃度高。截至 2024 年 6 月，越秀区"i 志愿"系统注册志愿者超过 16 万人，注册志愿服务队伍 1430 支，发布志愿服务项目超过 71000 个，活跃志愿者人数 12.5 万人，累计服务时长超过 952 万小时，577 人被评为五星志愿者。通过对志愿者的访谈，我们感受到青年志愿者在助力区域高质量发展的同时，也获得了自我体验、自我教育、自我成长。

2023 年是党的二十大之后的开局之年，适合核心都市区基层青年的志愿服务又到了新的历史发展起点。有学者认为中国式现代化背景下青年志愿服务事业的新发展饱含着"先锋与响应、创新与传承、文化与行动、组织与项目、社区与农村、奉献与回馈、助人与育人、专业与普及、青年与全面、中国与国际"这十大关系，但是落于都市核心区青年志愿服务工作，笔者认为主要是解决志愿服务"四个如何跟上"，对于青年志愿者主要是发挥好共青团组织属性，团结带领青年志愿服务高质量发展。

（一）建设契合中国式现代化高质量发展的青年志愿服务组织

1. 以智能科技应用升级，完善志愿者组织管理平台建设和项目创新

通过此次研究笔者发现，运用智能技术改善志愿服务组织管理的需求日益迫切。作为信息技术的 2.0 升级要求，当前青年志愿服务组织需要的不只是建立青年志愿者的信息管理系统，而是能够利用人工智能和大数据技术，实现志愿者招募、任务分配、考勤管理等过程的自动化和智能化，提高组织和管理的效率。同时，通过升级数据管理机制，保护青年志愿服务活动数据安全，确保青年志愿者信息安全和隐私（见表 1）。

表 1　根据志愿组织及志愿者调研反馈可优化升级的信息技术领域

2.0 信息升级需求	系统需求内容	解决目标及问题核心
智能算法对志愿者组织管理平台	招募系统	将志愿者的专业能力和兴趣与项目需求相匹配
	考勤系统	确保志愿服务及时性和可追溯性
	信息发布	利用算法进行定向推送，使更多的人可以便捷地了解和参与志愿服务
	政策咨询	对志愿者服务数据进行分析和挖掘，发现潜在需求和问题，为政府和社区提供决策参考

资料来源：i 志愿。

此外，还可结合人工智能、物联网、虚拟现实等技术，开展创新性的志愿服务项目。例如，利用虚拟现实技术开展远程心理咨询，为需要帮助的人提供即时支持；利用物联网技术建立智能健康监测系统，为老年人提供定制

化的健康管理服务。这些智能技术的应用，不仅能够提高志愿服务的效能和质量，还能为志愿者提供更多创新性的服务方式和体验。

2.政府需加大志愿服务专项经费有效使用的引导力度，志愿者组织需做好社会资源筹措整合

经笔者调研及近年志愿服务使用资金观察，首先，除保持现有财政资金投入，更重要的是做好公益志愿服务社会面引导，积极争取社会资源和企业捐赠，扩大对志愿服务的资金来源，与社会组织、企事业单位建立长期合作伙伴关系，鼓励有条件的企业开展企业社会责任项目，将其与志愿服务相结合，形成共赢的局面，实现资源共享和优势互补。其次，公益资金的使用需要加强管理监督和工作指引，确保经费使用的透明度和有效度。建立符合公益志愿组织实际工作情况的财务管理制度，而非简单照抄照搬政府及事业单位财务管理办法。鼓励志愿服务组织财务管理逐步与国际接轨，提供可信可靠的社会责任报告，增强社会公信力。

（二）培育与中国式现代化发展要求相匹配的高素质青年志愿者

1.依托市区两级团属阵地资源，全面贯彻落实志愿者培训机制

一是秉持"不培训、不上岗"原则，全面开展新招募志愿者岗前培训（初级）、已上岗志愿者专业技能提升培训（中级）、志愿组织管理者管理能力（高级）培训等，全面提升区属青年志愿者综合素质及工作能力。二是提前做好工作谋划，结合志愿者"有闲"时间向上级团组织申请开设专题培训，避免与一线志愿者骨干工作时间冲突。三是联动区内相关业务部门建立科学合理的志愿者评价机制。通过定期对志愿者进行评估，可以了解他们的服务情况、工作态度和效果，并及时给予反馈和奖励，激励志愿者更好地投入志愿服务中，提升一线志愿服务整体服务质量。

2.分层分类注重发展专业志愿者，确保专业志愿者服务品质

通过对志愿服务项目观察及基层需求调查，加速建立专业志愿者队伍已箭在弦上。一是在县区层面大力发展专业志愿服务队伍，以社会组织的形式、项目化团队运营建设，按照服务内容与基层治理事项有机结合，协助社区为居民群众提供直接、便利的服务，并通过常态化的活动开展，带动更多的热心群众加入志愿服务队伍，不断促进志愿事业良性发展。二是与高校、研究机构等合作，开展专家讲座和学术交流，提供更深入的学习机会，提高志愿者的专业素养和实践能力。三是加强志愿者参与决策和管理的机制。鼓励志愿者积极参与志愿服务项目的规划、组织和评估，使其在决策过程中发挥更大作用。同时，建立志愿者队伍管理体系，包括建立志愿者档案、定期沟通和回访等，使志愿者成为可持续的资源，并为他们提供更好的支持和关怀，发挥志愿服务助人与育人的"双功能"。

（三）塑造传播具有岭南民风和广府特色的青年志愿服务品牌

1.注重结合民生实事研发社区青年志愿服务项目

社区志愿服务一直以来是我们青年志愿服务的痛点和难点，随着志愿服务常态化开展落地生根和人口结构的变化，中心城区结合社区特点组建社区志愿服务队已成为未来青年志愿服务义不容辞的责任。因此，越秀团区委围绕越秀区"百千万工程"组织带领团员青年志愿者下沉基层，坚持以惠民为主线，围绕区委区政府中心工作及群众"急难愁盼"问题，开展义诊、法律宣传、生态环保等专场集市，对接中央、省、市各级青年文明号以及优秀党政机关、企事业单位、志愿服务组织等参与，每季度开展集市18场，每场集市服务项目不少于10个。同步组织党员、团员青年志愿者上门探访、慰问困难群众，为沿线商铺、社区居民开展送"法"送"医"等上门服务，在都市核心区发挥党建引领基层治理的青年生力军作用。同时，联动其他青年志愿者组织在区域志愿服务品牌建设中长才干、作贡献，吸引更多青年扎根越秀、服务基层，助力区域高质量发展。

2.注重结合广府文化特色创新青年志愿服务内容

越秀拥有全省数量最富集的红色文化资源，既是广州"千年商都"核心，也是改革开放后广州经济社会建设的政治经济社会中心，亦是"绿美广东"青年志愿服务的示范区。"用志愿服务服务讲好越秀精神文明故事"已成为越秀文化传播的靓丽名片。例如，区志愿者指导中心已根据社区特点和需求，发起"守护东濠涌"活动，用志愿服务关爱越秀"母亲河"。十年来，创建社区"河小青"骨干志愿者、民间河长队伍、中小学民间小河长队伍以及志愿驿站常态化队伍近 400 支 2 万多人；整合区内生态文明建设社会资源，组织青少年志愿者踊跃投身"一起来巡河 共筑清水梦""河小青""林小青""林长小队"等水环境治理、古树保护等志愿服务活动逾 3 万场，青少年志愿服务时长累计超过 60 万小时，以"小手拉大手"方式让学生、家长、学校、社会切身感受到越秀青少年"青春助力 建功生态"落地见效，形成擦亮越秀水清岸绿的全民社会合力。

党的二十大报告指出，中国式现代化是中国共产党领导的社会主义现代化。它为青年一代创造了前所未有的发展机遇，也对青年的现代化提出了更高的要求。在超大型城市发展中，青年群体更加聚集、需求更加多样、选择更加多元，因此持续发展青年志愿者，弘扬志愿精神对青年一代思想价值观念有着重要的价值意义。在中国式现代化发展的征程上，对于迈向第二个百年奋斗目标征程中的当代青年，"挺膺担当"四个字不仅是党和人民对青年一代的殷切期望，也将成为青年一代青春建功最有力的体现。

参考文献

张翼、谢茂松等：《中国式现代化与青年高质量发展（笔谈）》，《青年探索》2023 年第 1 期。

谭建光：《中国青年志愿服务"从哪里来、到哪里去"》，《广东青年研究》2022 年第 1 期。

闫志强、钟英莲：《广州青年人口发展状况与变化新特征》，载涂敏霞、杨成主编《广州青年发展报告（2022）》，社会科学文献出版社，2022。

谭建光：《中国青年志愿者服务发展的十大关系》，《中国青年发展论坛》2020 年第 1 期。

谭建光：《论青年志愿服务的"双功能"：助人与育人》，《中国青年社会科学》2020 年第 2 期。

人才发展篇 ₿

B.12
加快广州新质生产力人才队伍建设研究[*]

葛淳棉 陈倚倩 邓慧琪 姜军辉[**]

摘 要： 作为国家中心城市、粤港澳大湾区核心引擎之一，广州产业体系完备、科创资源富集，是我国打造新质生产力策源地的关键区域。建设新质生产力人才队伍有利于激发科技创新活力、释放新兴产业发展潜能，从而加快形成新质生产力，实现高质量发展。围绕如何推进广州新质生产力人才队伍建设这一核心问题，本文总结了当前广州新质生产力人才队伍的发展现状，分析了广州在新质生产力人才供需匹配、培育集聚、交流协作等方面的潜在问题，并据此提出了相应的政策建议：完善需求动态监测机制，助推新质生产力人才供需匹配；对接新兴产业发展需求，提升新质生产力人才培育质量；把握新兴产业增长机遇，优化

---

* 本文相关研究获得国家自然科学基金（72272055、71872065）、国家社会科学基金重大项目（23ZDA063）的资助，特此感谢！

** 葛淳棉，华南理工大学工商管理学院教授，博士研究生导师，广州市粤港澳大湾区（南沙）改革创新研究院高级研究员；陈倚倩，华南理工大学工商管理学院博士研究生；邓慧琪，华南理工大学工商管理学院博士研究生；姜军辉，华南理工大学工商管理学院副教授，硕士研究生导师。

新质生产力人才协作机制。

关键词： 新质生产力　人才集聚　人才协作　战略性新兴产业　广州

2024 年 1 月 31 日，习近平总书记在党的二十届中央政治局第十一次集体学习中首次系统阐释了新质生产力的重要概念和基本内涵。新质生产力是符合创新、协调、绿色、开放、共享新发展理念的先进生产力质态，是推动高质量发展的内在要求和重要着力点。发展新质生产力，需要能够创造新质生产力的战略人才和熟练掌握新质生产资料的应用型人才，共同构建新质生产力人才队伍，充分发挥新型人才在推动战略性新兴产业发展壮大、探索未来产业技术突破中的引领驱动作用。

近年来，我国新一代信息技术、智能装备制造、新能源等战略性新兴产业蓬勃发展，人工智能、量子技术、生命科学等未来产业加速部署。作为引领产业升级的新支柱，战略性新兴产业创新活跃、技术密集，是新质生产力的关键载体。截至 2023 年，我国战略性新兴产业占 GDP 比重约为 13%[①]，产业高价值发明专利 116.6 万件，在全国高价值发明专利中占比达 70.0%。[②] 而前瞻布局未来产业新赛道则成为我国顺应新一轮科技革命趋势、抢占国际竞争制高点的战略"先手棋"。目前，全国已有 20 余个省市谋划部署未来产业前沿领域，其中北京、广东、上海未来产业集聚水平领跑全国。[③] 战略性新兴产业、未来产业等新质生产力行业的发展催生了新的就业空间和人才需求。相关报告显示，智能制造、人工智能等 15 个新兴产业均处于人才相对紧缺的状态。[④] 以新能源产业为例，2023 上半年招聘职位数

---

① 《构建以先进制造业为骨干的现代化产业体系——访工业和信息化部党组书记、部长金壮龙》，新华网，http://www.xinhuanet.com/politics/20240110/b308bc14f2544306b03abc0df7fab3d4/c.html。
② 《我国发明专利拥有量突破 400 万件》，国家知识产权局网站，https://www.cnipa.gov.cn/art/2024/1/17/art_55_189781.html。
③ 腾讯研究院：《数字化转型指数报告（2023）》。
④ 猎聘大数据研究院：《从两会看机会：2023 战略性新兴产业就业数据报告》。

同比增长达 36.1%①，产业就业容量加速扩大。

作为国家中心城市、粤港澳大湾区核心引擎之一，广州产业体系完备、科创资源富集，是我国打造新质生产力策源地的关键区域。支撑新质生产力发展的关键在于人才。当前广州在新质生产力人才供需匹配、培育集聚、交流协作等方面仍存在诸多困难和挑战，这将阻碍广州市新质生产力发展进程的高效推进。因此，明确广州新质生产力人才队伍的发展现状，厘清人才队伍建设中存在的问题与短板，将有助于广州打造规模宏大、结构合理的人才队伍，加快发展新质生产力，扎实推进广州高质量发展。

一 广州市新质生产力人才队伍发展现状

（一）新质生产力产业体系建设初具成效

广州作为国家创新型城市，着眼服务全国高质量发展大局，在发展壮大新质生产力中敢立潮头、勇走前列。2024 年《广州市政府工作报告》明确指出，统筹推动传统产业改造提升、新兴产业加快发展、未来产业谋篇布局，加快形成新质生产力。近年来，广州出台了一系列政策和举措，着力实现科技重大突破、引领产业创新升级，进一步构建新质生产力发展竞争优势。

广州持续整合优化科技创新资源，加快推进高水平科技创新走廊建设。广州修订了《广州市科技创新条例》，完善科技创新"1+9"系列政策措施等政策文件，聚势构建"2+2+N"科技创新平台体系，汇集了国家实验室、综合类国家技术创新中心、国家重大科技基础设施、国际大科学计划等国家级重大平台，形成了战略力量厚实、攻坚体系完备的创新格局。同时，广州坚持采用高标准打造产业发展载体，建设生物医药与新型移动出行未来产业科技园，链接人工智能与数字经济试验区、南沙科学

① 智联招聘：《2023 雇佣关系趋势报告——新动能驱动下的新职场》。

城、中新广州知识城等创新节点打造科技创新轴，逐步发展成为新质生产力人才集聚高地。

广州坚持产业第一、制造业立市，多点布局发展"3+5+X"战略性新兴产业体系。① 广州着力推进新型工业化建设，培育数字化转型、网络化协同、智能化改造、绿色化提升"四化"平台赋能传统产业企业转型升级；构建生物医药产业"1+N"专项政策体系，支持新一代信息技术、新能源汽车等重点产业链互为应用场景、互为配套；建设未来产业先导区，优化科技型中小企业、"专精特新"中小企业培育机制。同时，广州围绕战略性新兴产业开启营商环境6.0改革，制定"高企26条""科技型中小企业十条"等相关政策文件，持续优化产业创新和人才发展环境要素。

得益于扎实的科技创新和产业发展体系建设，广州聚焦重点领域推进高精尖项目建设，初步形成了一批具有竞争优势的新兴产业集群，充分激发了市场主体增长活力。广州成功培育了国家级特色专业型工业互联网平台、大数据产业发展试点示范项目各7个，智能制造、生物医药2个产业集群成功入选首批战略性新兴产业集群建设名单并获评全国优秀，超高清视频和智能家电、智能装备、高端医疗器械3个产业集群相继入选国家先进制造业集群名单。2023年，广州先进制造业增加值占规模以上工业的60.5%，战略性新兴产业增加值占地区生产总值比重超过30%。② 广州高新技术企业突破1.3万家，专精特新"小巨人"企业入选248家③，全球"独角兽企业"上榜22家；新增发明专利授权3.6万件，同比增长31.9%，"自然指数—科研

① 广州"十四五"规划提出构建"3+5+X"体系，具体包括新一代信息技术、智能与新能源汽车、生物医药健康三大新兴支柱产业和智能装备与机器人、轨道交通、新能源与节能环保、新材料与精细化工、数字创意五大新兴优势产业。因此，本文将上述八大产业归类为战略性新兴产业并加以分析。

② 《冲刺起步马力足，以"十二个之进"推动广州高质量发展实现新跃升》，广州市人民政府网，https：//www.gz.gov.cn/zt/gzlfzgzld/gzgzlfz/content/post_ 9493231.html。

③ 《广州市专精特新"小巨人"赋能发展大会暨2024年度"进阶小巨人"培育活动启动仪式成功举办》，广州市人民政府网，https：//www.gz.gov.cn/xw/zwlb/bmdt/sgyhxxhj/content/post_ 9399583.html。

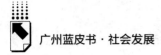

城市"排名跃升到全球第8位①，科技创新策源力正在支撑广州建设大湾区国际科技创新中心、综合性国家科学中心和高水平人才高地。

（二）新质生产力人才需求分布差异显著

随着我国战略性新兴产业集群成链融合发展，相关产业不断释放多元化的就业新空间，为不同行业和区域带来差异化的新质生产力人才需求。人工智能、云计算等新一代信息技术加快融入千行百业，集成电路、绿色能源、生物医药等科技创新领域聚力驱动新兴产业发展，催生新质生产力人才的需求热潮。图1展示了近5年以北上广深等一线城市和成都、重庆、杭州等新一线城市为代表的全国主要城市新质生产力人才招聘需求数量。② 近年来，广州重点布局战略性新兴产业，新质生产力人才市场热度持续升高，发布相

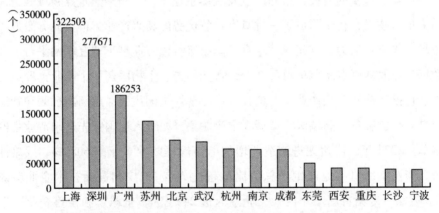

图1 2019~2023年全国各主要城市新质生产力岗位招聘数量

资料来源：作者根据某头部招聘平台发布的公开招聘数据进行整理所得。

---

① 孙志洋：《2024年广州市政府工作报告——2024年1月15日在广州市第十六届人民代表大会第四次会议上》，广州市人民政府网，https://www.gz.gov.cn/zwgk/zjgb/zfgzbg/content/post_9462719.html。

② 根据国家统计局发布的《战略性新兴产业分类（2018）》所提及的各类产业重点产品和服务识别招聘广告中的新质生产力人才需求，本文剔除了无专业或学历要求的招聘岗位需求，招聘数据截至2023年10月。

关岗位数量超过 18 万个。但是，广州市新质生产力人才的招聘数量与上海、深圳两市仍有较大差距，反映了广州战略性新兴产业市场的发展潜能有待进一步释放。图 2 反映了广州新质生产力岗位的招聘数量占比，其中，智能装备制造和新一代信息技术产业的人才需求最为旺盛，合计占比逾七成。

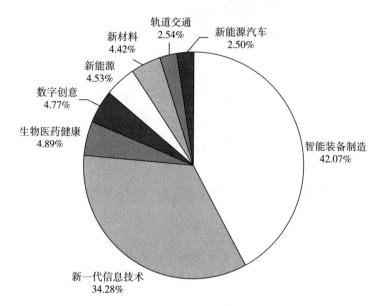

图 2　2019~2023 年广州战略性新兴产业新质生产力岗位招聘数量占比

资料来源：作者根据某头部招聘平台发布的公开招聘数据进行整理所得。

　　此外，新质生产力人才需求在广州市内各区之间存在明显差异。天河区不断扩大新一代信息技术、数字创意等产业的集聚发展优势，是广州市内对新质生产力岗位需求最为强烈的区域，其新质生产力岗位招聘数量占比27.66%。同时，黄埔区依托广州科学城、中新广州知识城等科技创新中心，在生物医药、新能源汽车等产业方面持续发力，同样释放了大量的新质生产力人才需求，占比 22.62%。而白云、海珠、越秀、南沙、花都等区对于新质生产力人才的需求相对较小，占比均低于 10%（见图 3）。

　　图 4 反映了 2023 年广州各区新质生产力岗位的招聘数量和薪酬分布情况。黄埔、天河、番禺三区的就业机会最为活跃，发布的新质生产力岗位均

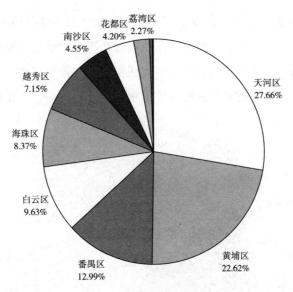

图3 2019~2023年广州各区新质生产力岗位招聘数量占比

资料来源：作者根据某头部招聘平台发布的公开招聘数据进行整理所得。

超过3000个。海珠、南沙、越秀、白云等区的就业空间处于中等水平，而荔湾、花都等区的就业机会较少。在岗位薪酬方面，黄埔、天河两区新质生

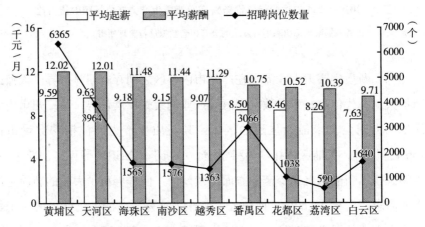

图4 2023年广州各区新质生产力岗位平均起薪、平均薪酬和招聘岗位数量对比

资料来源：作者根据某头部招聘平台发布的公开招聘数据进行整理所得。

产力岗位的薪酬水平在广州市内均处于前列,其平均薪酬达 1.20 万元/月;白云区的平均薪酬相对落后,低于 1 万元/月,仅为 0.97 万元/月。广州各区的新质生产力岗位招聘数量和薪酬差异,反映了各区对新质生产力人才存在不同程度的需求紧缺度。

(三)新质生产力人才集聚水平持续提升

为加快集聚新质生产力人才,广州持续深化高等教育改革和高水平大学建设,不断提高人才供给自主可控能力,扩大人才发展平台引聚优势,奋力打造高水平人才高地主引擎。

随着我国高等教育普及程度不断提高,高校毕业生逐渐成长为新质生产力人才市场的中坚力量。根据 58 同城发布的《2023 年毕业季调研数据报告》,广州是国内大学毕业生择业的首选城市之一,有 12.1% 的毕业生选择广州作为就业优先考虑城市。截至 2023 年 9 月,广州大专及以上学历求职者占比 34.73%[①],市内人力资源市场上高学历求职者占比持续上升。这反映了广州较强的人才储备与供给能力,能够为新质生产力发展汇聚智力支撑。

为了适应战略性新兴产业发展布局,广州积极部署各大高校调整学科专业建设方案,探寻教育赋能新质生产力的可行路径。近年来,广州高校新设了一批对接战略性新兴产业需求的专业,助力广州新质生产力人才队伍建设。例如,华南理工大学获批增设软物质科学与工程、生物材料等新材料相关专业,中山大学、广州大学等备案新增新能源科学与工程、智能建造、智慧交通等新能源和智能制造相关专业[②],香港科技大学(广州)探索人工智能、智能制造、大数据等交叉融合学科育人体系。

---

① 《2023 年第三季度广州市人力资源市场供求分析简报》,广州市人民政府网,https://www.gz.gov.cn/zwgk/zdly/jycy/jctj/content/post_ 9328764.html。

② 《2022 年度普通高等学校本科专业备案和审批结果》,教育部网站,http://www.moe.gov.cn/srcsite/A08/moe_ 1034/s4930/202304/W020230419336779647503.pdf;《2023 年度普通高等学校本科专业备案和审批结果》,教育部网站,http://www.moe.gov.cn/srcsite/A08/moe_ 1034/s4930/202403/W020240319305498774149.pdf。

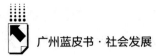
广州开放包容、富有活力的人才发展环境，吸引着海内外高层次人才加速流入。在人才交流平台建设方面，广州加快建设南沙国际化人才特区、中新广州知识城国际人才自由港、国家海外人才离岸创新创业基地等多个国际化引智平台，举办海外人才交流大会、广东省留创园海外菁英荟等多种形式的人才国际化交流活动。在区域人才协作方面，广州积极推动粤港澳大湾区高层次人才聚焦新兴产业重点领域进行互动和协作。2023年，"粤港澳人才协作办公室"在广州南沙新区正式成立，成为广州与大湾区城市开展人才协同研究、联合举办人才交流活动等合作项目的重要平台。在产业人才协同方面，广州先后设立了22个人才交流发展平台（见表1），并在生物医药、新能源汽车、新能源3个产业领域组建了人才联合会。

表1 广州人才交流发展相关协会及社会团体一览

序号	组织名称	管理范围	成立时间
1	广州国际人才交流协会	广州市	2002年
2	广州金融人才协会	广州市	2018年
3	广州市生物医药产业人才联合会	广州市	2022年
4	广州市智能网联与新能源汽车产业人才联合会	广州市	2023年
5	广州市新型储能与氢能人才联合会	广州市	2023年
6	广州市穗港澳高层次人才成果转化促进会	广州市	2024年
7	广州市菁英计划留学人员回国服务联谊会	广州市	2020年
8	广州留学人员商务协会	广州市	2002年
9	广州市海珠琶洲人工智能与数字经济产业人才联合会	海珠区	2021年
10	广州市海珠区琶洲女性人才发展促进会	海珠区	2022年
11	广州市海珠区海外留学归国人员协会	海珠区	2023年
12	广州市增城区高层次人才协会	增城区	2020年
13	广州市增城区技能人才产教融合促进会	增城区	2023年
14	广州市增城区留学归国人员创业协会	增城区	2018年
15	广州市增城区专业技术人员协会	增城区	2007年
16	广州开发区、黄埔区高层次人才协会	黄埔区	2013年
17	广州市黄埔区女性人才发展促进会	黄埔区	2018年
18	广州市黄埔区生物医药人才协会	黄埔区	2022年
19	广州市花都区领军人才联谊会	花都区	2013年

序号	组织名称	管理范围	成立时间
20	广州南沙留学人员联谊会	南沙区	2017 年
21	广州市天河区人才服务协会	天河区	2012 年
22	广州市荔湾区高层次人才联谊会	荔湾区	2014 年

资料来源：全国社会组织信用信息公示平台。

伴随新兴领域合作交流的持续深化与人才发展环境的不断改善，广州得以汇聚一批立足前沿、创新拔尖的新质生产力人才。根据智联招聘等联合发布的《2023 中国城市人才吸引力排名》报告，广州人才吸引力排名第 4，2019~2022 年总体呈现人才逐年稳步净流入的趋势。在高层次人才引育方面，广州瞄准"高精尖缺"人才，推行"广聚英才计划"，优化整合产业领军人才"1+4"政策、高层次人才支持政策、岭南英杰工程等人才项目。2023 年，广州成功引进和培养国家级领军人才 48 名、"两院"院士 6 名，新增博士博士后科研工作平台 86 家，新发人才绿卡逾1700 张，[①] 为广州建设国内领先、国际一流的新质生产力人才队伍注入了强劲动力。

二 广州市新质生产力人才队伍建设存在的问题

（一）新质生产力人才需求与供给尚未精准匹配

广州市新质生产力产业需求与人力资源供给之间匹配精准度不高主要体现在人才数量供需失衡、人才技能水平供需错配两方面。在人才供需数量方面，广州市新质生产力人才出现了较为明显的人才需求缺口。2022 年 12

---

① 孙志洋：《政府工作报告——2024 年 1 月 15 日在广州市第十六届人民代表大会第四次会议上》，广州市人民政府网，https://www.gz.gov.cn/zfjgzy/gzsrmzfyjs/sfyjs/zfxxgkml/bmwj/gfxwj/content/post_ 9465269. html。

月，广州市人力资源和社会保障局围绕重点产业布局发布了《广州市重点产业紧缺人才目录》，其中广州市重点产业急需紧缺岗位中有211个为新质生产力岗位，占比70.10%，同时非常紧缺的岗位中超九成为新质生产力岗位，这说明新质生产力人才需求更为迫切。在人才供给方面，2023届毕业生简历投递的热门城市中，广州位于上北深三市之后，屈居第4，占比9.00%，反映了广州毕业生人才供给相对紧缺，难以充分满足产业对于新质生产力人才的强盛需求，人才数量供需存在失衡现象（见图5）。

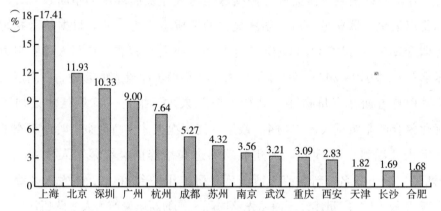

图5　2023届应届生简历投递热门城市及其投递占比

资料来源：猎聘大数据研究院《全国高校毕业生就业趋势与展望2023》。

在行业分布上，新质生产力人才供需匹配在各类战略性新兴行业间存在显著差异。如图6所示，广州智能装备制造产业对新质生产力人才的需求最为强盛，新一代信息技术产业对新质生产力人才的需求占比略有收缩，其他新兴产业对新质生产力人才的需求占比相对较小。然而，据《2023大学生就业力调研报告》统计，应届毕业生就业首选行业是IT/通信/电子/互联网，占比25.0%；而期望从事与智能装备制造、新能源汽车相关的汽车/生产/加工/制造行业的比例仅为8.10%。相较之下，智能装备制造产业对人才的旺盛需求与人才前往相关产业的较低期望之间存在供需匹配矛盾。类似的人才供需匹配失衡问题也出现在其他新质生产力相关行业中。

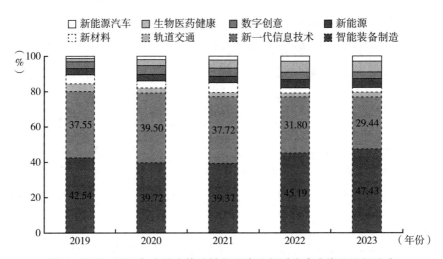

图 6　2019~2023 年广州市战略性新兴产业新质生产力岗位比例分布

注：受限于篇幅，图中仅展示新质生产力岗位招聘数量占比大于 10% 的产业数据。
资料来源：作者根据某头部招聘平台发布的公开招聘数据进行整理所得。

图 7 反映了 2023 年广州各类战略性新兴行业的新质生产力招聘岗位数量和薪酬分布情况。在岗位数量方面，智能装备制造产业的新质生产力岗位

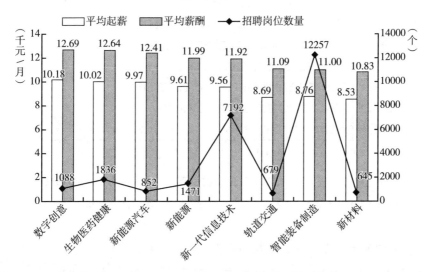

图 7　2023 年广州各行业新质生产力岗位平均起薪、平均薪酬和招聘岗位数量对比

资料来源：作者根据某头部招聘平台发布的公开招聘数据进行整理所得。

需求最为强盛，发布超过1.2万个招聘岗位，远超排名第2的新一代信息技术产业。而新材料、轨道交通、新能源汽车、数字创意产业的需求较小，均不足智能装备制造产业需求的1/10。在薪酬方面，新一代信息技术和智能装备制造产业平均月薪在1.2万元以内，不及数字创意、生物医药健康和新能源汽车产业。总体而言，广州战略性新兴产业之间对新质生产力人才的需求存在较大差距，人才需求主要集中在智能装备制造和新一代信息技术产业。然而，这两类产业提供的薪酬水平缺乏竞争力，使其对新质生产力人才的吸引力难以提升，不利于实现相关产业新质生产力人才的供需匹配。

在人才技能水平方面，经验多、技能强和学历高的新质生产力人才需求较大。由图8可知，广州大部分战略性新兴产业都对新质生产力人才提出了2年以上的平均经验要求，最低也需要具备1.19年的经验要求，反映了相关产业看重人才在所属领域的技术沉淀和经验累积。

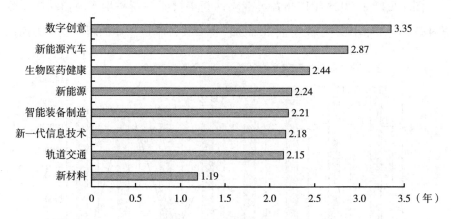

图8 2019~2023年广州市各行业新质生产力岗位的平均经验要求分布

资料来源：作者根据某头部招聘平台发布的公开招聘数据进行整理所得。

在专业要求分布方面，广州新质生产力岗位对人才的专业要求集中在工学和理学专业。其中，计算机及电子信息类专业人才最为抢手，占比22.21%；电气及自动化类、机械类、经济金融学类专业同样热门，需求占比均超过 13%（见图 9）。由此可知，广州新质生产力岗位倾向招聘具备特定专业技能的人才。

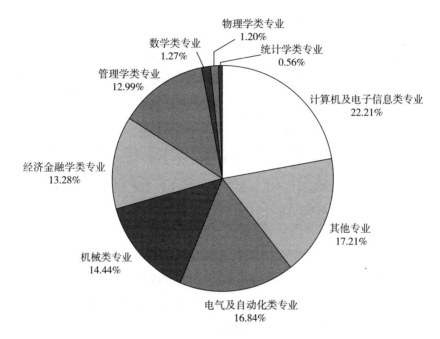

图 9　2019~2023 年广州新质生产力岗位招聘专业要求占比

资料来源：作者根据某头部招聘平台发布的公开招聘数据进行整理所得。

在学历层次方面，2023 年广州新质生产力岗位招聘数量主要集中在大专、本科等学历的新质生产力人才上，而薪酬水平随学历层次要求而逐步攀升。在薪酬方面，广州市新质生产力岗位为本科及以上学历人才提供了 1.3 万元以上的平均月薪，其中为博士学历人才提供的平均薪酬最高，约为 1.7 万元/月（见图 10）。这说明企业愿意为高素质的新质生产力人才支付更高的薪酬回报，凸显了高水平新质生产力人才的稀缺价值。

（二）新质生产力人才培育与产业衔接不够紧密

尽管广州市新质生产力人才集聚水平逐步提升，但是相比于世界级科创城市而言，广州目前在人才引育方面的优势尚不明显。2021~2023 年全球人

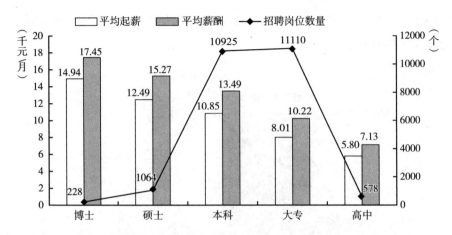

图10 2023年广州新质生产力岗位不同学历的平均薪酬及招聘岗位数量对比

资料来源：作者根据某头部招聘平台发布的公开招聘数据进行整理所得。

才竞争力指数系列报告显示，美国旧金山的人才竞争力稳居全球城市首位，而广州最高排名仅至第98。① 旧金山强大的人才竞争力来源于多个维度，斯坦福大学等高校与科创市场的良性互动为其提供了持续性的优质人才培育资源，而硅谷高新产业集群则为其吸引和孵化了大量顶尖人才。相较之下，广州在人才培育方面仍存在学科建设与专业培养滞后于产业发展、产教融合推进不够深入等问题。

一方面，广州市新质生产力相关的高等教育学科建设滞后于战略性新兴产业的实践应用与发展，或难满足产业高速发展现状。以新能源产业为例，中国新能源市场规模近年来逐年攀升，空间广阔，但广州市内新能源相关专业的大学生培育数量难以满足产业发展的需求。新能源科学与工程专业早在2012年就作为高校战略性新兴产业配套相关专业被正式纳入我国《普通高等学校本科专业目录》，哈尔滨工业大学、西安交通大学等70所高校相继开设了此专业。② 而广州仅广东工业大学1所高校开设了新能源科学与工程专业，中山大学于2024年新增备案该专业，其他高校仍未及时推进新能源

① 欧洲工商管理学院（INSEAD）。
② 作者根据中国教育在线公开数据整理所得。

相关的学科专业建设。而此类情况在智能建造、量子信息、卫星遥感等新质生产力相关领域普遍存在。

另一方面，当前广州高校新质生产力人才的专业培养方式难以适应相关产业的发展需求。战略性新兴产业属于跨学科交叉应用的前沿性新兴产业，所需人才除了应具备前沿基础理论知识和关键核心技术技能外，还需具备科技伦理、人文社会科学等相关领域知识。以人工智能领域为例，人工智能研究集计算机、控制、数学、语言、统计等多学科于一体，其颠覆性和原始性创新突破离不开具备多学科背景的复合型创新人才。然而，高等教育系统现有的人才培养体系主要按照学科纵深设置，人才的知识结构偏重单一学科专精，能力结构局限于单一学科领域技能，难以满足未来产业发展所需的多学科交叉融合知识结构、多技能复合型能力结构的要求。

此外，在产教融合培育新质生产力人才方面，广州校企协作过程中存在合作广度与深度不足的问题，因而人才培育仍未精准对接产业实践要求。2023年，作者团队实地调研了广深两地代表性科创企业的产学研合作机制，经访谈后发现，相关领域校企合作办学方式较为局限，合作广度稍显不足。在调研中，受访企业普遍采用联合培养项目、共建实验室和实践基地等方式开展校企合作。"一个项目、一纸合同、一笔经费"的传统模式提升了高校面向新质生产力相关产业需求培育和输送人才的效率，但其对于产业创新成果转化为教学资源、反哺教学体系改革的推动力仍显不足，进而限制了高校培育资源的循环转化。在校企合作深度方面，合作培养项目往往仅局限于某个时点或特定目的，难以持续性、多维度、高质量地打造校企人才培育体系。例如，在联合实训培养项目中，高校派遣学生到企业实习时，缺少对学生专业学习方向和能力的前期把关，未能充分考虑学生专业基础与合作企业发展需求的匹配度。部分项目仅关注企业实习派遣期间的人才培养，忽略了学生在校学习的持续性跟踪，进而导致合作育人成效提升尚不显著。

（三）新质生产力人才协作的体制机制优势不足

优化城市内外的新质生产力人才协作机制有助于广州凝聚人才智慧合

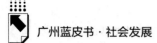

力，推动战略性新兴产业的高质量协同发展。然而，随着粤港澳大湾区人才协同发展建设的不断推进，广州人才协作平台建设缓慢、人才发展制度衔接困难、人才合作动力不平衡等问题逐渐凸显。

目前，广州人才协作平台建设仍处于起步阶段，专为常态化人才协作交流而设的平台数量较少、覆盖面较为局限。例如，在2024年初成立的"穗港澳高层次人才成果转化促进会"作为粤港澳人才协作平台之一，其首次大会主要围绕该平台的筹备工作展开，尚未充分发挥其荟萃科技人才、联系科技社团的优势。与此同时，广州缺乏与智能装备制造、新一代信息技术、新材料、数字创意、轨道交通等战略性新兴产业领域相关的人才协作平台，广州各区也仅有海珠、黄埔两区针对人工智能、生物医药产业领域设立人才联合会，其他各区的人才协作平台建设仍有待推进。

粤港澳三地的科技制度衔接困难、人才吸引力不均衡等问题也进一步阻碍了新质生产力人才在广州市内外的流动。一方面，粤港澳三地在法律体系、社会保障、知识产权等方面仍存在较大的政策差异，三地科技成果认定与转让的制度差异在一定程度上影响了新质生产力相关产业人才要素的流通。以穗港澳三地的知识产权制度差异为例，在知识产权保护期限方面，澳门发明专利有效保护期为15年，短于内地设置的20年有效保护期。在专利新颖性判定方面，香港要求发明专利在全球范围皆无出版物公开及使用记录，而内地则采取混合新颖性标准。[1] 此类差异增加了知识产权跨境保护、技术跨境转让与许可的复杂性，成为影响广州与大湾区其他城市之间人才自由流动的障碍。另一方面，新质生产力人才在广州与大湾区其他城市间的流动不均衡，各地对人才的吸引力亦存在显著差异。以粤港澳城市间人才认定为例，2023年，获批香港优才计划的内地人才数量为12775名，占获批申请总人数的98.50%[2]，反映了内地人才对香港发展

---

[1] 混合新颖性标准是指对于出版物公开，采用全世界新颖性标准，而对于公开使用或者其他方式的技术公开方式采用本国新颖性标准。

[2] 《根据优秀人才入境计划获批来港人士的统计数字》，中国香港特别行政区政府入境事务处网站，https：//www.immd.gov.hk/hks/facts/visa-control.html。

潜力的高度认可与强烈兴趣。相比之下，2021~2023 年三年间通过"大湾区青年就业计划"从香港流入大湾区内地城市工作的人数仅为 1100 名①，年均人数不到 400 名；2019 年，广州为支持港澳青年来穗发展出台并实施了"五乐"计划，五年吸引 2000 余名港澳青年来穗创新创业②，年均人数不足 600 名。由此可见，包括广州在内的内地城市与港澳地区的人才双向流动仍处于不均衡的状态，难以激活新质生产力人才协作效能，不利于广州进一步推动新质生产力发展。

三 围绕广州市新质生产力人才队伍建设的建议

（一）完善需求动态监测机制，助推新质生产力人才供需匹配

人才供需匹配不平衡、不精准是当前广州市新质生产力人才队伍建设的主要困境。加强对新质生产力人才供给和需求的动态监测，有利于广州立足于战略性新兴产业发展周期，把握全局性的人才供需匹配趋势。

首先，逐步建设面向新质生产力发展的产业人才大数据平台，创新人才需求动态监测机制。参照《广州市重点产业紧缺人才目录》的编制方法，广州市有关政府部门可以与前程无忧、猎聘、智联招聘等市场化招聘大数据平台协商，达成长期的人才招聘数据信息化合作，链接企业人才大数据平台，并整合国家的行业统计数据、高校人才培育数据、劳动力市场数据等，贯通产业分类、职业分类、企业岗位等人才需求反馈渠道。进一步地，基于产业人才大数据平台，实时跟踪各类战略性新兴产业招聘企业的人才需求及人才现状，调查重点产业的通用性和专业性人才需求缺口，定期发布季度或年度相关产业人才需求预测分析、人才分级分类需求目录等人才需求追踪报

---

① 《1100 名香港青年到粤港澳大湾区入职》，人民网，http://edu.people.com.cn/n1/2022/0520/c1006-32426014.html。

② 《心的湾区："我是大湾区人"响亮出圈》，《广州日报》2024 年 3 月 7 日。

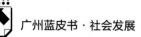

告，披露各类产业所需的新质生产力人才数量、教育背景要求、岗位技能要求等具体维度指标。

其次，根据对新质生产力人才需求的动态识别与追踪，广州有关部门可以在实地调研代表性高新技术企业的基础上，及时出台和调整相应的产业人才发展政策，以此实现"企业—人才"的精准匹配、高效对接。广州应鼓励并支持新质生产力相关企业通过信息化手段，定期统计内部人力资本流动和人力资源供需情况。通过对比企业与人才大数据平台的区域人才供需结构，广州可以帮助企业识别自身需求与市场供给之间的匹配程度，预测未来所在行业对新质生产力人才的需求变动趋势，进而优化调整与新质生产力发展相匹配的企业人才招聘和储备策略。

（二）对接新兴产业发展需求，提升新质生产力人才培育质量

要持续培育以高校毕业生为代表的科技人才力量，加强教育链、人才链与产业链、创新链的有机链接，筑好支撑新兴产业发展的人才"蓄水池"。当前，广州新质生产力人才队伍建设仍面临人才培育进程滞后、学科培养模式契合度低、校企合作广度和深度不足等问题。引导建立完备的新质生产力人才培育体系，有助于广州构建新质生产力人才后备力量，塑造未来产业发展动能。

自主培养高素质、强专业的创新拔尖人才，是加快形成新质生产力的基础性工程。在新兴交叉学科设置方面，支持高校深化新工科、新医科、新农科、新文科建设，引导市内各高校根据自身办学定位特点和学科专业优势，充分调动现有科研教学资源，面向国家战略必争的新兴产业领域，增设如智能制造、智慧能源、人工智能、量子科技等重点专业学科，对工程管理、机械工程、网络工程等传统理工科专业进行升级改造，不断更新设置交叉融合的新兴专业，从而强化高校人才培养对新质生产力形成和发展的适应性。在专业培养方案研制定方面，设置科研训练类课程，依托前沿性科研项目、创新团队及实验室建设等，开展科学实验、实地勘测、学术交流等教学活动，实现科研教学融会贯通，以高水平科学研究支撑新质生产力人才培养。

在校企合作方面，借鉴先进的产教融合协同培育案例，持续创新校企合作模式，扩建校企"合作圈"。一方面，引导高校立足于新兴产业体系建设需求，充分考虑产业链全链条人才需求，协同产业龙头企业规划学科专业设置，积极采用工学交替、订单培养等校企合作模式，打造精准化、专业化、多元化的新质生产力人才队伍。另一方面，厘清战略性新兴产业发展需求，探索具有产业特色的人才联合培养模式。其中，华为、大疆等企业率先提供了校企育人特色案例。华为通过开办 ICT 学院、建设 ICT 人才认证体系等形式，联合高校推进高校教师产业研修、企业专家授课教学和学生学员认证考试等举措；大疆则坚持与高校联合举办机器人竞技比赛，面向所在产业需求培养大量卓越的青年工程师。借鉴华为、大疆等产教融合先进案例，广州应鼓励高校联合新兴产业特色企业创新校企合作模式，通过共建新质生产力人才认证体系、共创未来技术学院、举办高校/产业科技成果展、举行职业能力比赛、建设校企俱乐部等方式，深化校企合作机制，畅通新质生产力人才的校企合作培养路径。

（三）把握新兴产业增长机遇，优化新质生产力人才协作机制

广州应持续强化人才国际化交流，着力创新人才协作平台建设，建立多元化产业人才联盟，打破人才要素流通障碍，进而完善新质生产力人才协作机制，推动现代化产业体系高质量发展。为优化国际人才交流协作模式，广州应坚持"引进来"和"走出去"的双向策略，加快建立和完善国际人才自由港、国际人才社区、国际人才驿站等人才引聚平台，积极引进国际高水平新质生产力人才；扩大"菁英计划"等留学项目资助覆盖面，鼓励更多不同层次和学科的本地人才走出广州开展海外交流学习。

为进一步强化人才协作平台建设，广州可以参照粤港澳人才协作办公室，搭建更多元的政府官方和民间自建人才协作平台，构建人才协作平台体系。在政府官方层面，人才协作平台应重点突破三地体制机制差异带来的人才协作障碍，协调对接三地制度标准，逐步破解人才协作过程中面临的人才配置优化、协作职能定位、人才资源共享等基础性问题。在民间组织层面，

鼓励企事业单位、科研机构、高等院校等多类主体围绕科技合作、学术交流、资源共享等方面加强关系纽带，落实落细城市间的人才协作。进一步地，根据对接城市的优势人才特征和产业特色开发出效率更高、效果更佳的人才协作模式。例如，开展"穗港澳专业人才轮岗计划"，每年在穗港澳三地中选拔相当比例的新质生产力人才进行专业轮岗交流，广州优秀人才可以前往香港学习金融科技创新知识和技术，香港专业人才则可以在广州了解前沿的智能装备制造技术等。

在产业人才联盟方面，加快推动广州及其各区补齐新一代信息技术、智能装备制造等战略性新兴产业领域的人才协作平台，促成广州跨市跨区产业研发合作，增进广州市内外新质生产力人才的交流联系与资源共享，并进一步激发深圳、香港、澳门等大湾区城市来穗创新创业发展的意愿。广州应重点明确不同产业对于新质生产力人才联盟的各项需求，积极联系产业相关的企业、高校、科研机构；促进产业人才联盟成员之间开展资源共享与产研协作，推动产学研用深度融合。

最后，为疏通新质生产力人才的流动渠道，广州应协同大湾区城市破除人才集聚障碍，提高人才跨市跨区协作便利性。一是在政策框架设计方面，征求社会各方的需求和建议，简化人才流动申请流程，协调制定人才跨区流通标准，优化调整跨境人才流动的制度设计，重点破解人才集聚的时空障碍。二是在具体政策设计方面，将提升跨境工作便利性作为核心目标，辅以优化跨境教育、跨境探亲、跨境旅游等政策，全方位地为三地优势人才流动创造便利，提升人才服务质量，提高跨区域人才协作的灵活性和便捷性。

参考文献

刘笑、胡雯：《未来产业人才培育的瓶颈问题、国际经验与启示建议》，《中国科技人才》2023年第5期。

刘晓龙、葛琴、崔磊磊等：《新时期我国战略性新兴产业发展宏观研究》，《中国工程科学》2020年第2期。

林丽鹂：《聚焦新兴产业 8 个领域和未来产业 9 个领域——为新产业定标准、促发展》，《人民日报》2024 年 1 月 3 日。

徐芳：《发展新质生产力需要更多创新人才》，《光明日报》2023 年 12 月 24 日。

毛艳：《让我们一起"读懂"新质生产力》，《新华日报》2024 年 3 月 22 日。

祝智庭、戴岭、赵晓伟等：《新质人才培养：数智时代教育的新使命》，《电化教育研究》2024 年第 1 期。

季晓莉：《支持广州南沙借势大湾区发展新质生产力》，《中国经济导报》2024 年 3 月 23 日。

B.13
完善科技人才引育机制推动广州
产业高质量发展研究

原泽知*

摘　要： 中国科学院和中国工程院公布 2023 年度增选当选院士名单，广
州新当选两院院士 6 名（含 1 名外籍院士），对比过往年均 2 人当选，当年
新增人数创历史之最。本文通过对广州近年来建设战略性科技创新平台、健
全科技领军人才引进培养机制、持续优化创新创业环境等方面的举措进行梳
理分析，借鉴海外部分发达国家的相关先进举措，提出要推进政策国际接
轨、联通港澳智力资源、持续加大科技投入、加快科技成果转化、着力打造
优势产业等推动广州产业高质量发展的对策建议。

关键词： 两院院士　人才政策　科技人才　产业发展

　　科技领军人才是国家推进科技发展的战略性力量，也是加快形成新质生
产力的关键性人才。完善引进培育以中国科学院院士和中国工程院院士
（以下简称"两院院士"）为代表的科技领军人才的政策机制，是深入实施
科教兴国战略、人才强国战略和创新驱动发展战略的重要任务。2022 年 10
月，党的二十大报告首次将教育、科技、人才三大战略进行统一部署；2022
年 2 月，美国众议院通过了《2022 年美国竞争法案》，提出加强科技创新研
究和外籍科技人才引进以提升美国产业竞争力。为加快建设世界重要人才中
心和创新高地，广州应对科技创新平台建设、科技人才引进培养政策、营造

---

　　* 原泽知，广州市科技战略发展研究院经济师，研究方向为科技人才政策。

优质双创环境方面的成效经验进行梳理总结,并借鉴学习海外部分先进国家和地区的相关先进举措,不断完善科技领军人才引育机制,加快形成新质生产力,推动广州产业高质量发展。

一 广州引进和培养科技人才的成效经验

广州高度重视科技领军人才的引进和培养,以"平台聚才""机构引才""项目培才""攻关用才"统筹科技领军人才工作,使广州科技领军人才在数量和质量上呈现良好的发展势头。

(一)广州科技领军人才数量增长呈现良好态势

2023年末,中国科学院和中国工程院公布了2023年院士增选名单,其中中国科学院增选59名,中国工程院增选74名。[①]广州地区新当选两院院士6名,其中含1名外籍院士,当年新增人数不仅在粤港澳大湾区城市中排名第1(深圳2人增选,香港1人增选),而且大幅度打破了广州历史上新增院士数量最多的纪录(见表1)。

表1 2013~2023年广州增选两院院士数量及信息

年份	广东人数	广州人数	广州增选两院院士具体信息
2023	9	6	1. 马骏,中山大学肿瘤防治中心,增选中国科学院院士; 2. 何宏平,中国科学院广州地球化学研究所,增选中国科学院院士; 3. 韩恩厚,华南理工大学,增选中国工程院院士; 4. 邢锋,广州大学,增选中国工程院院士; 5. 刘超,广东省毒品实验技术中心,增选中国工程院院士; 6. 郝洪,广州大学工程抗震研究中心,增选中国工程院外籍院士
2021	7	2	1. 马於光,华南理工大学,增选中国科学院院士; 2. 饶宏,中国南方电网有限责任公司,增选中国工程院院士
2019	2	2	1. 宋尔卫,中山大学,增选中国科学院院士; 2. 戴永久,中山大学,增选中国科学院院士

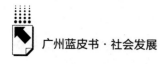

续表

年份	广东人数	广州人数	广州增选两院院士具体信息
2017	6	2	1. 刘耀光,华南农业大学,增选中国科学院院士; 2. 徐义刚,中国科学院广州地球化学研究所,增选中国科学院院士
2015	3	2	1. 王迎军,华南理工大学,增选中国工程院院士; 2. 吴清平,广东省微生物研究所,增选中国工程院院士
2013	4	3	1. 彭平安,中国科学院广州地球化学研究所,增选中国科学院院士; 2. 张偲,中国科学院南海海洋研究所,增选中国工程院院士; 3. 陈勇,广东省科学院,增选中国工程院院士

资料来源：笔者根据中国科学院、中国工程院官网，以及官媒相关新闻报道自行整理而得。

在 6 名增选院士的背后，是雄厚的两院院士后备力量：广州共有 35 名顶尖科学家进入中国科学院和中国工程院 2023 年度院士增选有效候选人名单，占全省有效候选人数总数的 76%，其中 21 人来自高校，7 人来自科研机构，5 人来自医院，2 人来自企业，覆盖了生物医药、光电子芯片、新能源、纳米材料、精密仪器加工、物联网信息等多个前沿学科领域。广州科技领军人才和后备团队成长发展呈现良好态势。

（二）广州引进培养科技领军人才经验总结

1. "平台聚才"，建设战略性科技创新平台

近年来，广州以国家战略性需求为导向，构建以广州实验室和粤港澳大湾区国家技术创新中心两大国家级最高科研力量为引领，以人类细胞谱系大科学装置、冷泉生态系统 2 个国家重大科技基础设施为骨干，以国际大科学计划、国家未来产业科技园、国家新型显示技术创新中心、4 家省实验室、10 多家高水平创新研究院等 N 家重大创新平台为基础的"2+2+N"科技创新平台体系，汇聚了钟南山、徐涛等一批院士，其余入选国家级重大人才工程的超百人，形成了筑巢引凤、近悦远来的态势。

2. "机构引才"，强化新型研发机构合作

新型研发机构是开展产业关键技术攻关、构建区域创新体系、实现高水

平自立自强的重要力量。近年来，广州市先后引进北京大学、复旦大学、中国科学院等国内优势单位的科技创新和人才资源，联合在穗开展核心关键技术攻关、科技成果转化等。例如，广州大学引进的邢锋教授长期从事高性能混凝土、混凝土结构耐久性与建筑固废资源化利用研究，引进的郝洪教授长期从事结构动力学在结构抗爆、抗震及健康检测方面的应用研究。广东腐蚀科学与技术创新研究院引进的韩恩厚教授长期在抗腐蚀技术、纳米材料涂层领域深耕。引进的三位专家助力广东在工程结构与工程抗震、隔震与减震控制、抗金属腐蚀和纳米材料等专业领域走在全国前列。三位教授 2023 年分别增选为中国工程院院士、中国工程院外籍院士。

3."政策培才"，加大科技人才支持力度

广州市积极推荐在穗高端人才申报国家科技人才重大工程引进项目和省重大人才工程项目。例如，中山大学肿瘤防治中心马骏教授，从事鼻咽癌治疗理论研究及临床诊治，先后获得广州市科学研究专项、市重点实验室建设、重大科技专项、临床医学研究与转化中心试点建设等科技计划项目，累计支持经费超千万元，成为全市打造"基础研究—科技攻关—成果转化"全链条科技计划项目培育科技人才的成功案例，马骏教授本人也在 2023 年度当选中国科学院院士。据不完全统计，在广州 35 名 2023 年度院士增选有效候选人中，过半承担过广州市科技计划项目，包括战略性新兴产业重大专项、民生科技等计划专题。广州市实施的市级重点人才工程共遴选支持多项创新创业团队项目，共培育了金域集团、小鹏汽车、通达汽车、百奥泰、慧智微电子、迈普生物、杰创智能、瑞博奥等 8 家上市公司的多名创业骨干，撬动社会资本投入超 43 亿元。此外，广州市持续完善基础研究人才培育体系工作方案，通过"启航—续航—领航"阶梯支持体系，构建从青年后备力量到研究领军人才的科技人才成长路径，充分发挥财政资金对人才的培育引导作用。

4."创新用才"，加快推动重点领域发展

广州出台实施《广州市重点领域研发计划优化提升方案》，积极承担国家、省重大专项及重点研发计划，突破了基础材料、核心零部件、重大装备等一批"卡脖子"技术，在生命健康、深海空天、人工智能等前沿领域取得了一系列高水平创新成果。2022年广东省科学技术奖广州获奖143项，占全省的65%，首次包揽突出贡献奖和特等奖。出台《广州促进生物医药产业高质量发展若干政策措施》等政策文件支持生物医药产业发展，在广州35名2023年度院士增选有效候选人中，12位来自生物医药领域，占比超1/3，生物医药产业集聚效应不断增强，形成了以人才兴产业、以产业聚人才的良性循环。

二 部分发达国家引进和培养科技人才的政策举措

随着国际经济下行压力增大，地缘冲突爆发频繁，大部分发达国家的移民政策趋于收紧保守，但对于技术移民的引进和科技人才的培养则投入了更大的力度。选取海外具有代表性的发达国家的科技人才政策举措进行分析，可为广州进一步完善科技人才工作体系提供有益借鉴。

（一）美国:《2022年美国竞争法案》

美国是全球最发达经济体和最大的移民国家，外籍移民为美国的科技和经济发展作出了巨大的贡献。据统计，美国拥有近百万名外来研究开发人员，2/3的美国诺贝尔奖获得者为加入美籍的外国人才。自1990年《移民改革法案》通过后，美国确立了两种主要的外来人才引进方式：根据工作不同等级分层的就业移民签证（EB）和职业类非移民签证（H-1B）。EB分为E1到E5等5个层次，给对应层次的技术移民直接授予永久居民身份，但流程复杂、耗时较长。H-1B签证虽然不会自动授予永久居民身份，但其申请简单，且持有H-1B签证的外国人才工作一段时间后可申请永久居留权。相对于EB，H-1B更受企业和技术人才的青睐，大批优秀外籍留学生通过H-1B定居美国。

不同时期的美国政府对于移民的态度不一，但无论是民主党还是共和党执政，对高技术移民尤其是STEM（STEM来源于科学、技术、工程、数学的英文单词首字母）类专业人才的引进高度重视。2022 年 2 月，美国众议院通过了《2022 年美国竞争法案》（以下简称《竞争法案》），做出了两点放宽技术移民限制的举措。一是放宽外籍 STEM 专业博士的绿卡申请限制。根据美国既有的政策，美国每年发放给职业类移民的绿卡数约为 14 万份，但任何国家申请者获批的上限不能超过总移民配额的 7%。《竞争法案》将美国 STEM 专业外籍博士的 7% 移民配额限制豁免，并允许在美国以外大学获得 STEM 博士学位的外籍人才申请美国绿卡，放宽了对中国、印度、韩国等技术移民主要输出国的 STEM 专业博士的留美门槛。[①] 二是为赴美科技创业者设立新的签证类别。根据经济合作和发展组织（OECD）统计，美国外来直接投资（FDI）由 2015 年的 4838 亿美元骤减至 2020 年的 1644 亿美元。世界知识产权组织发布的《全球科技趋势报告 2022》显示，美国在不同领域的新增专利量与中国等后发国家的差距大幅缩小。为扭转上述不利局面，《竞争法案》为外国科技创业者赴美投资新设了特殊签证类别，允许创业者达到相应条件后获得美国绿卡，鼓励更多外国科技公司来美，并方便美国企业雇主为更多科技人才提供居留支持，加强对外籍科技人才的吸引力。此外，拜登政府扭转了特朗普政府时期对于外国移民的限制性举措。2023 年美国 H-1B 工作签证拒签率已由特朗普政府时期的高达 24% 降至 2%，甚至低于奥巴马政府时期的 5%。

美国长期重视科技发展和人才培养，并将其作为坚定不移的国家战略。二战期间，时任美国总统罗斯福向美国著名科学家万尼瓦·布什（Vannevar Bush）征询美国科技发展的长期策略，促成了《科学·无尽的前沿》这一具有里程碑意义的科技发展报告。该报告明确将培育核心科技人才、加大对科技人才培育财政投入等作为美国的长期战略规划，从而加快美国科技人才梯队的建设。1986 年，以《本科科学、数学和工程教育》报告为起始标志，美国在联邦和州政府层面相继出台《STEM 教育五年战略计划》《美国竞争力计划》等政策文件支持 STEM 人才培养，仅 2006 年一年的投入就达 1360

---

① 罗仙凤：《美国"创新与竞争"系列法案科技人才政策研究》，《竞争情报》2022 年第 3 期。

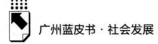

亿美元。美国国家科学和工程统计中心数据显示，截至 2019 年，美国在 STEM 领域已拥有 40 万余名硕士研究生、28 万余名博士研究生、6 万余名博士后和 3 万余名非教学岗的科研博士。《竞争法案》则要求美国国家科学基金会（NSF）进一步加大对 STEM 人才的培养，鼓励更多学生选择 STEM 专业，并规定 NSF 在每年的财政预算中预留至少 20% 的经费用于扩大奖学金，联合其他研究机构合作对科技人才予以多种形式的经济资助。《竞争法案》还要求加强人才"全周期培养"，提出了如在高中阶段之前（PreK-12）授权 NSF 与教育部联合推广新型 STEM 教育；授权 NSF 投入 87 亿美元预算专项用于 STEM 教育和科技人力资源开发；进一步提升研究生奖学金等补贴金额，将 12000 美元的上限提升至 16000 美元；为取得博士学位的科研人员授予创业奖学金和追踪资助，并在关键领域加大人才队伍培育力度等一系列举措。

虽然《竞争法案》需要在美国参议院通过才能真正施行，且因为世界经济下行，政府预算赤字严重等问题，对于科技和人才的资金投入比例低于美国以往的类似法案。但以谷歌、亚马逊和微软为首的 100 多家美国企业首席执行官联名呼吁尽快通过《竞争法案》，体现了美国的政治精英和经济精英在加强科技人才的引进和培养上达成了共识。

（二）英国："全球人才签证"和"高潜力人才签证"

相较于其他欧洲国家，英国的移民政策和签证政策相对开放，移民管理系统相对宽松。从 20 世纪 90 年代开始，外来移民逐渐增加，并超过英国的外流公民人数；在 1998 年到 2020 年间，英国每年移民净流入超 10 万人。但受次贷危机、英国脱欧、新冠疫情、非法移民剧增等世界性负面事件影响，英国大幅提高了移民门槛，于 2020 年停止批准低技能人员签证，并结束互惠于欧盟国家国民到英旅游和居住的自由流动（Free Movement）政策。与此同时，出台"全球人才签证"（Global Talent Visa）和"高潜力人才签证"（High Potential Individual Visa），旨在吸引高水平人才和名牌大学毕业生。

"全球人才签证"聚焦吸引科学、医学、工程和数字技术等方面的杰出人才，主要通过三个途径开展申请。一是教学或研究高级职位聘用。被该签证计划名单上的高等院校或研究机构聘用为教授、副教授或高级项目负责人等高级学术或研究职位的个人，可申请"全球人才签证"。二是获得"杰出人才"等级别的奖项（Awards）或研究资金（Fundings）。如癌症英国研究计划基金奖、ERC 高级补助金、皇家学会沃尔夫森研究金、生物技术和生物科学研究委员会未来领导人奖学金等。上述两条路径由英国科学院、皇家工程学院和皇家学会管理。三是受英国研究与创新局（UKRI）批准的机构或个人 3 万英镑以上的资助。"高潜力人才签证"则主要面向英国以外的顶尖大学毕业生，覆盖本科和研究生阶段。该签证不需聘用机构进行证明担保，也不要求申请者被聘用，只要是在认可高校名单上的取得学位的毕业生即可申请，一旦获得签证即获得 2 年的在英工作时间。

（三）德国:《专业人才战略》

20 世纪，德国的移民主体以难民、政治避难者、东德移民（两德统一前）为主。2000 年，德国实施"满足 IT 人才需求的紧急计划"（又称"绿卡"），旨在填补信息技术领域的人才缺口；该计划截至 2004 年底取消前，累计发出近 1.8 万张"绿卡"。其后，德国政府于 2005 年出台《居留法》，放宽了外籍劳工雇佣等的限制，并拓宽了"绿卡"的专业引进范围；但《居留法》政策主要向欧盟公民倾斜，并对非欧盟的外籍人员设置了更高的门槛。2012 年，德国开始实施"欧盟蓝卡"，即用于在欧盟成员国工作居留的身份证明；新修订的《居留法》条款中注明，"欧盟蓝卡"申请人需获得学士以上学位，且需拥有一个高于指定年收入标准（2020 年税前年薪标准为 5.52 万欧元）的工作。德国上述技术移民相关政策出台后，外籍高素质专业人才流入数量持续上升，根据德国联邦内政部发布的《2018 年移民报告》，高质量技术移民流入达 38000 余人。但劳动力短缺仍将是德国未来面临的重要问题，联邦经济部预估，2030 年德国适龄劳动力人口将减少近 400 万人，2060 年将减少超 1000 万人。

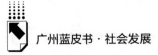

为解决高素质劳动力短缺、产业升级对人力资源分配的影响等问题，德国联邦政府于2018年发布了《专业人才战略》，致力于从三个方面在全球范围内用好人才资源。一是充分挖掘国内人才潜力。出台多部法律加强职业教育和继续教育，加强专业技能人才培养，并计划投资50亿欧元用于普通学校和职业学校的数字化建设；充分发挥职业协会和劳工团体等社会力量作用，通过继续教育开发妇女和老年人的工作潜力，提升妇女和老年人劳动参与率。二是进一步吸引欧洲人才资源。针对欧洲内部不稳定的移民流向，德国增强就业和专业培训等信息咨询服务，进一步完善德语学习条件和学历、职业资格认证程序，并对欧盟移民开展包括专业技术在内的培训援助。三是面向全球广泛引进高素质人才。2020年出台《专业人才移民法》等针对欧盟外第三国公民进行引进。

《专业人才移民法》有以下特点。一是放宽学历门槛限制，对于无大学文凭但具有职业技能的外国劳工放宽限制。二是取消歧视性审查，德国在技术移民上一直遵循"欧盟优先"原则，即移民政策向欧盟成员国公民倾斜，从而满足本国以及欧盟成员国成员的就业需求；歧视性审查的取消，进一步放宽了对非欧盟成员国技术移民的门槛。三是允许有一定德语基础并能提供生活来源证明的外国公民，申请找工作签证并最多留德6个月寻找工作，在此之前，找工作签证只对德国高校毕业生发放；允许以获得职业资格为由，或获得职业教育文凭为目的，来德居留培训学习最多6个月。四是将外国专业人员在德工作满5年即可申请永久居留许可减至4年，并使拥有德国职业教育文凭的外国人与德国高校毕业生共享同等待遇，即在德工作满2年获得永居许可。五是对于年龄在45岁以上的申请人，通过提高工资收入证明收窄申请渠道。

三 完善广州科技人才工作的对策建议

总体来看，以美国、英国、德国等为代表的发达国家对于科技人才的引进和培育具有以下特点。一是对外聚焦高水平人才引进。无论是美国的

《竞争法案》，还是英国的"高潜力人才签证"和德国的《专业人才战略》，均在移民政策不断收紧的大背景下，有针对性地对高技术人才、高水平人才降低移民申请门槛，并大幅优化缩短申报流程。二是对内加强基础性人才建设。在《竞争法案》以外，美国多部法案均将 STEM 等科技人才教育培养作为长期的重点支持内容；德国则在基础教育和专业教育上做进一步的投资，扩展专业人才队伍。三是支持科技创业投资移民。美国《竞争法案》为外国科技创业者赴美投资新设了特殊签证类别，允许创业者达到相应条件后获得美国绿卡，加强对外籍科技创业人才的吸引力。借鉴上述先进举措，并结合自身成功经验，广州可进一步推进政策国际接轨、联通港澳智力资源、持续加大科技投入、加快科技成果转化、着力打造优势产业。

（一）推进政策国际接轨

一是完善落实广州市外籍"高精尖缺"人才目录，切实出台居留签证、社会保障、落户入籍等有利于高水平外籍人才来华工作的便利措施。二是根据广州经济社会的重点发展领域的迫切需求，进一步研究并扩大境外职业和执业资格互认清单，明确海外国家和港澳台地区的职业资格和国内职业资格的对应关系和执业范围。三是鼓励天河、南沙等区试行粤港澳大湾区个人所得税优惠政策，并研究出台市级针对境外高端和紧缺人才的个人所得税优惠补贴政策。

（二）联通港澳智力资源

一是进一步加强香港科技大学（广州）和香港科技大学霍英东研究院等在穗港澳科研院校建设，以科研实体吸引港澳高校人才来穗开展创新活动。二是探索推广以香港科技大学李泽湘和大疆无人机汪韬等为代表的"导师+学生"科技创投孵化模式，鼓励港澳优秀科技人才到广州创业。三是在天河区"港澳青创十三条"和南沙区"港澳青创新十条"的经验上，在市级层面出台港澳青创政策，鼓励港澳青年人才来穗创新创业。

（三）持续加大科技投入

一是持续增加 R&D 经费投入。2022 年广州 R&D 经费保持较快增长，达 988.36 亿元，比上年增长 12.1%，总量居全国第 4 位。广州 R&D 经费投入强度取得新突破，为 3.43%，比上年提高 0.31 个百分点，是唯一实现连续 9 年增长的一线城市。广州应持续保持 R&D 投入的增长势头，为科技人才增长奠定牢固的基础。二是加大财政资金投入，对标国家自然科学基金项目，长期稳定支持广州市"启航—续航—领航"基础研究计划，构建广州市基础研究人才梯队。三是探索建立 STEM 海外青年人才储备计划，由政府投入一定资金与科技企业、高校和科研院所合作，设立岗位让归国青年科技人才开展研发创新工作，建立科技人才后备力量。

（四）加快科技成果转化

一是用好《广东省促进科技成果转化条例》《广州市科技创新条例》等科技成果转化文件中的相关政策，完善知识产权管理，推进科研成果落地应用。二是从"供给端"出发，在新型研发机构建立科研成果转化制度，并鼓励在广州进行成果转化，科研成果转化收益可用于企业投资注册和科研人员激励等，对于科研成果的著作权和使用权下放给科研团队，在经济上、个人发展上和荣誉上激励人才进行科技成果转化。三是从"需求端"出发，加快建设国际技术转移中心，通过引入海外技术服务机构、举办国际性科技产业论坛等形式，获取海外项目资源积累，面向全球企业征集技术和产品需求，牵线国内高校和产业智力资源进行目标明确的科技成果转化。

（五）着力打造优势产业

一是用好政策文件，如《广州南沙深化面向世界的粤港澳全面合作总体方案》中对南沙地方的年度新增债务限额和年度用地指标，以资金和土地等生产要素支持新能源汽车上下游产业链健康发展，并配套政策和场地支持无人驾驶等新技术应用场景先行先试，为产业人才提供广阔的事业发展平台。二是支持科技型企业集聚，对于年度利润总额、经营额度或融资额度在一定规模以上的科技企业，通过资金扶持、探索开放技术应用场景等支持政策；对特定科技金融团队和科技企业试行"监管沙盒"等措施，将具备高速增长潜力的科技企业列入特殊监管名单中，并豁免部分投资和法律监管责任，推动全新产业高速发展。三是发展壮大广州的产投母基金和创投母基金，吸引国内创投机构参与，引导社会资本"投早投小投科技"。由创投机构、合资基金和银行形成"创投融贷"闭环生态，支持龙头科技企业带动中小型科技企业成长。

参考文献

罗仙凤：《美国"创新与竞争"系列法案科技人才政策研究》，《竞争情报》2022年第3期。

刘旭、王明姬、王哲、田帆：《美国移民政策改革动向及对我国影响分析》，《中国经贸导刊》2022年第9期。

国际经济合作组织（OECD）：《科技创新指数2022》，https：//stats. oecd. org/Index. aspx？DataSetCode＝MSTI_ PUB。

李建华：《美国的科技人才政策体系及特点》，《中国科技人才》2022年第5期。

关成华：《美国建设创新强国之路的镜鉴》，《人民论坛·学术前沿》2022年第20期。

张志、袁磊：《美国STEM教育政策及其启示》，《教育与管理》2022年第30期。

吴文峰、李琦：《〈英国未来技术移民白皮书〉的理念、特点及对中国的启示》，《武警学院学报》2019年第7期。

谢会萍：《英国研究与创新人才状况调查及其启示》，《中国科技人才》2023年第5期。

顾承卫、李雪艳、李云杉：《德国"专业人才战略"对我国人才发展的启示》，《青海科技》2020年第3期。

B.14
广东高校与科研院所退休高知
老有所为调研分析

华南师范大学退协老龄问题研究会、广东省老科学技术工作者协会联合课题组*

摘　要：　课题组对广东高校与科研院所退休高知群体的老有所为现状及意愿进行了调研，发现超过90%的退休高知愿意继续为社会作出贡献，其中有超过1/4的人尚待发挥余热。这些老有所为的潜力集中在80岁以下年龄段，主要意愿包括为老年群体服务、以专业为社会服务及参加志愿者活动。发挥专长的最佳途径是建立老年专业团体和项目制工作形式。为此，建议加强老有所为平台建设，设立对接机构，并做好退休高知的养老生活保障。

关键词：　老有所为　退休高知　养老需求　高校　科研院所

随着时代的发展，我国在改革开放初期培养的一大批科技教育界的精英和人才，已经陆续到了退休的年龄，逐渐离开自己的工作岗位。他们有的曾被国家选派出国留学深造，具有深厚的科学理论造诣，有的曾是国内一些新兴学科和新技术领域的创始人与奠基人，有的曾长期在学科创新、科技攻关和科技人才培育的一线岗位上默默奉献，有的是在领导岗位上组织管理与运

---

* 课题组组长：陈忠暖，华南师范大学老龄问题研究会教授。课题组成员：何天杰，华南师范大学老龄问题研究会教授；杨小报，华南师范大学老龄问题研究会副研究员；乔东林，华南师范大学老龄问题研究会副研究员；关文明，华南师范大学老龄问题研究会副教授；张声才，华南师范大学老龄问题研究会副教授；丁武军，华南师范大学老龄问题研究会教授；刘琼发，华南师范大学老龄问题研究会教授；刘新霞，华南师范大学校医院主任医师；石丽红，华南师范大学离退休教工党委副研究员；钟民，华南师范大学离退休办公室工程师。执笔人：陈忠暖等。

行不同层次的科教事业，都是我国科教战线上不可多得的宝贵财富。

在加快发展新质生产力、扎实推进广东省高质量发展的背景下，由广东省老科技工作者协会立项资助，开展了"广东高校与科研院所退休高知群体老有所为及养老需求的调查研究"。课题组着眼于广东省科技教育界的高端部分，对部分驻穗高校与科研院所的退休高知老人进行了有关老有所为及养老需求的问卷调查，同时也通过座谈会方式对关系者进行访谈与咨询，以期获得对广东省这部分人群在老有所为方面的现状与意愿的认知，并为相关部门提供可资参考的意见和建议。

一　课题的基本情况概要

课题选择了省科学院、省农科院、中科院广州分院（南海所、能源所）、中山大学、华南理工大学、暨南大学、华南师范大学、华南农业大学8 家高端的科教单位，以 8 家单位已经退休的高级知识分子，即退休前具有副高或副处及以上职称或职务的退休人员为研究对象。课题组围绕老有所为和养老需求两大问题，分两次共发放 700 份调查问卷，回收有效问卷 588份，组织两轮包括领导、专家和关系者的座谈与咨询会议，对退休高知群体的老有所为和养老生活的现状、需求、态度、认知和意见进行收集整理和分析研判，撰写成调研报告。

全部有效问卷的男女比例为 65：35。出生年份最大的为 1920 年，最小的为 1964 年，平均出生年份为 1949 年，出生年份的中值是 1950 年，人数最集中的出生年份是 1957 年。年龄构成以 60~69 岁最多，占比 41.0%，其次为 70~79 岁，占比 30.0%，80~89 岁占比 26.2%，90 岁及以上占比2.6%（见图 1）。

专业背景以理工科为多数，占比 62.6%，文科占比 20.1%，行政管理占比 13.9%（见图 2）。退休前职称职务级别构成为正高职称的占比 37%，副高职称的占比 42%，正副处级或以上（含双肩挑）的占比 18%，有 3%的受访者没有填写。

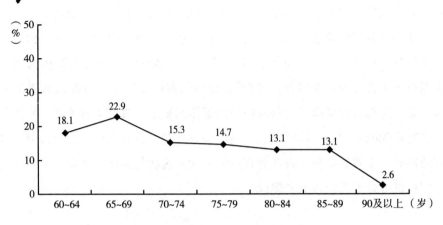

图 1　调查样本的年龄段构成

资料来源：调查问卷统计所得。

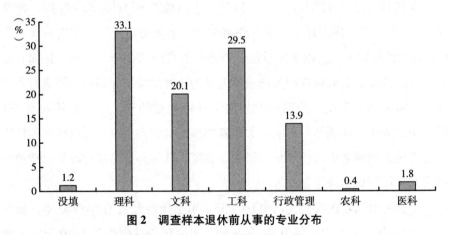

图 2　调查样本退休前从事的专业分布

资料来源：调查问卷统计所得。

仅以性别比、年龄分段比例、专业背景构成三项指标为依据，将调查样本的数据与单位退休人员统计数据进行两者的相似度计算，得到相似系数为0.293（在0~1区间变化，数值越大，相似度越高），即调查样本与单位全数统计的相似度为30%。以3.3%的抽样率获得30%的相似度，由于采取了结构性布卷，与一般相似度为百分之几至十几的随机抽样调查相比，其代表性更可获得接受。

二 科教界退休高知发挥老有所为的重要性

科技教育界退休高级知识分子老有所为的重要性不容忽视，它对于社会、学术界、教育界以及科技领域都具有深远的影响，主要表现在以下几个重要方面。

知识与经验的传承：他们在长期的职业生涯中积累了丰富的知识和经验，包括最新的科技进展、教学方法、学术研究等。他们的退休并不意味着这些宝贵的知识和经验也随之消失。相反，通过适当的渠道和方式，他们可以将这些知识和经验传授给年轻一代，帮助他们在学术和职业生涯中更快地成长。

推动科技与教育的创新：尽管已经退休，但许多高级知识分子仍然保持着对科技和教育的热情。他们可以通过参与科研项目、开设讲座、指导研究生等方式，推动科技与教育的创新。他们的经验和洞察力可以为年轻人提供新的思路和方法，促进科技与教育的持续进步。

培养后备人才：高级知识分子通常具有很高的教学水平和指导能力，他们可以通过指导研究生、参与教学评估等方式，帮助培养后备人才。这对于提高教育质量和推动科技发展都至关重要。

服务社会和社区：退休的高级知识分子可以通过参与科普活动、为政府和企业提供咨询服务等方式，将他们的知识和经验应用于社会和社区。这不仅可以提高他们的生活质量，也可以为社会和社区的发展作出贡献。

促进学术交流与合作：这些高级知识分子通常具有广阔的国际视野和丰富的学术资源，他们可以通过参与国际学术会议、开展国际合作项目等方式，促进学术交流和合作。这对于推动科技发展、提高学术水平、增进国际友谊都具有重要意义。

总之，科技教育界退休高级知识分子老有所为的重要性在于他们可以通过多种方式继续为社会、学术界和教育界作出贡献，推动科技、教育和社会的持续进步和发展。

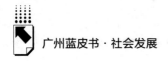

三 科教界退休高知群体是否存在可发挥的潜力

将老有所为的体现大致区分为参与专业工作及社会服务、参加各种社会团体等活动，分别以这两个角度进行考察。首先考察老有所为的现状，其次考察老有所为的意愿，最后将现状与意愿进行对比，从而得出是否存在有可发挥潜力的结论。

（一）老有所为的现状

对参与专业工作及社会服务的调查显示，参与的和基本不参与的大致为2:8（见表1）；对参加社会团体等活动的调查显示，参加的和基本不参加的大致为3:7（见表2）。

表1 参与专业工作及社会服务的占比

单位：%

参与状况		占比	
参与与基本参与	在（返）岗工作	12.55	21.72
	参与半年以上	8.17	
	不定期参与	1.00	
基本不参与	偶有参与	30.88	78.29
	未参与与未填写	47.41	
合计		100	100

资料来源：调查问卷统计所得。

表2 参加社团等活动的占比

单位：%

参加状况		占比	
参加和基本参加	每周都有参加	9.76	30.48
	经常有参加	10.56	
	不定期参加	10.16	

参加状况		占比	
基本不参加	偶有参加	16.14	69.53
	未参加与未填写	53.39	
合计		100	100

资料来源：调查问卷统计所得。

（二）老有所为的意愿

首先，从意愿的覆盖面和意愿的程度上看，在限填的三项老有所为意愿中，91.4%的人选择填写了至少一项，可认为是有意愿的人；选填两项的占比54.0%，可认为是有明显意愿的人；填满三项的占比23.9%，可认为是有较强意愿的人（见表3）。因此，有一半以上的高知老人有明显的老有所为意愿，而在有意愿的人中，有明显意愿的占比59%，有较强意愿的占比26%。

表3　科教界退休高知群体老有所为意愿的覆盖面及程度

单位：%

老有所为意愿	选填一项		选填二项		选填三项	
	人数	占比	人数	占比	人数	占比
填写	459	91.4	271	54.0	120	23.9
未填写	43	8.6	231	46.0	382	76.1
合计	502	100	502	100	502	100

资料来源：调查问卷统计所得。

其次，以首选意愿为例，看两大类老有所为活动的情况，参与专业工作及社会服务的愿望为46%，参加社团等活动的愿望也接近46%，而未填写意愿的不到10%（见表4）。

表4 科教界退休高知群体老有所为的首选意愿情况

单位：%

首选意愿		占比	
参与专业工作及社会服务	继续从事科学研究	11.75	46.21
	继续从事专业教育	7.97	
	以专业所长服务社会	24.10	
	为中小学生和科普做事情	2.39	
参加社团等活动	参加社会志愿者活动	20.32	45.97
	为老年群体做些事情	21.71	
	其他	1.99	
	低龄老人照护高龄老人	1.94	
未填写		7.83	7.83
合计		100	100

资料来源：调查问卷统计所得。

（三）老有所为现状与意愿的对比

将上述的现状与意愿进行对比我们发现，在参与专业工作及社会服务方面大概有25%的退休高知老人有愿望而无参与（见图3），而在参加社团等活动方面有15%的退休高知老人有愿望而无参加（见图4）。退休高知群体尚存在发挥老有所为的潜力。其中，参与专业工作及服务社会的潜力更胜于参加社团等活动方面的潜力。

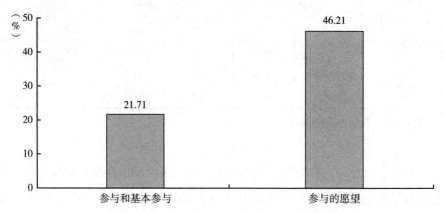

图3 参与专业工作及社会服务的现状与意愿

资料来源：调查问卷统计所得。

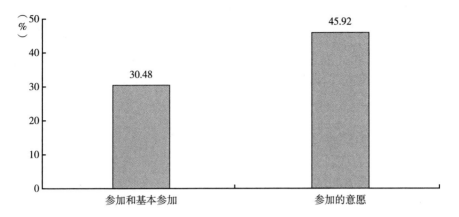

图4 参加社团等活动的现状与意愿

资料来源：调查问卷统计所得。

四 这些潜力分布在哪些人当中

年龄差异是普遍影响退休高知老人老有所为活力的主要因素，我们按不同年龄段来考察老有所为潜力的分布情况。

首先，从参与专业工作及社会服务方面来看。

由表5和图5可以看出，以60~74岁的潜力最高，保持在24%~33%；75~79岁潜力开始下降，由30%出头下降至20%出头；75~84岁潜力相对稳定，基本保持在23%；85岁及以后潜力快速下降，从百分之十几一路降到百分之几。

表5 分年龄段参与和基本参与工作及社会服务的现状与意愿

单位：%

年龄段	60~64岁	65~69岁	70~74岁	75~79岁	80~84岁	85~89岁	90岁及以上	不分年龄段
参与和基本参与	31.87	26.95	31.17	17.57	9.09	7.58	7.20	21.71

年龄段	60~64 岁	65~69 岁	70~74 岁	75~79 岁	80~84 岁	85~89 岁	90 岁及以上	不分年龄段
参与的愿望	63.64	51.31	63.63	40.54	31.83	21.21	15.38	46.21
潜力	31.77	24.36	32.46	22.97	22.74	13.63	8.18	24.50

资料来源：调查问卷统计所得。

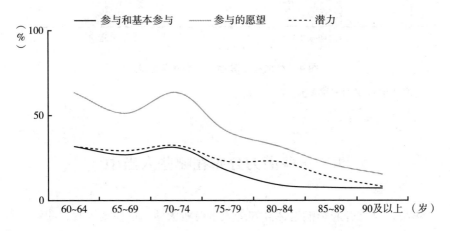

图 5　分年龄段参与和基本参与工作及社会服务的现状与意愿

资料来源：调查问卷统计所得。

总体来看，85 岁以前的潜力均保持在 20%或以上，最高处达 32.46%，85 岁及以后的潜力快速地下降。

其次，从参加社团等活动方面来看。

由表 6 和图 6 可以看出，75 岁前潜力是波动的，有的年龄段甚至出现负值，总体来说潜力都很低，说明其意愿与活力处在基本平衡的状态。75 岁及以后潜力大幅上升，到达 85 岁以后又掉落下来，但也比 75 岁前的潜力高。这说明 75 岁及以后参加社团等活动的意愿很高，但条件和限制也比较多，因此表现出潜力高企的状况。

表6 分年龄段参加社团等活动现状与意愿的对比

年龄段	60~64 岁	65~69 岁	70~74 岁	75~79 岁	80~84 岁	85~89 岁	90 岁及以上	不分年龄段
参加和基本参加	45.05	30.44	40.27	35.13	18.19	9.10	15.38	30.48
参加的意愿	36.91	41.83	33.76	52.70	57.83	62.38	38.46	45.92
潜力	−8.14	11.39	−6.51	17.57	39.64	53.28	23.08	15.44

资料来源：调查问卷统计所得。

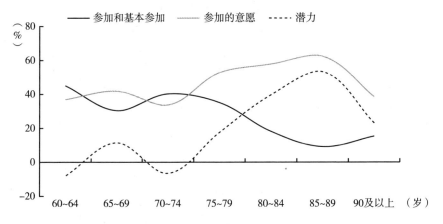

图6 分年龄段参加社团等活动现状与意愿的对比

资料来源：调查问卷统计所得。

总体来说，85 岁以前退休高知老人参与专业工作及社会服务的潜力较大，而 75 岁以后参加社团等活动的潜力上升，并保持着较高的水平。

五 退休高知有哪些方面的意愿

对从事老有所为工作的意愿进行具体的调查，从退休高知老人对 8 个选项填写的情况看，主要分为三个层次。

第一层次属于综合得分很高覆盖面也很大的选项，得分最高的是"愿为老年群体做些事"，选择的覆盖面达到 43.0%；得分排第二的是"以专业为社会服务"，选择的覆盖面为 36.7%；得分排第三的是"参加公共志愿者活动"，选择覆盖面为 35.8%。

第二层次为得分中等的选项，分别是"继续从事科研""继续从事专业教育""愿为中小学生做些事"。它们的分数都与第一层次选项的差距很大，选择覆盖面各自也都在 20% 以下。

第三层次选项的得分和覆盖面都很小，可以被认为基本没有什么群体意义（见表7）。

表7　退休高知可以老有所为的方面

老有所为意愿	综合得分（分）	覆盖面	第一选项		第二选项		第三选项	
		占比(%)	人数(人)	占比(%)	人数(人)	占比(%)	人数(人)	占比(%)
继续从事科研	193	13.6	59	11.8	7	1.4	2	0.4
继续从事专业教育	185	14.6	40	8.0	32	6.4	1	0.2
以专业为社会服务	472	36.7	121	24.1	46	9.2	17	3.4
参加公共志愿者活动	451	35.8	102	20.3	67	13.3	11	2.2
愿为老年群体做些事	515	43.0	109	21.7	81	16.1	26	5.2
愿为中小学生做些事	132	16.6	12	2.4	25	5.0	46	9.2
低龄老人照护高龄老人	42	8.2	10	1.9	8	1.6	24	4.7
其他	38	4.0	10	2.0	8	1.6	2	0.4
未填写			39	7.8	228	45.4	373	74.3
合计			502	100	502	100	502	100

资料来源：调查问卷统计所得。

六　通过何种途径来实现老有所为

通过问卷调查分析，退休高知对老有所为的实现途径有下面的看法。

得分最高的是"建立老年专业团体介入老有所为"，80% 的受访者选择了此项，说明大部分人认为建立老年专业团体是发挥他们专长的最佳方式。老年专业团体的建立可以提供一个平台，让退休的高知老人能够相互交流、分享经验，同时为社会的需要提供一些专业服务。

得分排在第二位的是"老年大学或银发科研院应具备的功能"，有 70% 的受访者选择了这一项。老年大学或银发科研院可以提供一个环境，让退休高知老人继续学习、探讨和研究，以多年积累的知识与经验，为社会提供一些教育和科研服务。

得分排在第三位的是"以项目制形式进行工作"，有62.5%的受访者选择了这一项。以项目形式进行工作可以让他们根据自己的专长和兴趣，有针对性地选择适合自己所做的事情，项目具有目标与任务比较明确，操作上有一定的自主性，有利于更好地发挥他们的专长、经验和熟练的技能（见表8）。

表8 老有所为的途径选择

单位：分，%

实现途径	综合得分	占比
建立老年专业团体介入老有所为	219	80
老年大学或银发科研院应具备的功能	170	70
以项目制形式进行工作	167	62.5
用人单位以合同征召	107	80
专门机构进行中介对接	63	33.5

资料来源：调查问卷统计所得。

总的来说，高校与科研院所退休高知老人继续发挥自己专长的最佳途径是建立老年专业团体介入老有所为工作，同时也是目前老年大学或银发科研院应当具备的功能。而以项目制形式进行工作则是他们中的大多数人最乐意接受的一种弹性工作方式。

七 助力者应该做些什么

（一）在退休高知老人云集的科研院所与高校，推进与完善老有所为的平台建设

目前在高校与科研院所等单位中，各种退休社团主要关注老有所乐、老有所学方面的需求，不管是组织者或参加者都比较忽视发挥和利用退休

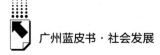

高知老人的专业学识和职业经验，这种状态与该群体反映出来的老有所为愿望形成了强烈对比。积极地组织与建设与老有所为相关的平台，是改变这种错位的有效举措。例如，建立资深（银发）研究院和助力高知老人的专业性汇集，通过组织化平台获得适合他们做的专业工作和项目，征集高知老人个人或团队来完成。又如，对老年大学进行功能性改革，它不仅限于老有所学，而且可以为那些退休的科技和教育工作者创造发挥其丰富的专业工作经验和职业智慧的平台。在承担对新入职教师和中学教师的培训方面，在组织编审大学的课程标准和授课规范、提供授业指导方面，在为中学教师的教学研究、为中小学的研学教育提供帮助与指导方面，在为中小学生开展科普工作方面，在搭建高校与中小学教师的互促联动平台方面等，都可以发挥积极的作用。

（二）充分发挥退休高知老人管理与服务自身群体及相关涉老事务的主动积极性

为老年群体自身服务是退休高知老人集中反映的一个主要意愿，但目前在涉老工作事务上，他们基本上处于被安排与被支配的"他者"地位，这无论是从他们所具备的经验、智慧与能力，还是对工作的透彻理解以及与自身群体的相关性等方面来说，都是一种资源的闲置与浪费，一种社会性的浪费。打破常规，通过招聘有能力愿奉献的 65~70 岁的低龄高知老人，让他们入驻单位、社区及政府涉老部门的管理岗位，对国家、社会、老年群体自身都是不无有利的举措。这也是对发达国家在一些管理部门中充分利用长者资源的经验借鉴。

（三）政府主管科教的职能部门设立相应机构对接与指导老有所为工作，并在编制预算时配备专门的运作经费

在科技厅、教育厅及退休高知云集的市和区级政府的主管科技教育的职能部门内，考虑设立专职办或指定专人负责运作与筹划发挥退休高知老人作用方面的工作，广泛地与各地老科协、老年大学、各老科技工作者专业团体

进行联系与对接，引导他们为地方建设和发展，为国家与社会的需求贡献自己的才智与专业知识。同时，配备必要的预算经费，用于开展常态化工作所需。

在相关职能部门的下属单位，可以借鉴国外的经验，设立"银发人才中心"，秉承高知老人自主、自立、工作、互助的理念，促进高知老年群体参与社会服务和弹性就业。其运营模式是，首先，中心与政府、企事业单位、社会组织、老年人家庭及个人进行合作，明确各方需求及应尽的责任；其次，中心根据各方需求将老年人与用人单位相匹配，并为老人提供一定的培训以便更好地完成任务；最后，按合同根据老年就业者的工作内容和时间支付报酬，获得的收入不计入个人所得税范畴。这样既能调动老年人的社会参与，满足其社会需求，也在一定程度上保障了老年人的经济来源。

（四）在社会团体层面，建立各种老年专业性团体，有效介入老有所为

建立老年专业团体是受访者最为集中且置于首位的看法。高知老人退休以后虽有经验与余力，但面对被前任职单位和专业团体双重的组织性边缘化，显得十分的无奈，这就是这一看法背后的缘由。

发挥老科协和退协组织的牵头统筹作用，组建和成立退休高知群体自己的各类专业分会，以团体的力量恢复因退休而被边缘化的影响力和地位，以此为专业领域的组织化平台，有效介入老有所为工作，更好地利用自己的专业所长和丰富积累为国家和社会再作奉献。

（五）在政府与社会需求外包中，充分利用退休高知专业团体的经验与智慧

在政府部门与企事业单位的招标、委托等需求中，专门设置和指定一部分需要有长者智慧的专业性项目，面向高知老人的专业团体或高校的老年大学和科学院所中的资深研究院等。

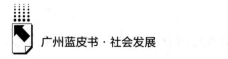

（六）做好退休高知老人的养老生活保障

妥善应对科技教育界退休高知群体的养老生活需求，是发挥他们老有所为潜力的后援保障。建议在下拨给院所的经费中确定一个合适的比例，专门且有计划地使用于退休高知老人在医疗与健康监护、生活照护、居室适老化改造、高标准友好社区整备、高品质文化氛围营造等方面的支出。

参考文献

中共中央、国务院：《关于加强新时代老龄工作的意见》，2021 年 11 月。

中共中央办公厅、国务院办公厅：《关于推进基本养老服务体系建设的意见》，2023 年 5 月。

中共广东省委办公厅、广东省人民政府办公厅：《关于加强新时代老龄工作的实施意见》，2023 年 5 月。

教育部等十部门：《国家银龄教师行动计划》，2023 年 7 月。

中国科协等八部门：《关于加强新时代老科学技术工作者协会工作更好发挥老科技工作者作用的意见》，2023 年 6 月。

教育部办公厅：《关于做好银龄教师支持民办教育行动实施工作的通知》，2024 年 1 月。

曾思怡：《从新质生产力看广东的实力与挑战》，《时代周报》2024 年 3 月 12 日。

文婧：《日本银发人才中心给中国老年人再就业的启示》，《深圳职业技术学院学报》2020 年第 2 期。

社会服务篇 ▷

B.15

广州大型客运枢纽集疏运一体化
技术与实践研究

张 孜*

摘 要: 大型客运枢纽是城市对内对外交通衔接的重要节点,集疏运工作
直接影响客运枢纽的运营效率和服务水平。为提升大型客运枢纽的集疏效能
与数智化管理水平,近年来,广州市交通运输管理部门坚持以人民为中心的
发展思想,综合利用大数据、人工智能等新一代信息技术,构建集各交通方
式全样感知—状态可监测、异常可预警—过程可回溯、趋势可推演—运输资
源可实时配置于一体的大型客运枢纽集疏智能化技术体系,并在广州南站、
广州火车站、广州白云站、广州东站、白云机场实践应用,支撑城市交通运
力调度、客流疏导等工作,在保障广大市民春运、国庆等节假日出行方面发
挥着重要作用,有效推动了广州市智慧交通高质量发展。最后提出完善信息
共享共用机制、强化业务协作联动能力、加强新兴技术融合应用等大型客运
枢纽集疏运一体化发展建议。

---

* 张孜,博士,高级工程师,从事交通科技和信息化的管理与技术工作。

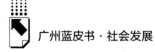

关键词： 大型客运枢纽　集疏运一体化　智慧交通

　　城市大型客运枢纽是大规模客流集散的交通站场，是城市综合交通运输体系高质量发展的重要组成。国家、部委层面出台了一系列政策指导综合交通建设与发展，2016年国家发展改革委印发《关于打造现代综合客运枢纽提高旅客出行质量效率的实施意见》，指出要加强各种交通方式衔接与枢纽一体化服务；2021年国务院印发《"十四五"现代综合交通运输体系发展规划》，提出打造综合交通枢纽集群，提升全球互联互通水平和辐射能级，提高集群内枢纽城市协同效率，推进综合交通枢纽城市建设，持续增强区域性综合交通枢纽衔接转运能力，提升综合交通枢纽城市在全国范围内的辐射能力和资源要素配置能力。面向新时代人民美好交通出行需要，在政策战略的指导与驱动下，全国各城市纷纷加强大型客运枢纽的综合服务、中转集散、内外辐射能力建设。

一　城市大型客运枢纽集疏运现状及问题

　　城市大型客运枢纽承担大量对内对外交通客流，枢纽集疏运衔接压力大，现有研究与应用大多集中在枢纽规划、站内设施布局、枢纽交通接驳影响、旅客信息服务等方面，为大型客运枢纽管理服务提供理论基础与实践参考。[①] 但由于大型客运枢纽的运营服务主体分散存在信息壁垒，同时客流构成复杂，且在节假日极易发生客流激增，大型客运枢纽集疏运管理服务仍面临严峻挑战。

---

① 叶斌、王钶、郜俊成等：《特大型高铁综合客运枢纽规划设计关键技术研究》，《现代交通与冶金材料》2023年第6期；胡春平：《客运枢纽换乘效率及流线组织方法研究》，博士学位论文，北京交通大学，2014；蒋玲钰、陈方红、彭月：《综合客运枢纽功能区空间布局优化研究》，《铁道运输与经济》2009年第11期。

（一）大型客运枢纽信息感知不足

大型客运枢纽接驳交通方式多、客流构成复杂。从交通方式看，包括民航、铁路、长途客运等城际交通方式，以及地铁、公交、出租、网约车和私家车等市内交通方式；[①] 从客流构成看，包括市内前往市外客流、市外到达市内客流、市外中转市外客流以及市内中转市内客流。

当前大型客运枢纽衔接的各种交通方式运营独立，一般情况下，城市交通管理部门难以掌握民航、铁路的交通客流情况，对于市内交通方式客流感知也不尽充分。例如，公交客流通常是以乘客上车支付数据来分析获取，但是乘客下车情况并不了解，这就导致难以掌握搭乘公交到达枢纽的客流量。并且，由于大型客运枢纽承担较多的市外中转市外客流，这部分客流可能以现金投币支付公交费用，也会影响枢纽的公交集疏客流的分析精度与时效。例如，出租车与网约车客流，通常以出租车压表数据、网约车订单两类数据来分析枢纽集疏客流，但是这两类数据只能了解出行时间与地点信息，无法掌握客流量情况。

信息感知是大型客运枢纽集疏运管理服务的基础，信息掌握不足会影响城市交通管理部门对枢纽运转运行情况的判断，不利于从全局角度制定科学、合理的集疏运工作决策与措施。

（二）大型客运枢纽资源供需难以评估

大型客运枢纽从规划建设阶段开始，开展了大量的调查、设计、分析、研究等工作，一般情况下常态交通运力组织能够满足枢纽运转运行需要，但在节假日等高峰时期，大型客运枢纽客流量急剧增加，枢纽交通运力资源面临供不应求形势。

为了响应大型客运枢纽高峰时期增加的客流需求，一般从城市其他场所

[①] 王宇：《基于大数据的综合客运枢纽离站客流疏散效果评价研究》，硕士学位论文，重庆交通大学，2021。

调配运力支援集疏，如果调配过多交通资源，会导致枢纽的交通资源闲置浪费，而其他场所交通资源紧张；如果调配的交通资源不足，会影响枢纽运转，严重的时候可能导致安全隐患。例如，枢纽对外发送交通方式运力不足时，旅客不能及时离站，可能导致大量旅客滞留。因此，在节假日等高峰时期，根据集疏运客流需求来调配交通资源是大型客运枢纽集疏运工作的重要环节，由于节假日等高峰时期枢纽客流需求存在波动性、变化性，集疏资源供需情况难以准确评估。

同时，大型客运枢纽集疏资源的供需评估需要大量的数据支撑，如各种接驳交通方式运力数据、客流数据、突发事件数据、周边道路运行数据等多方面数据，枢纽信息感知不足进一步影响集疏运资源供需评估的准确性。

（三）大型客运枢纽集疏运决策依赖经验与跨部门协同不足

大型客运枢纽的集疏运可以理解为通过合理的集疏组织方案，最大限度地利用交通设施和资源，实现旅客的快速换乘和流畅转移，提高整体运行效率和服务质量。由于大型客运枢纽集疏运管理服务涉及多个部门，包括交通管理部门、各交通方式运营企业、地方政府等，集疏运管理服务涉及跨领域分析与跨部门协作。

在以往集疏运决策管理服务中，往往依赖于个人知识和经验判断，缺乏科学高效的信息处理与决策支持，无法全面、准确、实时地了解大型客运枢纽运行情况，难以评估各类型客流、各方式运力、各部门交通组织等多要素叠加的演化，导致大型客运枢纽资源调度、交通组织分析与应急管理等集疏决策的准确性和有效性受到限制，难以适应大型客运枢纽集疏管理服务需求。

同时，当前大型客运枢纽集疏运管理服务各部门的数据孤岛现象普遍存在，不同部门之间缺乏及时有效的信息交流和数据共享机制，一方面导致枢纽信息感知分散、跨部门协作管理沟通成本高，另一方面也阻碍了以数据深度挖掘支撑跨行业、跨领域、跨部门的集疏运业务协同，容易导致资源组织不匹配、应急响应迟滞等问题，影响大型客运枢纽综合管理服务质效。

二 城市大型客运枢纽集疏运一体化需求

大型客运枢纽是综合交通运输体系建设的重要抓手，是加快建设交通强国、推进中国式现代化的有力支撑。面向新时代人们美好交通出行需求，提高人们交通出行的安全感、获得感、幸福感，大型客运枢纽集疏运管理服务需做好以下几个方面的工作。

（一）夯实信息感知基础，强化枢纽交通运行监测

大型客运枢纽衔接的对内对外交通方式多，且各种交通方式服务分别由不同主体运营。同时，交通系统是一个开源、动态、复杂的巨系统，交通运行具有时变、非线性等特点。因此，大型客运枢纽信息感知具有全域、动态两个重要属性。全域要求对大型客运枢纽衔接的全部交通方式运行情况与枢纽运行情况进行感知，包括各交通方式运力、各交通方式客流、枢纽各区域在场客流、枢纽周边道路路况、交通管制措施以及天气等；动态要求实时跟踪大型客运枢纽运转运行情况，能够及时、准确地反映枢纽全域状态。因此，需要持续推进跨部门信息共享，强化枢纽人、车、路等交通要素动态采集，提高大型客运枢纽交通运行监测能力。

（二）深化数据挖掘应用，赋能枢纽集疏运综合业务

随着社会经济的不断发展，人们对于交通出行的需求也更趋品质化，通过数据挖掘应用支撑交通需求分析、资源调度、组织优化与方案评估，是提升交通运输服务品质的重要手段。通过跨部门数据集成、挖掘、应用，不仅可以消除大型客运枢纽不同主体信息不确定性，促进形成一致性业务认知与协作，还有利于挖掘发现集疏运措施不足，持续促进综合管理服务能力提升。因此，强化数据挖掘与应用，利用数据赋能大型客运枢纽状态监测、规律分析、趋势预测、资源评估、效果推演、复盘评价等应用是发展的必然要求。

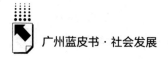

（三）加强业务协同联动，支撑枢纽应急管理服务

为了做好大型客运枢纽跨部门、跨行业、跨领域业务协作，不少枢纽的交通管理部门、运营企业、地方行政部门等相关组织建立了联动机制，并且通过提前制定应急预案响应紧急情况。然而大型客运枢纽场景复杂、衔接交通方式多、承接客流量大，导致应急响应措施涉及面广，对社会交通影响大，因此准确评估应急预案的有效性尤为重要。为了促进大型客运枢纽更精细化联动协作，需要建立集全面监测、综合分析、措施联动、推演评估于一体的技术体系，支持交通管理部门、运营企业、地方行政部门等相关组织实时了解枢纽运行情况，对紧急情况下的应急响应措施进行综合分析与评估，强化大型客运枢纽的应急管理服务。

三 广州大型客运枢纽集疏运一体化应用实践

广州南站客流量连续多年稳居全国第一位，单日铁路旅客到发量达到86.5万人次，是全国最繁忙的高铁站；白云机场2023年旅客吞吐量6317.4万人次，连续多年稳居全国第一位；广州白云站2023年12月26日正式投入运营，未来可能成为亚洲最大的火车站。为解决大型客运枢纽集疏运业务中存在的痛点问题，广州市交通运输管理部门基于广州市"一个中心、三大平台"智慧交通体系，聚焦大型客运枢纽客流集疏业务需要，构建了各交通方式全样感知；状态可监测，异常可预警；过程可回溯，趋势可推演；运输资源可实时配置的全流程集疏智能化技术与应用体系，升级完善"智慧交通"系统，支持广州南站、广州火车站、广州白云站、广州东站、白云机场等大型客运枢纽智能集疏运保障工作。

（一）各交通方式全样感知

为了全面掌握大型客运枢纽运行情况，广州市交通运输管理部门集成铁路、民航、公交、地铁、出租、网约车、公路客运、私家车、高速公路、城市道路、手机信令、视频卡口等海量数据资源，在广州五个大型客运枢纽实现了各交通方式全样感知。全样感知是对枢纽衔接的全部交通方式进行感知，通过直接信息手段掌握全部交通方式的运力与客流情况。

城市对外交通方面，通过跨部门共享感知广州每天 1500 多个航班数据、每天 1000 多次列车运行及其客流数据，对接长途客运售检票业务信息系统数据，掌握 6000 多辆长途客运大巴运行及客流情况。

城市对内交通方面，利用车载终端、卫星定位、各业务信息系统等感知掌握广州 15000 多辆公交车、22000 多辆巡游出租车、14 万多辆网约车以及近 40 万辆共享单车等实时位置与业务等数据，通过集成 20 多万路视频、卡口、高速收费站检测、ETC、互联网众包数据等，掌握全市 5000 多公里城市道路与近 9000 公里公路的路况及过车情况。

依托对内与对外交通数据资源，广州市交通运输管理部门针对大型客运枢纽开展精细化分析，利用通信运营商信令、机器视觉等感知和共享数据实现对区域客流、集疏客流、区域运力、集疏运力、周边路况等多维分析。此外，通过数据共享掌握 300 多个气象监测站数据以及 400 多个水浸点位监测数据。集成数据超过 20 大类，日均处理数据 2 亿多条，为大型客运枢纽等区域交通动态监测奠定了丰富优质的数据基础。

（二）状态可监测，异常可预警

为了准确评估分析大型客运枢纽资源供需关系，提高大型客运枢纽运行情势监测能力与高峰客流情形的响应能力，充分发掘数据资源价值，广州市交通运输管理部门构建了全方位、多维度、立体化综合监测指标体系，建立客流、运力动态监测模型及算法，实时监测大型客运枢纽对内对外交通运行状态，同时针对关键监测指标建立预警机制，高效响应异常情况保障集疏有序顺畅。

1. 城市对内对外交通运行状态监测

宏观层面，利用信令驻留时空数据研发城市交通客流解析算法，监测城市出行总人数、常在人群、旅居人群、访客人群、过客人群、城际流入、城

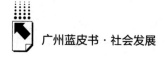

际流出等客流情况，支撑城际迁入、迁出客流数量与交通方式等分析。

微观层面，融合手机信令与各交通方式业务信息系统数据，实时监测大型客运枢纽的区域聚集客流、流入流出客流、各交通方式可用运力、流入流出运力、客流来源流向、驻留时长等运行情况，实现区域内客流与交通运力的多维度动态监测。此外，利用众包路况数据、视频卡口等数据，对大型客运枢纽周边城市道路运行情况进行监测。

2. 大型客运枢纽运行异常预警

在广州五个大型客运枢纽建立了以区域聚集客流、可用运力为关键指标的预警机制，运用机器学习和数据挖掘技术，对历史数据和实时数据进行分析，实时监测客流与疏运运力的异常情况。设定合适的阈值，当指标超过或低于阈值时，如枢纽区域聚集客流过高或可用疏运运力不足，则会触发预警机制。例如，在广州南站构建了巡游出租车可用运力的预警模型，综合分析广州南站疏运需求与可用运力匹配情况，一旦广州南站的巡游出租车可用运力低于阈值，就会触发预警机制。

（三）过程可回溯，趋势可推演

在各交通方式运力与客流等供需情况监测基础上，广州市交通运输管理部门固化数据提取分析方法回溯历史运行情况，支持复盘与疏运经验总结；通过客流预测模型实现不同时间尺度客流趋势推演，深度挖掘历史数据与实时数据对疏运方案进行评估推演，基于仿真构建大型客运枢纽数字孪生模型，支持复杂场景下大型客运枢纽运行趋势预判与资源供需推演评估。

1. 大型客运枢纽运行状态回溯

为了挖掘大型客运枢纽运行规律与特征，在各交通方式全样感知与客运枢纽状态多维监测的基础上，广州市交通运输管理部门组织技术单位，利用大数据、视频智能化等技术，实时分析各交通方式集疏客流情况，掌握枢纽对内各种交通方式不同时段的分担率及其差异。例如，地铁正常运营、加班运营、停运不同时段，各交通方式客流疏运分担不同。同时，通过固化分析模型，支持全天候小时粒度回溯分析集疏运历史客流，有效支持集疏组织方案评估。

2. 大型客运枢纽趋势预测与推演

为了强化大型客运枢纽运行趋势研判分析，广州市交通运输管理部门组织技术单位，利用大数据融合、人工智能等技术实现了大型客运枢纽趋势预测，其中客流预测方面，平均预测精度在非节假日达95%、节假日达90%。同时，为了提高大型客运枢纽的应急管理服务能力，广州市交通运输管理部门组织技术单位利用交通仿真、数字孪生等技术，针对复杂场景智能推演集疏运方案效果，辅助大型客运枢纽集疏资源调度与组织工作。

（四）运输资源可实时配置

为了高效响应大型客运枢纽集疏需求，广州市交通运输管理部门组织技术单位，结合各个大型客运枢纽特殊时段交通方式客流分担规律，加强多源数据动态分析，支持特殊时段多交通方式资源协同调度。

大型客运枢纽的交通运输服务由不同企业运营，由于运营企业与交通管理部门对于资源配置产生的成本收益敏感性不同，交通运输管理部门并不能对所有交通方式的运力作自主安排，这也增加了客运枢纽不同运输资源协调配置与调度的难度。为此，广州市交通运输管理部门组织技术单位，结合历史运行情况分析运力协调可得性，针对不同场景（如地铁正常运营、地铁加班运营、地铁停运）下各交通方式分担率特征，建立多方式协同疏运决策分析技术体系，支持实现运输资源高效协同调度。

以广州南站夜间疏运为例，夜间"红眼"列车到站后，地铁、公交可能存在不同程度停运的情况，导致旅客不能及时疏散。综合地铁运营信息、公交运营信息、出租运力情况、列车计划到站信息、枢纽区域聚集客流等数据，重点加强出租车流入流出、在场驻留时长监测，实现"运力监测、运力预警、资源配置与调度、响应需求、预警解除"全流程一体化智能化应用。

（五）应用成效

近几年来，广州市交通运输管理部门通过持续深化大型客运枢纽集疏运工作，不断完善"智慧交通"系统，在广州南站、广州火车站、广州白云站、广州东站、白云机场5个大型客运枢纽，实现对交通需求、供给、环境的全面动态感知、深度融合分析以及智能辅助决策，有效支撑春运、清明、五一、端午、中秋、国庆、元旦等节假日期间大型客运枢纽客流集疏运，并为大型客运枢纽日常管理与突发应急响应提供系统支持。同时，也为长途客运站、重要景点、商圈、地铁站等100多个客流集中区域提供交通疏运组织管理与服务。例如，为琶洲国际会展中心广交会展览、中山纪念堂"非遗进景区"文化体验活动以及重阳节时期白云山交通与安全保障提供重要支撑。

由于应用成效突出，广州大型客运枢纽集疏运工作受到中国政府网、央广网、新华社、中国交通新闻网、广东电视台、《广州日报》等主流媒体广泛报道，获得了"世界智慧城市大奖·中国"出行大奖、中国"互联网+交通运输"创新创业大赛一等奖、全国"雪亮工程"优秀创新案例、"粤治—治理现代化"优秀案例等荣誉。

四 大型客运枢纽集疏运一体化发展建议

大型客运枢纽作为城市交通综合管理服务的主阵地，是城市交通数字化转型成果的最直观场景。面向新时代美好交通出行需要，未来需持续加强数据共享共用，加强数据挖掘提高数据利用价值；强化跨业务协作联动能力建设，促进综合交通运输服务高质量发展；推动大数据、人工智能、大模型等新兴技术赋能大型客运枢纽全链条一体化管理与服务；依托大型客运枢纽集疏运智能化建设应用，加快推进区域城市群交通一体化发展，促进区域城市群经济高质量发展。

（一）完善信息共享共用机制

大型客运枢纽涉及城市交通多行业、多领域，为了做好集疏运管理服务，需要完善信息共享共用机制，持续推进枢纽相关行业、领域数据共享共用。一是要建立统一的数据标准，确保不同部门和机构的数据能够被统一理解和应用。二是要搭建信息交换平台，方便各方及时共享相关数据和信息。三是要强化数据安全管理，明确数据共享共用的安全职责与要求，避免因权责不明阻碍数据创新应用。通过数据共享共用，促进大型客运枢纽集疏运业务创新，挖掘大型客运枢纽集疏运管理服务提升空间，并以此推进跨业务协作联动。

（二）强化业务协作联动能力

大型客运枢纽也面临着危机挑战，包括交通设施突发故障、恶劣天气引发大面积运力晚点或停运，为了提高紧急情况的应急响应能力，需要持续强化业务协作联动能力建设。一是要制定跨部门、跨业务、跨行业协调协作机制，明确各方责任和协作流程，确保业务协作高效执行。二是要建设统一的跨业务协作平台，方便不同部门依托平台的数据处理分析，实现信息交流、资源共享、业务决策等方面协同，促进不同交通运输领域的企业、交通管理部门以及地方行政部门的高效协作。业务协作联动是强化大型客运枢纽应急管理能力、保障交通运输运行安全性的有力手段。通过强化业务协作联动能力建设，可以更好地应对大型客运枢纽集疏工作中的挑战，促进综合交通运输服务高质量发展。

（三）加强新兴技术融合应用

大型客运枢纽作为城市交通的关键节点，在人民美好交通出行需求持续高涨以及新兴技术快速发展的趋势下，未来如何利用人工智能、大数据和大模型等新一代信息技术，持续提升大型客运枢纽集疏运管理服务质效仍然是重要课题。大型客运枢纽集疏运管理服务涉及综合监测、需求分析、趋势预测、供需评估、资源调度、应急响应等多个方面业务，且大部分业务之间存在运行关联。通过新兴技术融合，支撑枢纽集疏运业务一体化，可为大型客运枢纽集疏运管理服务提供更智能、高效和环保的场景解决方案，实现精细化运营、个性化服务、自动化决策，提高大型客运枢纽全链条业务支撑能力。

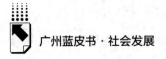

参考文献

叶斌、王钶、郜俊成等：《特大型高铁综合客运枢纽规划设计关键技术研究——以高铁南京北站综合客运枢纽为例》，《现代交通与冶金材料》2023年第6期。

胡春平：《客运枢纽换乘效率及流线组织方法研究》，博士学位论文，北京交通大学，2014。

蒋玲钰、陈方红、彭月：《综合客运枢纽功能区空间布局优化研究》，《铁道运输与经济》2009年第11期。

王宇：《基于大数据的综合客运枢纽离站客流疏散效果评价研究》，硕士学位论文，重庆交通大学，2021。

B.16
2023年广州市交通运输邮电业
运行情况分析

广州市统计局服务业处课题组*

摘　要： 2023年，广州市立足新阶段，凭借现代化高质量综合立体交通网络，实现客、货运量显著增长，两指标在年末分别以76.3%、2.6%的增速达全年峰值。此外，辖区主要交通核心竞争力持续增强，其中客运枢纽白云机场和广州南站的旅客吞吐量和发送量均位列全国第1，货运枢纽广州港货物吞吐量保持世界第5。尽管行业取得了良好恢复，但是行业部分指标尚未恢复至2019年同期水平，主要枢纽的能级还需进一步提升，货运企业生产过程中遇到的效益下降等问题值得关注。建议通过多措并举提振需求，加快交通枢纽能级建设，优化营商环境等措施，不断提升广州市交通枢纽能级和运输企业核心竞争力，打造开放共享、保障有力的现代物流供应链，为广州市乃至全国的经济社会发展作出更大的贡献。

关键词： 交通运输业　客运枢纽　货运枢纽　广州市

　　2023年是广州市立足新阶段，紧紧围绕省委"1310"具体部署和市委"1312"思路举措，以"二次创业"的精神加快构建现代化高质量综合立体交通网络的一年。全市综合运输服务水平持续提升，交通物流保通保畅有力

---

　　* 课题组成员：刘钰，广州市统计局服务业处处长；莫广礼，广州市统计局服务业处副处长；冯晓琦，广州市统计局三级主任科员。执笔人：冯晓琦。

推进，综合立体交通网络加快完善。全市客、货运量在第一季度实现开门红后，全年保持良好恢复态势，年末分别以76.3%、2.6%的增速双双达到全年峰值（见表1）。主要交通枢纽核心竞争力不断提升，白云机场旅客吞吐量和广州南站旅客发送量均居全国第1位；广州港货物吞吐量、集装箱吞吐量均保持在世界第5位。与此同时，仍需关注部分行业主要指标尚未恢复至2019年同期水平，机场、港口主要枢纽能级还需进一步提升，运输企业在生产运营中面临的问题值得关注。

表1　2023年广州市交通邮电业主要指标及增长情况

主要指标	全年		前三季度		上半年		第一季度	
	总量	同比增长（%）	总量	同比增长（%）	总量	同比增长（%）	总量	同比增长（%）
客运量（万人次）	30471.19	76.3	22841.64	65.6	14186.19	70.7	6631.72	45.4
铁路	13092.96	95.2	9997.45	77.5	6039.47	82.4	2819.87	49.4
水路	432.14	255.3	335.27	225.2	207.98	428.9	95.74	403.6
公路	7838.00	17.9	5784.59	17.4	3801.94	21.7	1803.95	19.0
航空	9108.09	139.7	6724.33	115.1	4136.80	125.6	1912.16	67.8
货运量（万吨）	92861.92	2.6	67267.78	1.5	43897.58	1.9	20401.68	0.1
铁路	2524.63	7.0	1846.74	6.4	1203.47	13.2	578.14	15.2
水路	37316.84	0.9	26797.99	2.8	17579.00	2.6	8530.48	2.2
公路	50516.43	3.4	36991.96	0.6	24004.85	1.2	10697.95	-2.3
航空	133.08	21.1	94.13	12.2	59.00	7.4	27.27	-2.4
机场旅客吞吐量（万人次）	6317.35	142.0	4630.24	111.1	2893.67	134.6	1369.18	61.8
机场货邮吞吐量（万吨）	203.11	7.8	143.98	-1.3	90.84	-8.5	42.24	-16.4
港口货物吞吐量（万吨）	67498.45	2.9	50067.72	2.9	33086.67	4.6	15585.25	4.3
港口集装箱吞吐量（标准箱）	2541.44	2.2	1883.86	2.8	1227.48	3.5	567.30	2.6

资料来源：广州市统计局网站。

一 各行业运行情况及特点

（一）客运量高位运行

2023 年，市民探亲访友、观光旅游、商务务工等需求快速释放，全市客运量快速反弹，全年完成客运量 3.05 亿人次，同比增长 76.3%，增速较前三季度和上半年分别提升 10.7 个和 5.6 个百分点。从全年趋势看，客运量高位运行特征明显，自第二季度起，全年均保持在 65% 以上的增长速度。从出行方式看，水路客运量突破 400 万人次，航空客运量倍增，铁路客运量高位运行，公路客运量快速恢复。

水路客运量突破 400 万人次。2023 年，广州珠江游品牌搭乘文旅融合东风，相关运营主体围绕"一船舶一主题，一码头一景观"发展思路，持续丰富"红联水岸""珠水流金"等水岸联动产品，品牌建设和品质升级均得到多维度提升，游船运力达 34 艘、客位达 9310 个。受此拉动，全年水路客运量在 2023 年首次突破 400 万人次，全市完成水路客运量 432.14 万人次，是上年的 2.55 倍。

航空客运量实现倍增。2023 年航空市场需求持续恢复，航空企业生产经营持续向好，全市累计完成航空客运量 9108.09 万人次，同比增长 139.7%，增速较前三季度和上半年分别提升 24.6 个和 14.1 个百分点。在国内暑假和国庆等节假日、国际航线放开以及逐步恢复的带动下，航空客运量环比上半年增长 20.2%，其中，7 月、10 月单月客运量超 2019 年同期水平。

铁路客运量高位运行。2023 年广铁系统聚焦春暑运、小长假、广交会、新线新站开通、高铁提质达速等时期，科学研判客流走势，持续优化运力布局。全市完成铁路客运量 13092.96 万人次，同比增长 95.2%，增速较前三季度和上半年分别提升 17.7 个和 12.8 个百分点。其中，高铁发送量占全市铁路客运量的八成以上，同比增长 98.7%。

公路客运量快速恢复。2023 年，全市完成公路客运量 7838.00 万人次，同比增长 17.9%，增速较前三季度提高 0.5 个百分点，较上半年回落 3.8 个百分点。随着高铁路网覆盖面不断扩大，网约车、顺风车、私家车等日益普遍，营运性公路客运占比不断缩减。目前，公路客流主要来源于通勤包车，全年 3 月、11 月单月客运量破 700 万人次。

（二）货运量稳步提升

2023 年，全市完成货运量 9.29 亿吨，同比增长 2.6%，增速较前三季度和上半年分别提升 1.1 个和 0.7 个百分点。其中，航空货运量增长最好，铁路货运量增速有所放缓，公路货运量稳步增长，水路龙头企业货运量保持平稳（见图 1）。

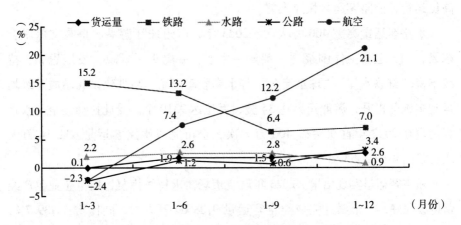

图 1　2023 年各种运输方式货运量增长情况

资料来源：广州市统计局网站。

航空货运量快速恢复。2023 年，民航局"五个一"政策取消、客机腹舱可用运力增加、中航货运航空有限公司复飞等多项利好叠加低基期效应，航空货运累计增速自 8 月首次突破两位数后全年持续走高。全市完成航空货运量 133.08 万吨，同比增长 21.1%，较前三季度和上半年分别提升 8.9 个和 13.7 个百分点。

铁路货运量增速有所放缓。2023 年，广州积极拓展国际联运通道，加快发展多式联运和快捷物流，全力打造"轨道上的大湾区"。全市铁路完成货运量 2524.63 万吨，同比增长 7.0%。2023 年以来，铁路货运累计增速在 2 月率先转正，2~7 月均保持 2 位数增长，8 月起增速降至个位并波动运行。受基数影响，全年铁路货运量增速比前三季度提高 0.6 个百分点，但较上半年和第一季度分别回落 6.2 个和 8.2 个百分点。

公路货运量稳步增长。2023 年，全市完成公路货运量 5.05 亿吨，同比增长 3.4%，增速较前三季度和上半年分别提升 2.8 个和 2.2 个百分点。分季度看，第一季度至第四季度分别完成货运量 1.07 亿吨、1.33 亿吨、1.30 亿吨、1.35 亿吨，其中第一季度、第三季度货运量同比分别下降 2.3%、0.5%，第二季度、第四季度货运量同比分别上升 4.2%、12.1%，第四季度恢复最好。

水路货运量保持平稳。2023 年，全市完成水路货运量 3.73 亿吨，同比增长 0.9%，全年增速基本保持平稳。回顾 2023 年，全球干散货航运市场整体低迷，广州市龙头企业克服燃油价格居高不下、船舶绿色节能化改造带来的成本上升，全年完成货运量 2.33 亿吨，同比增长 2.9%，增速比全市水路货运增速高 2.0 个百分点。

（三）白云机场实现旅客吞吐量"四连冠"

2023 年，白云机场完成旅客吞吐量 6317.35 万人次，同比增长 142%，实现国内单体机场旅客吞吐量"四连冠"。其中，国内航线完成 5500.00 万人次，同比增长 1.2 倍；国际航线完成 768.62 万人次，同比增长 8.9 倍。全年完成货邮吞吐量 203.11 万吨，同比增长 7.8%，其中国内航线完成 65.34 万吨，同比增长 46.3%；国际航线完成 130.51 万吨，同比下降 4.4%。目前，白云机场通航点数 236 个，已超 2019 年（234 个）水平，其中国际及地区定期航点总数 72 个、国内航点 164 个。

（四）港口规模位列世界第5

2023 年，广州港完成货物吞吐量 6.75 亿吨，集装箱吞吐量 2541.44

万标箱，同比分别增长 2.9%、2.2%，规模均为世界第 5。广州港枢纽功能不断强化、作业效率与服务水平不断提升、集疏运体系建设不断完善。2023 年新增 8 条外贸航线，年内广州港共有外贸航线 162 条、内贸航线 106 条。其中，南沙港外贸航线 156 条，占比 96.3%。全年运营海铁联运班列 37 条，其中普通集装箱班列 17 条，散改集装箱班列 13 条，商品车班列 4 条，中欧中亚班列 3 条。2023 年累计完成海铁联运箱量 43.57 万标箱，同比增长 72.9%。

（五）邮政电信业实现两位数较快增长

2023 年，全市完成邮电业务总量 1416.94 亿元，同比增长 14.8%，增速较前三季度和上半年分别提升 6.1 个和 8.3 个百分点。其中，邮政业累计增速在 4 月转正后逐步走高，全年完成邮政业务总量 1004.62 亿元，同比增长 14.7%，增速较前三季度和上半年分别提升 8.4 个和 11.2 个百分点；电信业全年持续保持 2 位数较快增长，全年完成电信业务总量 412.32 亿元，同比增长 15.0%，增速较前三季度和上半年分别提升 0.4 个和 1.2 个百分点。

二　需关注的问题

（一）客流、货流尚未恢复至疫情前同期水平

2023 年随着疫情防控平稳转段，叠加低基期因素，全市客、货主要指标年内呈现快速反弹，总体增长较好。但对比 2019 年数据可知，部分指标尚未恢复至 2019 年同期水平。其中，水路货运量恢复至 2019 年同期的 83.7%，铁路客运量恢复至 2019 年同期的 90.1%，航空客运量、货运量分别恢复至 2019 年同期的 94.6%、95.2%，尤其是国际航线恢复有待提速，机场旅客、货邮吞吐量分别恢复至 2019 年同期的 86.1%、79.7%。综上可知，广州市客流、货流总量还未恢复至疫情前同期水平。

（二）主要交通枢纽能级仍有提升空间

白云机场虽第四年保持单机场旅客吞吐量第一，但从城市整体规模而言不及上海、北京、成都等拥有双机场的城市。2023年，上海市、北京市双机场共分别完成旅客吞吐量0.97亿人次、0.92亿人次，规模已经逼近1亿人次。成都市双流、天府机场合力完成0.75亿人次，规模超广州1000余万人次。

交通运输部数据显示，1~11月广州港货物吞吐量维持在全国第5。从货物吞吐量规模来看，宁波舟山港以12.28亿吨货物吞吐量遥遥领先；唐山港、上海港分别完成7.62亿吨、7.60亿吨，位居第二梯队；青岛港、广州港分别以6.34亿吨、6.18亿吨居第三梯队。从增速看，广州港同比增长2.8%，增速相对不高（见表2）。

表2　2023年1~11月主要城市港口货物吞吐量情况

单位：亿吨，%

指标	宁波舟山		唐山		上海		青岛		广州	
	总量	增长	总量	增长	总量	增长	总量	增长	总量	增长
货物吞吐量	12.28	5.6	7.62	10.0	7.60	14.8	6.34	4.4	6.18	2.8

资料来源：交通运输部网站。

（三）多重因素导致货运企业经营压力增加

一是运价徘徊在较低水平。2023年，部分货运龙头企业反馈市场订单不如预期，行业竞争导致运价徘徊在较低水平。其中，全年国内沿海散货运价指数为1014.91点，比上年同期下降9.7%；国际航空运输协会（IATA）相关分析师指出，2023年因中国客机腹舱运力的补充，航空运力总体供大于求，导致运价较2022年下降接近三成。

二是燃料价格高位运行。燃料支出往往占运输企业总成本的30%以上，个别企业甚至达50%左右。2023年,国际原油价格虽有波动,但基本延续了2022年时期的高位运行态势,12月布伦特原油期货价格收于81.07美元/桶,环比上涨1.5%,同比仅下降3.9%。

三是环保政策导致企业成本激增。目前欧盟多个国家已经对航空运输企业征收多项航空环保税,如排碳税、气候税、噪声税等,此外还严格限制航班起降时间,导致运输企业运输环节增加进而增加成本。为应对即将执行的欧盟航运碳税规则,远洋船舶运输企业集中在年内进行船舶岸电和尾气脱硫节能减排改造。

三 行业发展的对策建议

(一)多措并举提振需求,助力经济良性循环

围绕服务保障现代化产业体系建设,加快构建安全、便捷、高效、绿色、经济、包容、韧性的可持续交通体系,着力做好增活力、防风险、稳预期、保畅通、降成本、提质效等各项工作,助力全市经济良好运行。

一是把恢复和扩大消费摆在优先位置。政府持续通过发放消费券、出台积极消费引导政策、合理增加居民收入等方式促进居民消费,进而促进商旅客流、货物流通。

二是通过创新产品和服务增加消费新需求。5G赋能、数字驱动、个性化和定制化产品目前受消费者青睐,相关部门要指导生产、销售企业紧盯市场动态,调整相关产品的生产从而加速广货广出;继续在旅游+文创、旅游+美食、旅游+研学、旅游+赛事等一系列创新服务的基础上提高服务品质进而吸引更多游客。

三是不断提升广交会、中国跨境电商交易会、各类产业大会辐射面和影响力,为广州制造提高能见度,以城市品牌吸引更多客流来穗;同时帮扶传统物流企业、货物代理企业转型升级,重点培养供应链企业,积极为广州品牌走向海外牵线搭桥。

（二）合理规划加快发展，优化主要交通枢纽能级

一是加速白云机场 T1 和 T2 航站楼硬件和软件联通，积极推动高铁、城际、地铁等轨道交通融入机场集输散体系，让多层次空铁联运提升白云机场的集输散能力。此外，要联合各大航空公司，丰富国内国际各种联程、跨司中转的出行产品，实现"一站式办理、一次性通关完成中转"，让广大旅客体验"经广飞"的便捷与顺畅。推动白云机场三期西飞行区建设，T3 航站楼及相关配套设施按时投入使用。

二是继续优化港口功能布局。完善南沙港区泊位、航运、物流和配套体系建设，紧盯南沙港区国际通用码头施工进度，重点攻坚南沙港区五期工程，优化完善南沙港区物流仓储和生产配套设施进而提升南沙港区的核心承载力。港口企业要加强市场营销和货源组织，引导集装箱货源和航线向南沙集聚。通过提升重箱率、开辟高质量的国际航线、运输高附加值的货物等，不断提升港航生产质量。

（三）持续优化营商环境，推动交通运输服务提质增效

经济增长动力来源于企业，行业主管部门应通过开展座谈、调研走访等方式了解运输企业经营之所难，持续落实落细各项惠企扶持政策，指导协助企业申报并做好奖补资金审核等工作，不断破除制约企业发展的体制机制障碍，激发市场活力，促进交通物流运输行业发展。此外，航空、港口等职能部门可研究探索进一步缩短航线补贴政策的申请兑现时限，扩大广州港口船舶排放控制补贴资金申请项目范围，积极出台有关油价补贴政策，加强对交通运输企业的金融支持。多措并举持续优化营商环境，以良好的产业生态吸引并培育更多具有国际竞争力的现代物流企业，着力构建开放共享、保障有力的现代物流供应链，为经济发展保通保畅提供优质交通运输服务保障。

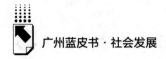

参考文献

郭俊发:《粤港跨境公路运输业面临的挑战与对策》,《交通企业管理》2008 年第 2 期。

王译:《交通运输与社会经济发展关系研究》,《现代商贸工业》2010 年第 2 期。

2023年南沙妇女社会服务创新
发展现状分析报告 *

广州市南沙区妇女联合会、广州市粤港澳大湾区（南沙）改革创新研究院联合课题组**

摘　要： 作为党和政府联系妇女群众的桥梁和纽带，广州市南沙区妇女联合会通过近年开展的社会服务项目、社会创新交流等活动，促进了粤港澳女性发展，并取得了良好成效。下一步，区妇联将从南沙妇女事业高质量发展入手，继续发挥"联"字优势，以巾帼不让须眉的榜样力量号召更多女性投身南沙建设。推动南沙妇女事业高质量发展，应持续关注妇女健康需求，提供精准服务；搭建赋能体系，打造一支精干高效的妇女干部队伍；联动社会资源，共同推进妇女工作全面发展。

关键词： 湾区女性　妇联　广州南沙

为深入学习贯彻习近平总书记重要讲话精神及中国妇女十三大精神，落实省委"以高质量发展为牵引、高水平推进现代化建设"要求，进一步促进南沙区妇女干部健康发展，提升整体素质和综合竞争能力，本文以南沙区

---

* 本文是广州市南沙区妇女联合会、广东省决策咨询基地广州大学粤港澳大湾区改革创新研究中心的研究成果。

** 课题组成员：麦羡贞，广州市南沙区妇女联合会主席；谭苑芳，博士，广州大学广州发展研究院院长、教授，广州市粤港澳大湾区（南沙）改革创新研究院理事长；粟华英，广州南沙粤澳合作促进会项目主任，广州市粤港澳大湾区（南沙）改革创新研究院研究员，经济师；王岩，博士，广州大学广州发展研究院特聘副研究员，广东省社会科学研究基地国家文化安全研究中心研究员；臧传香，广州大学管理学院博士，广州市粤港澳大湾区（南沙）改革创新研究院研究员；杨丽红，广州大学马克思主义学院硕士研究生。执笔人：谭苑芳、王岩。

妇女干部作为样本代表，采用问卷调研和实地调研等相结合的调研方法，深入调研南沙区妇女干部高质量发展现状及问题，并提出对策，以完善当前南沙区基层妇女干部赋能体系，从而为妇联提高工作成效、进一步改善组织内基层妇女干部的管理工作提供帮助。

一 南沙区妇联社会服务创新交流工作的成效与实践经验

近年来，南沙区妇女联合会坚持发挥"联"字优势，在权益保障、乡村振兴、创新创业、港澳交流等方面引领妇女参与南沙经济建设，开展妇女相关工作，取得明显成效。团结引领全区广大妇女坚定不移听党话、跟党走，筑牢理想信念、激扬巾帼之志、彰显巾帼担当，深化与各界妇女的合作，助力南沙成为立足湾区、协同港澳、面向世界的重大战略性平台。

（一）践行人民至上理念，提升妇女儿童获得感幸福感安全感

一是区妇联牵头、多单位推动"一站式"取证办案中心作为保护女童等未成年人合法权益的维权阵地，并推荐承办单位获得全国维护妇女儿童权益先进集体称号。

二是加强普法，印发《关于加强对妇女儿童司法救助工作的意见（试行）》，完成区人大常委会妇女权益保障专题调研。

三是积极探索"妇联干部+律师+心理咨询师+社会工作者"的多方联调工作模式。实现婚调室在各镇（街）全覆盖，形成"1+9+N"（1个婚调委、9个婚调室、N个妇联维权阵地）婚调维权体系。以南沙区妇联作为试点的"平安家庭智慧治理"项目，获评2020~2022年度"广州市市域社会治理优秀创新项目"和南沙区2022年度"十大法治创新实践案例"，"未成年人保护专员"工作机制获评广东自贸区南沙片区"2021~2022年度十大创新成果"。

四是开展公益创投项目，七届公益创投活动共资助项目72个，资助资

金 429.12 万元，撬动社会资金约 162 万元，开展线上线下活动 6000 多场次，直接服务逾 14 万人次，间接服务逾 43 万人次，项目涵盖妇女服务、儿童服务、家庭服务、综合服务等方面，为广大妇女儿童提供多元化、个性化的精准服务。

（二）做实民生实事，巾帼头雁领航乡村振兴

一是对首批"巾帼头雁村"进行授牌，正式启动第二批"巾帼头雁村"打造计划，链接了 18 家企业与两批（12 个）"巾帼头雁村"进行村企结对共建，为乡村振兴提供更大的发展平台。各基层发挥自身优势，拓宽村企共建的渠道，助推各类支农资源与乡村振兴需求有效对接，促进巾帼头雁村的集体经济和乡村治理共同发展。

二是在各镇街多地开展美丽庭院建设活动，如以榄核镇坳尾村为试点创建的"美丽庭院"。通过活动，建成"美丽庭院"积分超市 1 间、妇女儿童驿站 1 处，房屋外墙改善和墙绘 1000 多平方米，村容村貌得到进一步提升，人居环境得到进一步改善。此外，南沙区妇联对获选 2022 年度省"美丽庭院"的 8 户家庭进行广泛宣传，动员南沙区 9 个镇街、165 个村居委，高质量推进"美丽庭院"创建工作，营造整洁、优美、健康、向上、和谐的乡村环境。目前共推荐 2023 年广州市"美丽庭院"16 户、示范户 2 户、示范村 1 个。

（三）联动社会力量，巾帼行动丰富多彩

一是积极发动巾帼科技人才的征集工作，构建、充实广州市巾帼科技人才库。在南沙区范围内共征集 44 名女科技工作者入库，建立健全女性科技人才的长效机制，充分发挥女性科技人才"智库"作用，进一步科学管理女性科技人才队伍，加快湾区高技能人才创新建设。

二是走访多家科技企业，让女性科技人才"聚起来"。发动南沙区企业参加 2023 年中国创新创业成果交易会之"智赋湾区　科创她力量"广州巾帼科技先锋专场路演活动，展现女性科技人才在产业转型升级和经济高质量

发展方面的新成果新成效以及科技女性在未来产业中的"她"智慧与"她"力量，为项目汇聚资源、对接需求和科技成果转移转化搭建桥梁，促进科研成果转化落地。

三是联动高校资源，与广州科技贸易职业学院共同开展乡村振兴训练营，在横沥、万顷沙、榄核举办直播赋能培训、特色农产品电商品牌打造与推广，提升当地妇女创业就业能力，为有志从事农产品直播和短视频营销的妇女提供免费学习平台，通过技能培训和项目实践，提升实践实效，为巾帼创业发展注入新的活力和动力。

（四）共绘湾区同心圆，粤港澳妇女融合协同发展

一是把握重要基点，深入实施家家幸福安康工程。承办"湾区一家亲 合力育新人"2023湾区家庭家教家风建设广州交流活动，首个湾区妇儿组织交流阵地——穗港澳妇女儿童交流基地正式揭牌。

二是举办南沙·港澳女性精英主题沙龙活动4场及圆桌会议1场，引领港澳科创相关行业妇女主动融入国家发展大局。积极搭建粤港澳女性交流平台，促进南沙打造成为立足湾区、协同港澳、面向世界的重大战略性窗口，2023年12月1日举办"科创她力量 融湾新征程"广州市南沙区2023年湾区女性社会服务创新圆桌会议，促进优秀女性交流互动并进一步深化南沙女性创业创新服务。

三是编制印刷四期《粤港澳妇女社会创新服务内参》，为粤港澳地区妇女工作服务的发展提供理论和学习借鉴的支撑。为学习借鉴其他城市或地区妇女儿童工作的先进经验，助力南沙区妇联工作不断深化改革，推动各项工作高质量发展，粤港澳大湾区（南沙）改革创新研究院向区妇联提交了粤港澳妇女社会创新服务内参并印发共800本。内参除了以往的"广东动态""香港动态""澳门动态""她山之石"四个栏目，还增加了"理论研究"和"环球女界"栏目。其中"理论研究"栏目多为学术性文章，在原来的基础上提升了理论素养，"环球女界"栏目帮助拓宽视野并囊括多种前沿性妇女儿童事业。内参把各地有代表性、借鉴性

的妇女儿童工作经验收集在一起，理论与实际相结合，更好地为妇联工作提供强有力的支撑。

（五）南沙女性对妇联社会服务创新交流工作的满意度

回顾2023年，南沙区妇联开展了以下五个创新创业相关的项目：公益创投、乡村振兴训练营、巾帼头雁村、三项工程羊城行动、女性赋能沙龙。其中，53.1%的调查对象认为女性赋能沙龙项目帮助最大，并有45.4%的受访者认为其"效果较好"。女性赋能沙龙以其形式丰富、主题多样的特点及优势，迎合了南沙女性实际需求。往年主题分别是"金融赋能巾帼力量·共助湾区高质量发展""情绪管理成功 职场生活轻松""阅享生活 赋能女性智慧""非遗传承与创新 绽放巾帼之风采"，参与人数达232人，从金融、心理健康、阅读、非遗文化传承与创新四个方面助力湾区女性发展。

二 南沙女性生活工作现状调查结果分析

为更好地服务南沙女性，进一步了解南沙女性情况，课题组于2023年11月针对女性生活工作现状等问题开展了问卷调查，以妇女干部为调查对象，回收有效调查问卷共173份。

（一）南沙女性职场工作分析

1. 学历及职场基本情况

3.6%的女性干部为研究生学历，55.5%的为本科学历，34.3%的为大专学历，6.6%的为高中/中职及以下学历。职位及薪酬方面，调查对象中有45.9%的女性为普通员工，21.9%的为管理层，其中每月工作收入5001～10000元的占比43.8%，3000～5000元的占比39.7%，仍然有8.9%的女性月收入在3000元以下。收入在家庭中占比30%～50%的女性有55.9%，占比50%以上的有24.1%，占比30%以下的有20%。工作状态评价方面，

57.5%的女性对自身工作状态比较满意，30.8%的女性认为自身工作状态一般。在工作对女性是否重要方面，65.8%的女性认为"非常重要"，32.9%的女性认为"重要"，1.4%的女性认为一般，没有选择"不太重要"及"不重要"的女性。

2. 职场观分析

在性别是否影响女性职业发展方面，50.7%的受访对象认为相同情况下男性的机会更多，32.9%的女性则认为没有影响。在影响女性职业发展有哪些因素方面，选择"婚姻和家庭生活"的达72.6%，其次为"生育问题"（54.8%）、个人能力（50.7%）、职场性别区别对待（44.5%）。在如何帮助提高女性的职业发展竞争力方面，选择"国家建立健全女性就业保障制度"的最多（73.3%），其次为"营造良好工作氛围和公平竞争的机会"（63.7%）、"政府有关部门、妇联等组织对女性的帮扶"（58.9%）。对自身所在单位的女性福利的评价方面，42.2%的女性认为"比较满意"，35.7%的女性认为"一般"，11.2%的女性认为很满意，1.4%的女性认为不太满意。此外，67.8%的女性希望所在单位能为女性职工提供周期性妇科检查，其次是职业技能培训（61.6%）、心理健康咨询（51.4%）、为哺乳期员工提供母婴室（27.4%）。

（二）南沙女性婚恋生育观分析

1. 南沙女性婚恋生育基本情况

受访对象中，86.2%的女性为已婚已育，其中51.2%的女性已育1孩，45.6%的女性已育2孩。4.1%的女性为已婚未育，其中60%的女性计划生育2孩，40%的女性计划生育1孩。8.3%的女性为未婚，其中未来愿意谈恋爱的占比75%，愿意结婚的占比41.7%，愿意生育的占比50%。

2. 南沙女性婚恋生育观

在认为婚姻是否是人生的必选项上，47.9%的受访女性认为婚姻是人生的必选项，41.8%的女性则认为婚姻不是人生的必选项。关于是否生育，45.9%的受访对象认为生育是人生的必选项，44.5%的受访对象认为生育并不是人生的必选项。在选择最实用的鼓励生育政策上，29.2%的女性认为增加育儿假最为有效，有24.8%的女性选择了生育补贴，14.6%的女性选择男女同休产假。

（三）南沙女性自我认知分析

1. 生活满意程度

对目前生活状态的总体评价上，超八成女性满意目前的生活状态，"很满意"的占比24.7%，"比较满意"的占比60.3%，"一般"的占比13%，不太满意的占比2.1%，没有选择不满意的。

2. 自信心认知

各受访者对本人自信心进行打分，分值为1~5分。1.4%的女性打1分，4.8%的女性打2分，32.9%的女性打3分，37.7%的女性打4分，23.3%的女性打5分。受访对象的自信来源于以下几个方面，54.1%的女性认为自信来源于"性格"，其次为"工作能力"（46.6%）、家庭情况（41.1%）、人际关系（37.7%）、身高（27.4%）、外貌（24.3%）、学历（23.3%）、身材（21.2%）、收入（11.6%）、社会身份（9.6%）。在如何提升自信心方面，71.2%的女性选择"努力工作"，61.6%的女性选择运动健身，其余依次是学习培训（54.8%）、服饰装扮（43.8%）、增加社交（40.4%）、美容化妆（32.2%）、兼职赚钱（24%）、创业（21.9%）、医美整形（6.2%）。

3. 大部分女性对自身目前生活状态比较满意，但焦虑情况仍不容忽视

14%的女性经常感到焦虑、压力大或烦躁不安，74.5%的女性表示偶尔出现这种情况。对于造成焦虑的原因，60.3%的女性选择"经济压力较大"，其次为"工作方面"（61%）、"孩子教育管理"（53.4%）、"人际关系处理"（24.7%）、"身材或容貌焦虑"（21.4%）、"婚姻方面"（20.5%）、"与家庭成员的关系"（18.5%）、赡养老人（15.8%）。

4. 女性对新时代成功女性的定位分析

对于新时代成功女性的风貌是什么，87.7%的女性认为是"经济和思想

上独立自主"，其余依次是"关爱自己，且能帮助身边的人"（69.2%）、"拥有幸福美满的家庭"（56.2%）、"拥有受人尊敬的人格魅力"（47.9%）、"传递正能量，为社会作贡献"（46.6%）、"有强烈的社会责任感和同情心"（43.8%）、"有一定的社会影响力或社会地位"（34.2%）、"在其他所处的领域有一定成就"（33.6%）。在女性对经济社会发展有贡献方面，72.6%的受访对象认为是各行各业优秀女性大量涌现，62.3%的女性认为是"女性就业领域逐渐拓展"，53.4%的女性认为是"女性在家庭文明建设中发挥独特作用"，48.6%的女性认为是"女性政治地位显著提高"，47.9%的女性认为是"女性受教育人数及就业人数逐年递增"，44.5%的女性认为是"女性参与国际交流与合作日益广泛"。

三 南沙区妇联工作创新发展瓶颈及南沙女性需求分析

（一）南沙区妇联工作创新发展瓶颈

1.人才匮乏

基层女干部管理能力不足，人才队伍综合素质有待提高，先进的管理理念和创新能力不足，高效的人才队伍建设的继续教育模式还没有形成。从整体来看，部分妇女干部存在自主学习意识不强、服务妇女群众的本领较弱、参政意识薄弱、工作创新能力不足等方面问题，整体素质还需进一步提高。在女性就业创业上，巾帼创业就业示范带动作用有限，未能充分发挥本地资源优势和生态优势，在引进外来资源与当地特色资源相结合，打造本土特色产业，培育新产业、新业态方面缺乏经验。如何把不同领域妇女个体优势转化为巾帼品牌、发挥联动效应，还要进一步引导。

2.阵地作用发挥不够

基层妇女组织的阵地建设及机构设置受人员编制、工作经费等现实情况影响，仍需进一步完善。南沙区首个（执委）工作室刚完成创建，还在摸索阶段，影响力、辐射带动能力还十分有限。线上妇联阵地功能单一，多局限于线上单方面发布工作动态、分享政策动态等思想组织引领层面，线上的政策解答、信息查询、互动社区等板块功能开发不够，服务成效还十分有限。

3. 社会力量参与程度不高

在妇联社会创新服务工作上，还需基层及广大妇女群众参与，妇联组织是妇女群团组织，并不具备政府部门的领导权力，因此，在推动社会参与妇女工作时受到多方面的限制。目前，社会动员渠道和机制有待完善，基层群众的组织化程度与对基层治理的参与程度不足。且包括企业在内的社会力量发展不充分，参与方式单一，"三新"领域妇女组织组建仍有难度。

（二）南沙女性需求分析

1. 女性在权衡家庭和事业之间需要更多的支持和帮助

女性在家庭和事业之间的权衡一直是一个复杂的议题。这不仅涉及个人的选择和价值观，还与社会文化、经济结构、政策支持等多个层面紧密相连。在传统观念中，女性往往被赋予更多的家庭责任，如照顾孩子、老人等。这使得她们在追求职业发展的同时，还要承担沉重的家庭负担。因此，社会各界应该共同努力，推动家庭责任的平等分担。例如，鼓励企事业单位建立灵活的用工制度，提倡共担家庭责任，如鼓励父亲参与育儿、家务等家庭责任，减轻母亲的家庭负担。此外，推动建立托管服务机构，为有需要的家庭提供儿童托管、家政服务等，营造一个更加包容和支持女性发展的社会环境。

2. 构建多样化、多层次的健康管理服务体系

在南沙区，女性健康需求主要体现在以下几个方面。一是妇科常规检查和妇科疾病诊治服务，这需要完善的妇科医疗体系作支撑，能够及时采取措施，预防或早期发现疾病。二是心理需求。妇女心理健康服务的需求日益增长，需要建立心理健康咨询服务体系，以满足南沙女性心理健康管理需求。三是日常健康咨询服务。帮助女性解答关于健康方面的疑问，从而提供个性化的健康建议。

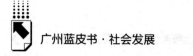

3. 更多的社会参与机会

提升女性社会参与机会不仅关乎女性的权益和平等，也对社会的整体发展和进步具有深远影响。许多女性希望通过各项社交活动，包括职场、志愿活动、社区活动等，能够更好地融入社会，发挥自己的作用。在此过程中，通过打破性别歧视和刻板印象，建立女性社会组织等形式，能帮助女性更好地互相支持和合作，共同推动女性社会力量的提升。

综上所述，南沙区妇联需要根据调查结果，有针对性地开展更多多样化、个性化的服务项目，满足女性不同类型的需求，为南沙女性提供更好的服务和支持。

四　南沙妇女事业高质量发展政策思考及建议

（一）关注妇女健康需求，提供精准服务

1. 提供健康管理服务

通过开展健康知识科普讲座、健康生活方式宣传以及健康教育手册的制作发放等活动，提高对健康问题的认识和重视程度。在宣传教育中，应该突出强调妇女常见疾病的防治知识，如乳腺癌、子宫颈癌、妇科疾病等，帮助女性及时了解疾病的症状和预防方法，提高健康管理的自我意识和能力。

2. 提供心理调适支持

许多女性既要兼顾事业，又要照顾家庭，这使得她们在权衡事业与家庭之间产生了较大的心理压力。通过线上线下、团体个人等多元化服务，以培训及服务的形式，给予基层妇女干部适当的心理调适支持，帮助她们调整工作及生活压力，提高主体意识、独立意识和自强意识，成为自信自强、遇事沉稳冷静、开放热情、意志坚定的基层妇女干部。

（二）搭建赋能体系，打造一支精干高效的妇女干部队伍

1. 建立女干部成长机制

根据基层女干部特点和成长规律，开办多种形式的培训班。组织部门和

妇联系统应对新当选的村居"两委"女性成员进行持续的系统的培训，课程设置要接地气、有针对性，在强化政治教育、提高政治修养的同时，要提升理论水平、分析解决问题、统筹管理和沟通交流的能力，促使女干部靠出色的成绩赢得群众的认可和支持，打造高素质的妇联干部队伍，持续推动南沙妇女儿童事业高质量发展。

2. 加强巾帼人才队伍建设

充分整合各村居的公共空间资源，通过培训为村居女性赋能，加强各村居志愿服务队的队伍建设，继续推进"我是妇联执委，我为妇女群众办实事"活动，引导妇联执委主动走进身边妇女群众，在基层社会治理和妇女群众工作中，始终坚持问题导向，紧紧围绕"有效"二字，进一步推动"改革破难"，更好地发挥各级妇联执委作用，充分发挥"生力军"的担当作用、"领头雁"的引领作用、"主心骨"的凝聚作用。辐射带动全区农村因地制宜推进工作，充分发挥妇女在社会生活和家庭生活中的独特作用，凝聚推进城乡融合发展的强大巾帼合力，助推农业强、农村美、农民富取得实质性进展。

（三）联动社会资源，共同推进妇女工作全面发展

1. 开展企业实地走访工作

深入挖掘一批女性科技人才集聚的典型企业。这些企业科技含量高、经营效益好、示范带动强，可以作为巾帼科创示范点，为其他企业树立榜样。这不仅有助于激发广大妇女在服务经济发展中的更大作用，还能促进女性科技人才的培养和发展，为科技创新注入新的活力。

2. 增强妇联组织的"联"字效应至关重要

妇联组织作为联系妇女群众的桥梁和纽带，应该积极发展各类妇女联谊组织，凝聚妇女力量，整合社会资源。通过在各类协会、新兴领域等"三新"领域中建立妇女组织，可以不断拓展横向基层妇女组织，扩大妇联组织的影响力和覆盖面。这不仅有助于更好地服务妇女群众，还能有效地整合社会资源，推动妇女工作的全面发展。

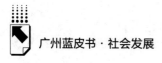

3.继续开展社会服务创新交流项目

根据调查问卷，了解当下南沙女性最关心的话题并开展沙龙主题活动及圆桌会议。深化南沙与粤港澳大湾区各城市妇女和妇女组织在社会创新等方面的深度交流合作，搭建粤港澳女性创新交流平台，让更多的湾区女性加入平台，促进交流、学习、了解，更好地服务大湾区女性。

参考文献

董芳芳、杨宏：《新时代培养基层妇女干部的内涵、特征与实践价值》，《南方论刊》2022 年第 4 期。

彭桑子、李宗莲、吴肖彬：《广州市农村基层妇女干部胜任能力调查与对策研究》，载涂成林主编《2023 年中国广州社会发展分析与展望》，社会科学文献出版社，2023。

张利庠：《新时代乡村振兴干部队伍建设》，《人民论坛》2024 年第 1 期。

王欢：《习近平关于妇女和妇联工作重要论述的实践逻辑、理论逻辑与历史逻辑》，《中华女子学院学报》2023 年第 6 期。

《关于中华全国妇女联合会第十二届执行委员会报告的决议》，《中国妇女报》2023 年 10 月 27 日。

城市养老篇

B.18
2023年广州市人口发展情况研究

广州市统计局人口处课题组[*]

摘　要： 人口是经济社会发展的基础，人口发展事关长远。本文从人口发展现状、区域分布情况、城镇化水平、出生人口情况及年龄结构状况等方面，对2023年广州市人口的发展情况进行了分析，发现广州人口呈现逐渐流向外围区域、区域城镇化水平差距持续缩小、出生人口出现小幅反弹但生育趋势并未扭转，以及人口老龄化程度不断加深等发展特点和问题。就如何促进人口合理分布、建立健全积极生育保障体系以及应对人口老龄化挑战等提出了相关对策建议：推动区域协调发展，促进人口合理分布；建立健全积极生育保障体系，助力家庭实现生育意愿；积极应对人口老龄化，推动老龄事业健康发展。

关键词： 人口发展　常住人口　户籍人口　出生人口　老龄化

---

* 课题组负责人：吴永红，广州市统计局二级巡视员；张友明，广州市统计局人口处处长；凌洁，广州市统计局人口处副处长；邓思玉，广州市统计局人口处三级主任科员。执笔人：邓思玉。

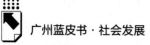

2023 年，广州全力推动经济回升向好，不断增进民生福祉，保持社会稳定，常住人口恢复增长势头，户籍人口增速保持稳定，呈现人口分布趋向合理、城镇化水平稳步提升、户籍人口少子化和老龄化等趋势性特征。需不断推进区域协调发展，建立健全积极生育保障体系，积极应对人口老龄化，从而促进广州市人口长期均衡高质量发展。

一 人口发展现状

（一）常住人口恢复增长

2023 年末，广州常住人口 1882.7 万人，占全省的 14.82%，较 2022 年提升 0.02 个百分点，继续稳居全省人口第一大市的位置。

从趋势上看，2021 年，全国人口增长减速换挡，叠加疫情反复扰动，广州人口增速变缓，全市常住人口同比仅增长 0.38%。2022 年，在经济发展面临下行压力、全国人口见顶转向以及疫情等多种因素冲击下，广州常住人口规模出现阶段性回调，比 2021 年减少 7.65 万人，下降 0.41%。2023 年，广州全力以赴落实稳增长政策，深入实施就业优先战略，城市活力不断释放，常住人口恢复增长，较 2022 年增加 9.29 万人，同比增长 0.50%，广州人口吸引力逐步恢复（见图 1）。

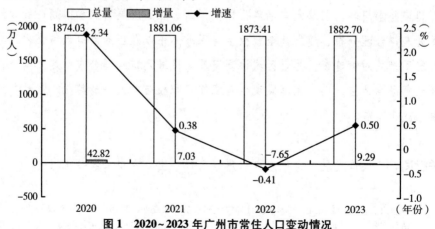

图 1　2020~2023 年广州市常住人口变动情况

资料来源：广州市统计局。

（二）户籍人口保持平稳增长

公安部门户籍登记数据显示，2023 年末，广州市户籍人口 1056.61 万人，较 2022 年增加 21.7 万人，同比增长 2.10%，继续保持平稳增长（见表1）。

表 1　2020~2023 年广州市户籍人口变动情况

单位：万人，%

年份	总量	增量	增速
2020	985.11	31.39	3.29
2021	1011.53	26.42	2.68
2022	1034.91	23.38	2.31
2023	1056.61	21.70	2.10

资料来源：广州市公安局。

从机械变动情况上看，2023 年广州户籍人口机械增长 17.77 万人，较 2022 年减少 0.35 万人，其中迁入人口 22.05 万人，迁出人口 4.28 万人。近年来，广州不断调整完善入户政策，持续提高积分入户指标，户籍人口机械增长持续保持高位发展，并在 2020 年达到峰值（22.61 万人）。虽 2021 年以来户籍人口机械增长有所减缓，但迁入人口每年维持在 20 万人以上，有力拉动了户籍人口平稳增长（见表2）。

表 2　2020~2023 年广州市户籍人口机械增长情况

单位：万人

年份	迁入人口	迁出人口	机械增长
2020	26.67	4.06	22.61
2021	24.16	4.03	20.13
2022	21.77	3.65	18.12
2023	22.05	4.28	17.77

资料来源：广州市公安局。

二 人口发展特点

（一）人口逐渐流向外围区域，人口分布不均态势略有改善

区域人口总量座次排名出现新变化。2023年末，全市常住人口总量最大的5个区依次是白云区、番禺区、天河区、海珠区和花都区，人口规模分别为366.68万人、282.29万人、223.8万人、176.83万人和172.87万人。值得注意的是，南沙区抢抓《广州南沙深化面向世界的粤港澳全面合作总体方案》出台重大历史机遇，持续释放发展动力和活力，人口规模96.79万人，已反超越秀区，排名从全市第10位上升至第9位。

人口向外围区域转移。随着轨道交通的建设和不断完善，产业结构的持续优化和升级，公共服务资源均等化成果显现，区域发展协调性增强，外围区域（包括外围城区和生态片区)① 生活成本性价比凸显，更多的人口流向外围区域。从空间分布上看，外围城区占比逐年提高。2020年以来，中心城区4个区常住人口均呈减少趋势。2023年末，中心城区常住人口合计609.93万人，占比从2020年的33.88%逐年下降至32.40%；外围城区常住人口合计1199.51万人，占比从2020年的62.28%提高至63.71%。从人口流向上看，人口向东和向南转移明显。与2020年相比，常住人口增长最多的3个区依次是番禺区、南沙区和增城区，分别增加15.03万人、11.89万人和11.60万人；常住人口减少最多的3个区依次是荔湾区、白云区和越秀区，分别减少10.86万人、9.23万人和7.66万人（见表3）。

① 中心城区包括荔湾区、越秀区、海珠区和天河区，外围城区包括白云区、黄埔区、番禺区、花都区、南沙区和增城区，生态片区是指从化区。

表3　2020~2023年广州市各区常住人口变动情况

单位：万人，%

地区	常住人口			占比	
	2023年	2020年	增量	2023年	2020年
全市	1882.70	1874.03	8.67	100.00	100.00
中心城区	609.93	634.90	−24.97	32.40	33.88
荔湾区	113.30	124.16	−10.86	6.02	6.63
越秀区	96.00	103.66	−7.66	5.10	5.53
海珠区	176.83	181.98	−5.15	9.39	9.71
天河区	223.80	225.10	−1.30	11.89	12.01
外围城区	1199.51	1167.15	32.36	63.71	62.28
白云区	366.68	375.91	−9.23	19.48	20.06
黄埔区	122.21	126.92	−4.71	6.49	6.77
番禺区	282.29	267.26	15.03	14.99	14.26
花都区	172.87	165.09	7.78	9.18	8.81
南沙区	96.79	84.90	11.89	5.14	4.53
增城区	158.67	147.07	11.60	8.43	7.85
生态片区	73.26	71.98	1.28	3.89	3.84
从化区	73.26	71.98	1.28	3.89	3.84

资料来源：广州市统计局。

各区人口密度呈阶梯状特征。2023年，广州中心城区平均人口密度为21812人/平方公里，以全市3.76%的区域面积承载了32.4%的人口，人口承载压力大。其中，越秀区主动疏解人口，人口密度为28402人/平方公里，较2022年（30429人/平方公里）有所下降，但在全市11个区中仍然最高。外围城区平均人口密度为2316人/平方公里，与中心城区差距明显，仅为中心城区的1/10，较全市平均水平低8.53%。生态片区从化区由于地处山区，面积广阔，人口密度（371人/平方公里）最低，仅为全市平均水平的14.65%，呈地广人稀态势（见表4）。

表 4 2023 年广州市各区常住人口密度

地区	常住人口(万人)	行政面积(平方公里)	人口密度(人/平方公里)	人口密度排名
全市	1882.7	7434.4	2532	—
中心城区	609.93	279.63	21812	—
荔湾区	113.3	59.1	19171	4
越秀区	96	33.8	28402	1
海珠区	176.83	90.4	19561	3
天河区	223.8	96.33	23233	2
外围城区	1199.51	5180.27	2316	—
白云区	366.68	795.79	4608	6
黄埔区	122.21	484.17	2524	7
番禺区	282.29	529.94	5327	5
花都区	172.87	970.04	1782	8
南沙区	96.79	783.86	1235	9
增城区	158.67	1616.47	982	10
生态片区	73.26	1974.5	371	—
从化区	73.26	1974.5	371	11

资料来源:常住人口数据以及行政面积数据分别由广州市统计局和广州市民政局提供。

(二)新型城镇化建设持续推进,区域城镇化水平差距进一步缩小

全市城镇化水平稳步提升。2023 年末,广州市常住人口城镇化率为 86.76%,较上年提升 0.28 个百分点;户籍人口城镇化率为 81.86%,较上年提升 0.7 个百分点。2020 年以来,广州全面完善基础设施,持续提升公共服务水平,城镇化水平稳步提升,2023 年常住人口和户籍人口城镇化率分别比 2020 年提高 0.57 个和 1.37 个百分点,且两者差距从 2020 年的 5.7 个百分点持续缩小至 4.9 个百分点,广州新型城镇化工作推进成效显著(见表 5)。

表5　2020~2023年广州市常住人口和户籍人口城镇化率

单位：%，个百分点

	2020年	2021年	2022年	2023年
常住人口	86.19	86.46	86.48	86.76
户籍人口	80.49	80.81	81.16	81.86
差距	5.70	5.65	5.32	4.90

资料来源：常住人口数据和户籍人口数据分别由广州市统计局和广州市公安局提供。

区域城镇化水平差距进一步缩小。2023年，广州扎实推进"百千万工程"，深入实施区域协调发展战略，区域城镇化水平差距持续缩小，除4个城镇化率已达100%的中心城区外，其他7个区均有不同程度的提高。其中，黄埔区、番禺区和白云区城镇化率已超一般发达国家水平（80%），分别为94.37%、90.81%和81.41%。南沙区、增城区和花都区城镇化率分别为75.02%、74.81%和70.82%，分别比上年提升0.88个、0.75个和0.60个百分点。从化区地处生态片区，在守稳筑牢广州北部生态屏障基础上，城镇化率为53.89%，比上年提升3.30个百分点，城镇化处于快速发展阶段（见表6）。

表6　2022年及2023年广州市各区常住人口城镇化水平情况

单位：%，个百分点

地区	2022年	2023年	增加
全市	86.48	86.76	0.28
中心城区	100.00	100.00	0
荔湾区	100.00	100.00	0
越秀区	100.00	100.00	0
海珠区	100.00	100.00	0
天河区	100.00	100.00	0
外围城区	81.67	82.03	0.36
白云区	81.29	81.41	0.12
黄埔区	93.99	94.37	0.38
番禺区	90.57	90.81	0.24

续表

地区	2022 年	2023 年	增加
花都区	70.22	70.82	0.60
南沙区	74.14	75.02	0.88
增城区	74.06	74.81	0.75
生态片区	50.59	53.89	3.30
从化区	50.59	53.89	3.30

资料来源：广州市统计局。

（三）户籍出生人口出现小幅反弹，但生育趋势并未扭转

户籍出生人口出现小幅反弹。根据公安部门户籍登记人口数据，2023年，全市户籍申报出生人口 11.58 万人，比上年增加 0.62 万人，同比增长 5.66%；出生率为 11.07‰，比上年提高 0.36 个千分点（见表 7），高于全国平均水平（6.39‰）4.68 个千分点。

表 7　2020~2023 年广州市户籍人口出生情况

单位：万人，‰

年份	出生人口	增量	出生率
2020	14.86	0.88	15.33
2021	11.80	-3.06	11.82
2022	10.96	-0.84	10.71
2023	11.58	0.62	11.07

资料来源：广州市公安局。

生育水平下降趋势并未扭转。在"双独二孩"、"单独二孩"和"全面二孩"的系列政策刺激下，2017 年，广州户籍出生人口突破 20 万人，出生率提升至 1978 年以来的峰值 22.73‰。但 2018 年后，育龄妇女数量占比持续下降，年轻人生育意愿不高，广州户籍人口出生水平呈现持续下降趋势。从育龄妇女数量占比上看，育龄妇女占比继续缩小，不利于生育水平提高。

2023年户籍人口中，育龄妇女数量占比24.31%，较上年（24.48%）下降0.17个百分点，相比2017年（26.21%）下降1.90个百分点。从生育意愿上看，育龄妇女生育意愿未有明显提高。根据2023年人口变动情况抽样调查结果，2023年广州市育龄妇女理想生育子女平均数为1.77个，与2022年（1.76个）基本持平。因此，2023年户籍出生人口出现小幅增长，主要是育龄妇女释放疫情期间堆积的生育意愿的结果，等堆积效应消退后，如果生育政策对妇女生育意愿未有明显促进和提高，广州仍将面临生育水平持续走低的趋势以及"少子化"危机。

（四）户籍人口老龄化程度不断加深，社会总抚养比已超临界值

户籍人口年龄结构"两升一降"，老龄化程度不断加深。2023年，广州市户籍人口中，0~14岁少儿人口、15~64岁劳动年龄人口和65岁及以上老年人口所占比重分别为20.25%、65.82%和13.93%，其中，少儿人口和老年人口所占比重分别比上年提升0.26个和0.18个百分点，劳动年龄人口所占比重比上年下降0.44个百分点。从户籍老年人口情况上看，广州户籍人口老龄化程度在不断加深。按照国际通用年龄结构衡量标准"60岁及以上人口比重超过20%或65岁及以上人口比重超过14%，表示进入中度老龄化社会"，广州65岁及以上户籍老年人口所占比重较14%仅低0.07个百分点，广州即将跨入中度老龄化社会（见表8）。

表8 2020~2023年广州市户籍人口年龄结构情况

单位：%

年份	合计	0~14岁人口占比	15~64岁人口占比	65岁及以上人口占比
2020	100.00	19.33	67.66	13.01
2021	100.00	19.75	66.92	13.33
2022	100.00	19.99	66.26	13.75
2023	100.00	20.25	65.82	13.93

资料来源：广州市公安局。

户籍人口社会总抚养比已超临界值。2023 年，广州市户籍人口少儿抚养比（0~14 岁少儿与 15~64 岁劳动年龄人口的比值）为 30.77%，老年人口抚养比为 21.16%，社会总抚养比为 51.93%，分别比上年提高 0.60 个、0.41 个和 1.01 个百分点，社会总负担系数不断抬升，已高于 50% 的临界值①，广州户籍人口面临"人口红利"消退危机，虽然目前仍有大量外来青壮劳动力补充，常住人口劳动力资源仍较充沛，但在全国人口持续两年负增长的趋势下，叠加城市之间对人才引进的力度不断加大，广州外来人口持续增长基础不稳，从长期来看，老龄化趋势将可能对全市经济社会发展产生较大影响。

表 9　2020~2023 年广州市户籍人口抚养比情况

单位：%

年份	少儿人口抚养比	老年人口抚养比	社会总抚养比
2020	28.56	19.23	47.79
2021	29.52	19.92	49.44
2022	30.17	20.75	50.92
2023	30.77	21.16	51.93

资料来源：广州市公安局。

三　对策建议

人口是经济社会发展的基础。要实现人口与经济社会协调发展，需要正确认识广州市人口发展新形势，着力提高人口整体素质，努力保持适度生育水平和人口规模，加快塑造总量充裕、素质优良、结构优化、分布合理的现代化人力资源，从而为大力发展新质生产力，扎实推进广州高质量发展提供强大的动力引擎。针对广州市人口发展呈现的趋势性特征，提出以下建议。

---

① 国际惯例认为，一个地区的社会总抚养比高于 50%，则说明这个地区"人口红利"在消失。

（一）推动区域协调发展，促进人口合理分布

统筹和优化全市区域空间资源，积极正确引导人口合理分布，推进区域协调发展。一是进一步加大户籍制度改革力度，结合各区产业结构特点，完善人才引进、积分落户等政策，因地制宜实行差别化入户政策，简化人才落户办理流程。二是加大外围区域公共服务投入建设力度，提高外围区域公共服务水平，不断实现区域基本公共服务均等化，从就业、教育、医疗等方面全面提升外围区域承载能力，引导市民向外围区域分流。三是持续加快中心城区与外围区域快捷交通体系建设，打通中心城区与外围区域交通瓶颈，着力提升公共交通服务水平，解决职住分离突出问题。四是提升来穗人口服务水平。根据第七次全国人口普查结果，广州常住人口中，来穗人口占比过半。为吸引来穗人口向外围区域分流，外围区域要增强来穗人员归属感，主动推动来穗人口融合，拓展融合服务工作的内涵和外延，打造区域精品服务品牌。

（二）建立健全积极生育保障体系，助力家庭实现生育意愿

当今社会，年轻人更加注重个人发展、教育质量和生活品质，托育服务供给不足、结婚困难、养老压力、生育养育教育成本高、居住困难等现实问题压制了家庭的生育意愿。落实好生育配套支持措施，加快完善生育支持政策体系，帮助更多家庭消除生育障碍、实现生育意愿，推动实现适度生育水平，是积极应对少子化危机亟待解决的重要问题。一是建立生育支持政策体系。从降低居住成本、减轻教育焦虑、减轻医疗负担、保障生育假期、倡导健康婚育新风、提高生育补贴等维度，全方位对影响生育养育的主要因素进行正向干预，减轻家庭负担，营造生育友好型社会环境。二是完善生育保障制度。实施覆盖灵活就业和城乡居民的全民生育保险制度。实施支撑托育服务、鼓励代际支持、城乡均衡的婴幼儿照护补贴制度。实施主动干预的生殖健康保障制度。探索建立男性育产护理假期强制制度，进一步完善女性就业权益保障制度。

（三）积极应对人口老龄化，推动老龄事业健康发展

第七次全国人口普查结果显示，广州常住人口总负担系数为 27.7%，远低于 50% 的临界值，仍处"人口红利"黄金期，但广州户籍人口老龄化程度不断加深，正逼近中度老龄化社会，未来养老负担、社保支出和政府债务压力都将加大，面临向人口负担期转化的风险。但人口老龄化既是挑战也是机遇，应该积极应对，努力实现老有所养、老有所为、老有所乐。一是推动银发经济产业健康发展。提前筹划，针对老年人的特殊生理和心理需求，重点培育养老助老、健康医疗、日用商品、精神娱乐、人寿保险等市场，打造银发经济新增长点。二是优化健全"三支柱"养老保险体系。构建基本养老保险、企业年金、个人储蓄性养老及商业人寿保险相结合的多层次养老保险体系。做好对个人养老金的解说和宣传，培养优质养老投资顾问，为居民提供全方位、多样化的综合养老咨询服务。三是发展完善养老服务体系。构建 15 分钟养老服务圈，完善居家、社区、机构"三位一体"养老服务体系，持续推动全市居家适老化改造工程。

B.19
健康老龄化背景下广州市老年人口
抚养比多维度评估研究报告[*]

广州大学广州发展研究院课题组[**]

摘　要: 本文通过使用历年中国及广州统计年鉴中的人口数据、中国养老追踪调查中的健康数据,基于老年人口的生理机能与认知功能两个健康维度,核算广州及其周边六市区的老年人口抚养比,通过对比研究重新认识老龄化负担。研究发现,基于老年人口的健康水平重估抚养比,广州市老龄化负担低于预期。由此建议,未来公共卫生资源应向高龄、女性、鳏寡孤独人士以及经济和受教育水平较低的老年人口倾斜,同时不能忽视广东地区老年人口健康水平的区域不平衡问题。广州应发挥省内示范作用,加大对外市的援助力度,逐渐消除区域健康差异,共同应对老龄化挑战。

关键词: 健康老龄化　老年人口抚养比　生理机能　认知功能

党的二十大报告明确提出,实施积极应对人口老龄化的国家战略。正确认识老龄化负担,是积极应对老龄化挑战的前提。2023 年末,广州市常住人口达到 1882.70 万人,相比上一年,人口增加了 9.29 万人,同比增长

---

  * 本文为广州市新型智库广州大学广州发展研究院、广东省社会科学研究基地国家文化安全研究中心研究成果。

** 课题组组长:涂成林,广州大学二级研究员,博士生导师,广州市新型智库广州大学广州发展研究院首席专家,广东省社会科学研究基地国家文化安全研究中心负责人。课题组成员:谭苑芳,博士,广州大学广州发展研究院院长,教授,广东省社会科学研究基地国家文化安全研究中心负责人;周雨,博士,广州大学广州发展研究院副院长,讲师;李冠男,博士,广州大学广州发展研究院特聘副研究员。执笔人:李冠男。

0.50%，增速较上年提高了 0.91 个百分点。广州市的人口总量占全省的 14.82%，继续稳居全省人口第一大市的地位。这一增量和增速均为近三年来最高水平，标志着广州人口实现了恢复性增长。第七次全国人口普查数据显示，60 岁及以上老年人口数约为 213.06 万，占人口总数的 11.38%，老年人口抚养比为 33.76%。与第六次全国人口普查结果相比，十年间共增加 597.57 万人，抚养比提升了 10.81 个百分点。依据联合国标准，广州市初步进入人口老龄化阶段。

但此基于劳动参与率与实际年龄核算的老年人口抚养比具有局限性。第一，该指标假设老年人不再工作。第二，60 岁或 65 岁这一定义"老年人口"的阈值的划定，也是基于西方社会的发展经验。第三，该指标更没有考虑到不同人口间健康水平及疾病负担的不同。健康的老年人口，不应该被定义为"负担"，而是支撑发展中国式现代化的一股力量。错估养老负担不利于准确把握我国人口老龄化的特征和进程，不利于推进积极应对人口老龄化战略的实施。

一 广州市人口老龄化现状与展望

（一）广州各城区人口老龄化现状

1. 广州整体年轻，但老龄化程度不断加深

尽管广州市整体的老龄化程度低于全国平均水平，但广州户籍老年人口占总人口比重仍逐年上升。在广州 11 个区中，有 8 个城区老龄化程度低于全国平均水平。但老三区荔湾区、越秀区及海珠区老龄化程度最高，65 岁及以上老年人口占比均高于 25%，不但高于广州平均水平，也高于全国平均水平。依据联合国标准，三区均进入深度老龄化社会。

2. 老年人口抚养比上升，老龄化负担加重

老年人口抚养比是指 60 岁及以上人口与 15~59 岁人口的比例，它反映了一个社会中养老负担与劳动人口之间的关系。随着医疗技术的进步、生活

水平的提高以及健康意识的增强,广州市的老年人口数量不断增加。与老年人口增加相对应的是劳动年龄人口的相对减少。随着生育率下降和人口结构的变化,广州市的劳动年龄人口数量可能无法跟上老年人口的增长速度。这两个原因导致老年人口抚养比逐年上升。

图1展示了广东省各市常住人口中60岁及以上和65岁及以上人口占比。广东省的老龄化水平低于全国平均水平,珠三角地区,除江门与肇庆外,老龄化水平低于全省水平。粤东、粤西及山区城市,老龄化程度较高。

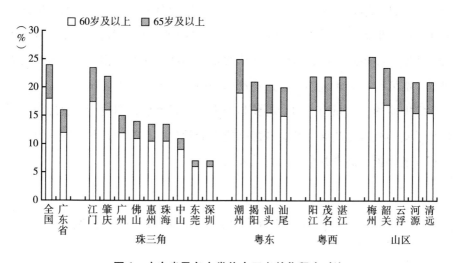

图1 广东省及各市常住人口老龄化程度对比

资料来源:《中国统计年鉴》《广东统计年鉴》。

老年人口抚养比的上升可能会对社会经济产生一定的影响,如增加养老支出、减少劳动力资源等。因此,政府和社会应该重视这一趋势,采取措施应对老龄化带来的挑战,包括完善养老服务体系、推动延迟退休政策、鼓励生育政策等。

(二)广州人口老龄化展望:挑战与机遇

展望广州市的人口老龄化未来,尽管老龄化趋势将继续加剧,但也将带来一些新的机遇。

首先，随着医疗技术的不断进步和生活水平的提高，广州市的老年人口数量和比例将继续增加，导致老年人口抚养比上升，增加养老负担。其次，养老服务需求将大幅增长。政府和社会将面临更大的压力来提供和改善养老服务设施，满足老年人在医疗、文化、娱乐等方面的需求。此外，劳动力供给减少将成为一大挑战，可能对经济发展产生影响，需要采取措施鼓励人口生育和延迟退休以缓解这一问题。

随着中国式现代化的推进，广州的医疗保障体系也在逐步完善，以满足老年人群日益增长的医疗需求。这包括提高医疗服务水平、加强基层医疗服务建设以及推动医养结合。同时，老年人口的增加也将释放巨大的消费潜力，特别是在医疗保健、旅游和文化娱乐等领域。这将为相关产业带来发展机遇，需要针对老年人的需求进行产品和服务创新。

综上所述，广州市人口老龄化是未来的重要挑战，但也为社会经济发展带来了新的机遇。政府和社会应加强应对老龄化的政策制定和实施，以保障老年人的福祉，促进社会的可持续发展。

二　多维度重估广州人口老龄化负担指数

（一）基于劳动力参与度核算的老年人口抚养比的局限

老年人口抚养比作为衡量人口结构的一个指标，虽被广泛使用，但也存在一定的局限性。

第一，该指标未考虑非劳动人口的贡献。老年人口抚养比只考虑了劳动年龄人口（通常是15~64岁）和老年人口（通常是65岁及以上）之间的比例关系，而未考虑到其他年龄段的人口对社会的贡献。例如，已经退休但仍然有收入的人群也可以为社会作出贡献。

第二，该指标未考虑老年人口的经济活动。老年人口抚养比将老年人口视为消费者，而未考虑到他们可能的经济活动，如退休后的兼职工作、投资收入等。因此，它可能低估了老年人口对经济的贡献。

第三，该指标不考虑家庭内部支持关系。老年人口抚养比只是从整体上衡量老年人口与劳动年龄人口之间的比例关系，而未考虑到家庭内部的支持关系。在一些家庭中，老年人口可能通过家庭支持得到养老，而不需要依赖社会支持。

第四，该指标忽略了不同地区的差异性。老年人口抚养比未考虑到不同地区之间的经济和社会差异。例如，发展水平较高的地区可能拥有更完善的养老服务体系，老年人口的抚养压力相对较小，而发展水平较低的地区则可能面临较大的养老压力。

更重要的是，老年人口抚养比作为一个人口结构的指标，通常没有考虑到老年人口的健康状况。老年人口的健康状况对于社会和经济的影响是非常重要的，因为健康状况直接关系老年人口对医疗资源的需求、社会保障支出的增加，以及家庭和社会的养老负担等方面。

因此，多维度评估老年人口比这一指标，有助于更全面地认识老龄化负担，为相关决策提供更全面的实证依据。

（二）健康老年人口的新特征

随着医疗技术的进步和健康意识的提高，健康老年人口在增加这一趋势已经成为现实。这些健康的老年人口通常具有更长的寿命、更好的生活质量，能够保持一定的生活自理能力，甚至还能够从事一些社会活动或者兼职工作，为社会作出一定的贡献。与传统的老年人口相比，健康老年人口具有以下特点。一是更长的寿命。由于健康的生活方式和医疗条件的改善，健康老年人口通常具有更长的寿命，能够享受更多的晚年时光。二是更高的生活质量。健康老年人口通常身体健康、心态积极，生活质量更高，能够更好地享受晚年生活。三是更少的医疗和养老需求。由于健康老年人口身体状况较好，他们通常需要较少的医疗和养老服务，减轻了社会的医疗和养老负担。四是更多的社会参与。健康老年人口通常身体健康、精力充沛，能够更多地参与社会活动，甚至还能够从事一些兼职工作，为社会作出一定的贡献。

因此，在考虑老龄化问题时，除传统的老年人口抚养比之外，也应该考

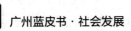

虑到老年人口的健康状况，特别是健康老年人口的数量和特点，以更全面地评估老龄化对社会经济的影响，并制定相应的政策和措施来应对。国内外人口学前沿研究显示，基于生理机能调整的老年人口抚养比与基于认知能力调整的老年人口抚养比，是具有应用价值的度量老龄化负担指标的替代方式。

（三）广州老年人口抚养比的测算

为比较、评估老年人口抚养比的多种计算方式，本文利用中国健康与养老追踪调查数据（China Health and Retirement Longitudinal Study，CHARLS）中广州及其周边城市数据，多维度估算老年人口抚养比。

中国健康与养老追踪调查是一个长期追踪中国老年人健康与养老状况的国家级调查项目。CHARLS 项目于 2008 年由中国社会科学院经济研究所发起，旨在了解和评估中国老年人口的健康、经济、社会和养老状况，为政府决策提供科学依据。CHARLS 调查内容涵盖了健康、经济、社会、家庭、养老、家庭传承等多个方面的信息，具体包括个人基本信息、健康状况、医疗保健、居住环境、经济收入、家庭关系、社会参与等。CHARLS 采用了多阶段、分层抽样的方法，涵盖了全国 31 个省（区、市）的 28 个省辖市和 3 个自治区。该数据已经被广泛应用于老年人口学、公共卫生、医疗保健、社会保障、经济学等领域的研究。

CHARLS 提供了宝贵的健康数据，使得基于老年人口的生理机能与认知能力重估老年人口抚养比成为可能。但是，由于 CHARLS 并非对整个人口抽样，而是针对 45 岁中老年群体抽样，为进行有效比较，本研究将计算相对抚养比，即在基于 CHARLS 健康数据测算抚养比后，对数据进行标准化与中心化处理。

传统的基于劳动参与率核算的老年人口抚养比十分简单，其计算公式如下：

$$\text{OADR} = \frac{|\{X \in P \mid (\text{age}_x \geqslant 65)\}|}{|\{X \in P \mid (16 \leqslant \text{age}_x \leqslant 64)\}|}$$

其中，分子为"负担"人口，即年龄在 65 岁及以上的老年人口，分母为"供养"人口，为年龄在 16~64 岁参与社会劳动的人口数。

本研究使用 Z 分数（Z-score）这一标准化方式处理数据。该标准化方法用于表示一个数据点相对于数据集均值的偏离程度，其计算公式如下：

$$Z = \frac{X - \mu}{\sigma}$$

其中，Z 是 Z-score 分数，X 是单个数据点的数值，μ 是数据集的均值，σ 是数据集的标准差。通过计算 Z 分数，我们可以了解一个数据点相对于数据集整体分布的位置，从而进行比较和分析。此外，为方便比较，我们再对标准化数据进行中心化处理，使得数据为正数。其计算公式如下：

$$Z = \frac{X - \mu}{\sigma} + \mu$$

这样，我们便可以比较不同地区基于不同健康指标核算的老年人口抚养比的数值。

图 2 展示了基于劳动参与率估算的老年人口抚养比。其中，在广东 7 个代表性城市中，位于粤东的潮州最高。在珠三角区域，广州的抚养比居第 2 位，在江门之后，佛山次之，深圳最低。位于粤西的茂名与位于山区的清远抚养比相似，均略高于广州。

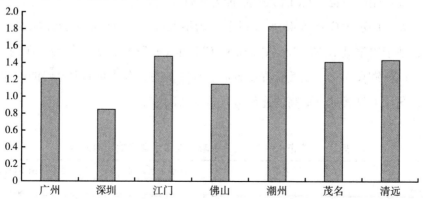

图 2　基于劳动参与率估算的老年人口抚养比（标准化与中心化数据）

资料来源：中国健康与养老追踪调查。

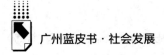

（四）基于生理机能重估老年人口抚养比

1. 测量工具与测量方法

一个人的生理机能可以通过其是否能独立完成日常生活活动（Activities of Daily Life，简称 ADL）来评估。日常生活活动是指个人在日常生活中必须完成的基本自我照顾任务。这些任务包括进食、洗澡、穿衣、如厕、转移（从一个地方到另一个地方移动）和排便（控制大小便功能）等。ADL 的能力直接反映了一个人的日常生活自理能力，对于评估个体的健康状况和功能水平非常重要。一个有日常生活活动困难的老年人，哪怕相对年轻，却不得不依赖他人完成日常生活活动，则被定义为"依赖人口"。相反，如果一个人可以完全独立地完成日常生活活动，哪怕是 80 岁以上的高龄老人，仍旧不是依赖人口。

基于生理机能年人口抚养比（PADR）公式为：

$$PADR = \frac{|\{X \in P \mid (m_x < 1) \wedge (age_x \geq 50)\}|}{|\{X \in P \mid (15 \leq age_x < 50)\} \cup \{(m_x \geq 1) \wedge (age_x \geq 50)\}|}$$

其中，m_x 代表某一年龄（age）为 x 的观测者是否有日常生活困难（没有计作 0，有计作 1）。P 代表测算样本容量。公式中 1/0 的阈值代表着受测者在测试中表示有遭遇任意一种日常生活困难时候，则被定义为"依赖人口"。

2. 广州市中老年人口生理机能能力分布

表 1 展示了广州市 45 岁及以上中老年人口生理机能能力分布状况。其中，基于皮尔逊卡方检验（Pearson's Chi-square Test），更高年龄、单身/离异/分居/鳏寡人士、受教育程度较低、有慢性病、有认知能力障碍的中老年人，统计上显著地有更高的比例有日常生活困难。

表 1 广州市 45 岁及以上中老年人口生理机能能力分布

	频次(%)[a]	无日常生活困难(%)[b]	有日常生活困难(%)[b]
年龄***			
45~49 岁	105(14.87)	104(99.05)	1(0.95)
50~59 岁	221(31.30)	210(95.02)	11(4.98)

续表

	频次(%)[a]	无日常生活困难(%)[b]	有日常生活困难(%)[b]
年龄 ***			
60~69 岁	221(31.30)	179(81.00)	42(19.00)
70~79 岁	126(17.85)	94(74.60)	32(25.40)
80 岁或更年长	34(4.67)	18(54.55)	15(45.45)
性别			
男	342(47.77)	301(88.01)	41(11.99)
女	374(52.23)	313(83.69)	61(16.31)
户籍			
非农村	527(73.60)	450(85.39)	77(14.61)
农村	189(26.40)	164(86.77)	25(13.23)
婚姻状况 ***			
已婚/同居	606(84.76)	538(88.78)	68(11.22)
单身/离异/分居/鳏寡	109(15.24)	76(69.72)	33(30.28)
经济水平			
高	124(30.10)	114(91.94)	10(8.06)
中高	129(31.31)	116(89.92)	13(10.08)
中低	101(24.51)	84(83.17)	17(16.83)
低	58(14.08)	53(91.38)	5(8.62)
教育背景 ***			
大学或以上	2(0.28)	2(100.00)	0(0.00)
高中	120(16.83)	116(96.67)	4(3.33)
初中	128(17.95)	117(91.41)	11(8.59)
小学	255(35.76)	221(86.67)	34(13.33)
私塾/识字	152(21.32)	118(77.63)	34(22.37)
文盲	56(7.85)	38(67.86)	18(32.14)
社保状态			
有参与任意一类社保	624(91.09)	536(85.90)	88(14.10)
无社保	61(8.91)	49(80.33)	12(19.67)
吸烟习惯 *			
不吸烟	503(70.25)	421(83.70)	82(16.30)
吸烟	213(29.75)	193(90.61)	20(9.39)
饮酒习惯 **			
不饮酒	469(67.39)	390(83.16)	79(16.84)
至少一月一次	227(32.61)	205(90.31)	22(9.69)

	频次(%)[a]	无日常生活困难(%)[b]	有日常生活困难(%)[b]
慢性病 ***			
无	277(38.69)	263(94.95)	14(5.05)
一种	186(25.98)	167(89.78)	19(10.22)
两种	135(18.85)	103(76.30)	32(23.70)
三种或更多	118(16.48)	81(68.64)	37(31.36)
认知能力障碍 ***			
无障碍	271(41.69)	252(92.99)	19(7.01)
有障碍	379(58.31)	312(82.32)	67(17.68)

注：本表基于混合截面数据（pooled data）；[a]为列百分比，[b]为行百分比；***、**、*分别代表在0.1%、1%和5%的水平上显著。

资料来源：中国健康与养老追踪调查。

随着年龄的增长，身体功能和认知能力往往会下降，导致日常生活活动的困难程度增加，如行走、穿衣、洗漱等。单身/离异/分居/鳏寡人士缺乏家庭支持和照料，单身或离异的中老年人通常更容易面临日常生活困难，因为他们缺乏与家人共同应对问题的支持系统。受教育程度较低的中老年人可能缺乏足够的健康知识和自我管理能力，导致更容易出现慢性疾病和日常生活困难。慢性疾病如高血压、糖尿病、关节炎等常见于中老年人，这些疾病可能导致身体功能受限，增加日常生活困难的风险。认知能力障碍，如轻度认知障碍或阿尔茨海默病等疾病，会影响中老年人的记忆、思维、判断等能力，增加日常生活困难的发生率。

这些因素通常是相互关联的，而且可能相互加剧。因此，针对中老年人的日常生活困难，需要综合考虑他们的年龄、家庭状况、健康状况和认知能力等因素，提供有针对性的支持和服务，帮助他们应对日常生活中的挑战。

3. 比较广州及周边六市基于生理机能估算的人口抚养比

图3比较了基于劳动参与率估算的老年人口抚养比（OADR）与基于生理机能估算的老年人口抚养比（PADR）。对比发现，在珠三角地区，传统人口抚养比较高的地区，如广州与佛山，如果基于生理机能衡量老年人口的

估算抚养比，其老龄化负担低于传统预期。尤其对于深圳来说，在对数据进行标准化与中心化处理后，其老龄化负担为广东地区最低，说明基于生理机能能力，深圳拥有最健康的老年人口。作为对比，茂名与清远的老龄化水平较高，但基于生理机能调整的老年人口抚养比更高，意味着其老龄化负担比预期中更严重。

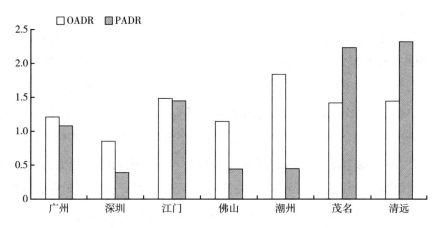

图3　基于劳动参与率与生理机能估算的老年人口抚养比（标准化与中心化数据）
资料来源：中国健康与养老追踪调查。

（五）基于认知能力重估老年人口抚养比

认知能力涉及人的注意力、思考能力、理解力、学习能力、记忆力以及判断力，与生理机能类似，这些认知功能也深刻地影响着个体独立生活与参与社会的能力。人类的认知能力在成年后是十分稳定的，但伴随着进入老年，这种认知能力的衰退大多是不可逆的。近年来，大量经验研究发现，世界各地人口的认知功能水平均在提升，这意味着老年人口认知能力的衰退在延后，他们对政府、社会及他人的依赖程度在下降。

老年人口认知功能的提升可能对老年人口抚养比产生一系列积极影响，包括延缓抚养比上升趋势、减轻医疗和养老负担、增加经济活动能力以及改善家庭支持体系等。因此，政府和社会应该重视老年人口的认知功能提升，

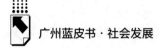

通过提供认知功能训练、健康促进服务等措施，促进老年人口的健康老龄化，以应对老龄化带来的挑战。

1. 测量工具与测量方法

基于中国健康与养老追踪调查数据（CHARLS）中广州及其周边城市数据，本文将依据老年人口的认知功能能力，重估老年人口抚养比，即基于认知能力调整的老年人口抚养比。

本文使用电话认知状态面试（Telephone Interview for Cognitive Status，简称 TICS）来测量广州老年人口的认知能力。这是一种在国际上广泛通用，同时又简单而有效的评估工具，旨在评估被试者的记忆、注意力、语言能力等认知功能。TICS 通常由医疗专业人员、研究人员或者训练有素的人员实施。测试内容包括一系列简单的问题，涵盖了数字记忆、词汇理解、语言流畅度等方面。被试者需要通过回答这些问题来展示他们的认知能力。TICS 是一种快速、简便的认知评估工具，特别适用于远程评估和大规模研究中。它可以帮助医疗专业人员快速初步了解被试者的认知状态，从而指导进一步的评估和干预。依据临床研究数据，本文将 TICS 得分低于 16 点（总分 30 点）的老年人定义为有认知能力缺陷，为"依赖人口"。

基于认知能力衡量的老年人口抚养比（CADR）公式为：

$$CADR = \frac{|\{X \in P | (m_x < 16) \wedge (age_x \geq 50)\}|}{|\{X \in P | (15 \leq age_x < 50)\} \cup \{(m_x \geq 16) \wedge (age_x \geq 50)\}|}$$

其中，m_x 代表某一年龄（age）为 x 的观测者的认知能力得分。P 代表测算样本容量。公式中 16 的阈值代表着受测者在认知能力测试中得分少于 16 时，则被定义为"依赖人口"。

2. 广州市中老年人口认知功能能力分布

表 2 展示了广州市 45 岁及以上中老年人口认知功能能力的分布情况。其中，年龄更老、女性、农村户口、单身/离异/分居/鳏寡人士、经济水平低、受教育程度低、有慢性病、有日常生活活动困难的中老年人口，TICS 均分更低，意味着其认知能力水平更低。

表2　广州市45岁及以上中老年人口认知功能能力分布

	频次(比率)	认知功能得分均值(标准差)
年龄		
45~49 岁	115(15.88)	15.97(0.43)
50~59 岁	224(30.94)	14.19(0.36)
60~69 岁	224(30.94)	12.59(0.38)
70~79 岁	127(17.54)	11.31(0.56)
80 岁或更年长	34(4.7)	6.86(1.22)
性别		
男	350(47.68)	13.70(0.31)
女	384(52.32)	12.82(0.31)
户籍		
非农村	543(73.98)	13.44(0.26)
农村	191(26.02)	12.67(0.41)
婚姻状况		
已婚/同居	621(84.72)	13.58(0.24)
单身/离异/分居/鳏寡	112(15.28)	11.24(0.57)
经济水平		
高	124(29.81)	14.80(0.41)
中高	131(31.49)	14.44(0.49)
中低	103(24.76)	12.01(0.56)
低	58(13.94)	11.72(0.7)
教育背景		
大学或以上	2(0.27)	17.00(1.00)
高中	122(16.69)	16.91(0.41)
初中	129(17.65)	14.90(0.40)
小学	268(36.66)	13.35(0.32)
私塾/识字	153(20.93)	11.03(0.49)
文盲	57(7.8)	6.00(0.91)
社保状态		
有参与任意一类社保	630(90.91)	13.21(0.23)
无社保	63(9.09)	13.61(0.89)
吸烟习惯		
不吸烟	69.35(69.35)	12.95(0.27)
吸烟	225(30.65)	13.85(0.37)

续表

	频次（比率）	认知功能得分均值（标准差）
饮酒习惯		
不饮酒	474(67.14)	12.79(0.28)
至少一月一次	232(32.86)	14.06(0.36)
慢性病		
无	292(39.78)	14.26(0.33)
一种	189(25.75)	13.10(0.43)
两种	135(18.39)	12.06(0.53)
三种或更多	118(16.08)	12.25(0.55)
日常生活活动困难（六种）		
无困难	614(85.75)	13.77(0.23)
有至少一种困难	102(14.25)	9.97(0.66)

注：本表基于混合截面数据（pooled data）。
资料来源：中国健康与养老追踪调查。

随着年龄的增长，认知功能往往会逐渐下降，导致中老年人的认知能力水平降低。研究表明，女性在晚年更容易出现认知功能下降和患上认知疾病。农村地区的中老年人可能面临更多的教育和医疗资源不足的问题，这可能导致他们的认知能力水平较低。单身/离异/分居/鳏寡人士缺乏家庭支持和照料，单身或离异的中老年人可能更容易面临生活压力和心理健康问题，影响其认知能力水平。经济水平低可能意味着中老年人无法获得充足的医疗和营养支持，影响其认知能力水平。教育水平低意味着中老年人缺乏认知刺激和训练，导致认知能力水平较低。慢性疾病可能直接或间接地影响中老年人的认知功能，从而降低其认知能力水平。日常生活活动困难可能反映了中老年人的生活质量和健康状况，而这些问题与认知能力水平的下降相关联。

因此，综合考虑这些因素可以帮助我们更好地理解中老年人的认知能力水平，并为其提供相关的支持和服务制定有针对性的策略。

3. 比较广州及周边六市基于认知功能估算的人口抚养比

图4比较了基于劳动参与率估算的老年人口抚养比（OADR）与基于认知能力估算的劳动抚养比（CADR）。对比发现，基于老年群体的认知水

平, 广州的老龄化负担低于传统预期。基于同一指标, 深圳的老龄化负担更低。

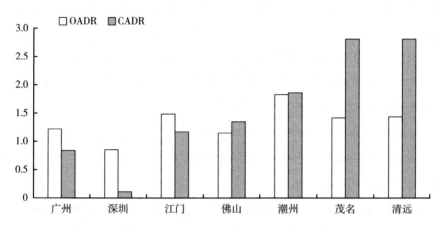

图4 基于劳动参与率与认知能力估算的老年人口抚养比（标准化与中心化数据）
资料来源: 中国健康与养老追踪调查。

作为对比, 在珠三角外, 广东其他 3 市的 CADR 均高于 OADR。其中, 茂名与清远尤甚。这说明上述 2 个地区, 虽拥有较年轻的人口结构, 但人口健康（认知健康）水平较低, 老龄化负担远超预期。未来公共健康投入应向该地区倾斜。

三 研究结论与政策建议

本文基于全国和广东历年统计年鉴以及中国养老追踪调查的数据, 得出以下结论。

（一）基于人口健康水平估算, 广州老龄化负担低于预期

无论是基于生理机能水平或基于认知能力, 广州市老龄化负担均低于传统方式下估算的老龄化负担水平。

首先, 广州地区的老年人口有较高的健康水平, 包括较低的慢性疾病发

病率和较高的健康素养。这意味着老年人群在生活中可能更加独立，不需要过多的医疗和护理支持，从而降低了老龄化负担。其次，广州拥有较完善的医疗保障体系，包括基本医疗保险、医疗机构覆盖率高以及医疗服务质量高等特点。这使得老年人群能够更容易地获得医疗保健服务，及时处理健康问题，减少了对家庭和社会的负担。再次，广州建立了较为健全的社会支持体系，包括社区养老服务、志愿者服务、老年人活动中心等。这些服务可以提供老年人群生活上的支持和帮助，减轻了他们的生活压力，降低了老龄化负担。最后，广州注重健康教育和预防保健工作，通过普及健康知识、提倡健康生活方式等措施，使老年人群更加重视健康，减少疾病的发生和进展，降低了医疗和护理的需求。

综上所述，如果广州的老龄化负担低于预期，是由于老年人口的健康水平较高、医疗保障较完善、社会支持体系健全以及普及健康教育和预防保健等因素的综合作用，说明广州市应对老龄化挑战的一系列决策产生了效果。

（二）公共卫生资源应向高龄、女性、鳏寡孤独人士以及经济和受教育水平较低的老年人口倾斜

基于生理机能和认知功能的考虑，公共卫生资源的分配应该更加注重对高龄、女性、鳏寡孤独人士以及经济和受教育水平较低的人士倾斜，这种做法能够更好地满足社会中弱势群体的特殊需求，促进社会公平和公正。

随着年龄增长，人们的生理机能和认知功能通常会下降，因此，高龄人口更需要医疗保健和护理服务的支持。公共卫生资源应该更加倾斜于满足他们的健康需求，包括定期健康检查、健康教育和康复服务等。

研究表明，女性在晚年更容易受到认知功能下降和患上认知疾病的影响。因此，公共卫生资源应该更加关注女性中老年人的健康需求，提供有针对性的医疗和护理服务。

缺乏家庭支持和照料的鳏寡孤独人士更容易面临生活压力和心理健康问题，他们需要更多的社会支持和关爱。公共卫生资源应该更加注重满足他们

的心理健康和社会支持需求，包括心理咨询、社交活动和义工服务等。

经济和受教育程度较低的人士可能更容易受到健康不公平的影响，因为他们可能无法获得充足的医疗和健康信息。公共卫生资源应该更多地投入满足他们的健康教育和医疗服务需求上，以减小健康差距，促进健康平等。

通过这种有针对性的公共卫生资源分配，可以更好地保障社会中弱势群体的健康权益，促进全民健康，体现社会主义制度的优越性。

（三）广东地区老年人口健康水平的区域不平衡广泛存在

比较广州市及其周边6市的老龄化负担水平，其中4个城市位于珠三角（广州、深圳、佛山、江门），各有一个城市分别位于粤东（潮州）、粤西（茂名）与粤北山区（清远）。研究发现，珠三角地区的老年人口健康水平显著优于其他地区，健康水平的区域不平衡广泛存在。珠三角地区相对较高，而其他地区相对较低，这可能是由以下几个方面引起的。

第一，医疗资源分配不均。珠三角地区相对于其他地区拥有更多的医疗资源，包括医院、诊所、医疗设备等，因此老年人群在这些地区可能更容易获得医疗保健服务，及时处理健康问题，提高健康水平。

第二，经济发展水平不同。珠三角地区作为广东省经济发达地区，居民收入和生活水平相对较高，有更多的资源用于健康保健和养老服务。而其他地区的经济发展水平可能较低，居民收入较少，医疗保健和养老服务相对不足，导致老年人群健康水平较低。

第三，教育水平差异。珠三角地区的教育水平普遍较高，居民更加注重健康意识和健康生活方式，更容易接受健康知识和预防保健信息。而其他地区的教育水平可能相对较低，老年人群对健康问题的认知和预防意识较差，导致健康水平较低。

第四，环境因素影响。珠三角地区的环境相对较好，空气质量、水质、食品安全等方面相对较好，有利于老年人健康。而其他地区可能存在环境污染、生活条件差等问题，对老年人健康造成不利影响。

因此，为了减少地区之间的健康水平差异，需要加强对偏远地区的医疗

资源配置，提高基层医疗服务水平，加强健康教育和健康促进工作，改善环境卫生条件，提高老年人群的健康水平。

参考文献

代志新、杜鹏、董隽含：《中国老年抚养比再估计与人口老龄化趋势再审视》，《人口研究》2023 年第 3 期。

翟振武、刘雯莉：《从功能发挥的角度定义老年：对老年定义与健康测量的反思与探讨》，《中国体育科技》2019 年第 10 期。

彭希哲、卢敏：《老年人口死亡概率时代变迁与老年定义的重新思考》，《人口与经济》2017 年第 2 期。

翟振武、李龙：《老年标准和定义的再探讨》，《人口研究》2014 年第 6 期。

郭震威、齐险峰：《人口老龄化另一种测量指标》，《人口研究》2013 年第 3 期。

Skirbekk, V. F., Staudinger, U. M., Cohen, J. E., "How to Measure Population Aging? The Answer Is Less Than Obvious：A Review," *Gerontology*, 2019, 65（2），136-144.

B.20
广州市银发经济的发展现状
及对策研究

陈向阳　关伶钰*

摘　要：　随着人口老龄化的日益加重，我国首部"银发经济"政策文件《关于发展银发经济增进老年人福祉的意见》出台，越来越多人开始重视银发经济的发展。本文阐述了广州市现有整体银发经济的三个特性，一是老龄化程度日渐加重，二是银发经济跨界发展，三是银发经济稳步提升；分析了典型的银发细分市场下康养行业、智慧养老行业和失禁用品行业的发展现状与未来前景；结合广州银发经济发展现状及现存条件，提出了加强政策引导，提升服务质量；重视老龄产业，挖掘潜在需求；推动科技创新，产业转型升级；加强文化建设，丰富银发思想；各界共同参与，跨代携手合作等有利于银发经济高质量可持续发展的对策建议，助力广州银发经济未来的高质量、可持续发展。

关键词：　银发经济　康养行业　智慧养老行业　失禁用品行业

　　伴随着老龄化社会的到来，银发经济的发展潜力也日趋明显，我国政府大力支持银发经济的发展，在"十四五"期间出台了我国首部"银发经济"政策文件《关于发展银发经济增进老年人福祉的意见》，为养老产业实现进一步规模化、标准化、集群化和品牌化，及创造优质产品和服务提出了可行

---

　* 陈向阳，经济学博士，广州大学经济与统计学院副教授，研究方向为环境与人口经济学；关伶钰，广州大学经济与统计学院学生研究助理。

的举措建议，旨在推动养老事业产业双兴盛，银发经济高质量发展，让老年人群共享发展成果，安享幸福晚年。广州作为老龄化先行城市之一，在党的领导下陆续发布了包括《广州市养老服务条例》在内的一系列政策措施，有效发挥了先行指导、保障基础、加强监管和建设平台的作用，建立了包括养老项目用地规划、设施建设、服务提供、人才培养在内的完整制度框架。"十四五"期间，广州正处于服务改革和创新发展的关键阶段，广州将充分利用建设粤港澳大湾区的战略机遇和养老服务业发展的黄金时机，进一步完善基本养老服务体系，促进银发经济健康持续增长，确保广州市的百万老年人都能享有幸福美满的晚年生活。

一　广州市银发经济发展现状与存在的问题

（一）广州市银发经济概况

1. 老龄化程度日渐加重

2015~2022 年，广州市年龄达 60 岁及以上的银发人口占总人口比重呈总体上升趋势，从中也预示着广州市未来银发经济发展的潜力。根据第七次全国人口普查数据，广州市 60 岁及以上的常住老年人口达 213.06 万人。早在 2022 年老龄人口占比已达 18.86%，预计在 2024 年将达到 20%，步入中度老龄化社会（见图 1、图 2）。为了满足老年人的多样化需求，广州市致力于提供全面的基本养老服务，涵盖老年人的失能照顾、供需对接、服务保障、医养养护以及权益维护共 5 大类合计 24 项养老服务内容。同时，广州市构建了多层次的服务体系，确保兜底保障力度充足、供给普惠且高质量、服务可选择并具备高端特点。此外，广州市还建立了养老机构入住评估轮候制度，推出购买民办机构养老床位及居家养老资助制度，旨在实现基本养老服务覆盖全民，实现兜底保障。① 国务院发展研究中心公共管理与人力

---

① 张伟涛：《广州完善人人享有的基本养老服务体系》，《中国社会报》2023 年 7 月 19 日。

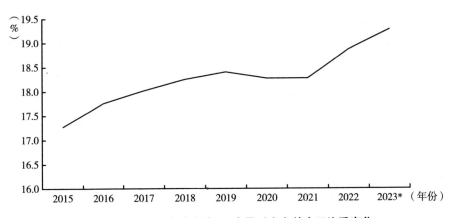

图1 2015～2023年广州市60岁及以上老龄人口比重变化

注：2023年为预测值。

资料来源：《广州市统计年鉴》。

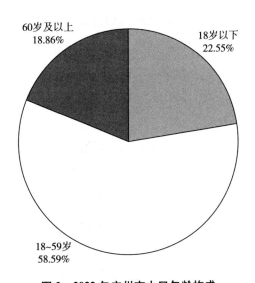

图2 2022年广州市人口年龄构成

资料来源：《广州统计年鉴2023》。

资源研究所副所长张亮指出，银发需求主要表现为以下四点：一是我国老年人口和银发消费群体规模不断增长；二是社会保障制度逐渐完善，老年人收入稳步增加，推动老年人人均消费水平提升；三是老年人的文化教育水平不

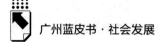

断提高，对生活品质的追求逐步提升；四是受医疗技术、生活方式等因素影响，我国老年人健康状况显著改善，低龄老人拥有较好的身体基础，人均寿命保持增长趋势。[①]

随着我国人口老龄化进程的发展，银发产业在国民经济中扮演着日益重要的角色。一方面，庞大的银发客群会带来持续增长的银发需求，进而形成广阔的银发消费市场；另一方面，随着老年人口代际更迭，消费升级已成为不可逆转的趋势，老年人的养老消费观、能力和方式都发生了巨大变化，催生了大量新的养老消费需求。这些因素推动了有效银发消费市场的发展，塑造了新的老龄产业格局。[②] 相关部门公布的数据显示，2023 年广东省 GDP 达 13.57 万亿元，较上年同期增长 6554 亿元，名义增长率为 5.08%。其中，2023 年广州市 GDP 为 30355.7 亿元，推算可得银发人群为广州市 GDP 贡献了约 5725.09 亿元，[③] 实力不容小觑。该数据体现了银发人群在广州市经济中的重要地位和作用，其消费贡献了巨大的经济价值，带动了众多行业的发展。同时，银发群众也为广州市的社会保障体系提供了重要支持，包括养老金、医疗保险等方面的支出，在一定程度上维护了社会稳定和民生改善。

2. 银发经济跨界发展

随着银发人群占比的提升，各行各业开始重视银发人群的消费潜力。但在时代的发展下银发客群的消费需求和行为习惯也在发生变化，养老需求不再停留在过去的"吃得饱穿得暖"，对健康养老、精神文化等方面有着进一步的追求，银发产业可以通过跨界合作满足银发客群多样化、专业化、多层次的需求。

近年来，广州市举办了三届养老服务供需对接交流活动，成功对接各类养老服务需求项目 166 个。通过该平台，全国乃至全球的养老产业资源进入广州市场，为广州养老市场注入了活力，让银发人群享受到了各地的养老福

---

① 胡杨：《破解银发经济"四更"困境》，《中国银行保险报》2024 年 1 月 8 日。

② 王天宇：《人口老龄化催生银发经济 政策指导产业向纵深发展》，《金融时报》2024 年 1 月 17 日。

③ 推算方法：2022 年广州市老龄人口占比×2023 年广州市 GDP。

利。2023 年的对接活动同样取得了显著成果，征集了 364 个养老相关需求项目，投资总需求超过 2 亿元，共协助 27 个需求项目达成合作，项目内容涵盖社区养老服务设施运营、服务评估、助餐配餐、巡查督导、人才培训等领域，成交金额达 7992 万元，增幅为 22.95%。其中，首次参与活动的养老服务企业和生产厂商占比约 85%，首次协助街道社区对接代管房 31 套，预计该活动的影响力在未来会进一步扩大。①

不同行业之间的融合与创新可以激发更多的商机和市场需求，银发经济作为一个新兴的市场领域，目前已吸引了医疗健康、旅游休闲、文化娱乐等多个行业的关注，形成了多个银发细分市场。同时，跨界合作可以实现资源共享、优势互补、降低成本、提高效益，长远来看还能实现产业链的整合，提高产业链的附加值和市场竞争力，推动银发经济走协同可持续的上坡路。常见的银发经济跨界发展有以下几个方面。

银发保健产业：伴随着生理年龄的增长，患病风险随之增加，银发人群对医疗保健服务的需求日益攀升。与其他群体相比，银发人群需要更多的医疗关注，且不少老人拥有相对丰富的积蓄与养老金，消费能力较强。在庞大的商机面前医疗保健产业与银发经济携手合作，医疗机构和科研单位加大对老年相关疾病的研究和创新力度，以满足银发客群的多样化、细致化、专业化的医疗需求。银发客群的需求驱动了医疗技术的不断进步和提升，也带动了整个银发保健行业的发展。

银发娱乐产业：步入退休生活阶段后，银发人群有更多的时间和精力去参与各种休闲娱乐活动，以此丰富自身的生活，提升生活质量。新时代的银发人群更注重"积极养生"，追求身心愉悦，且适当的文娱活动、旅游活动可以促进老年人保持积极向上的心态和健康的身体，有助于缓解压力、减轻焦虑、增强社交关系等。除此之外，戏曲、戏剧等中华优秀传统文化也能够在银发客群的支持下发扬光大。作为庞大的市场主体，银发客群在休闲娱乐

---

① 李国全、严煦等：《推动养老事业和产业双轮驱动　共促广州养老行业高质量发展》，中国发展网，http：//www.chinadevelopment.com.cn/news/cj/2023/11/1869504.shtml。

领域的消费潜力不容小觑，在养老金和积蓄的支持下，大多愿意花费一定的金钱参与各种活动，这也是娱乐行业发展的重要动力之一。

银发智能产业：当今时代下社会的数字化和信息化进程飞速发展，老年人作为新时代的一员理应享受到"时代的福祉"，借助科技产品和智能服务能有效提升他们的生活质量，如智能手机、平板电脑等设备能让他们与家人朋友联系更便捷。同时，科技行业的高速发展为老年人提供了更加先进的医疗设备与远程医疗服务，在管理健康问题上更便利、更高效。然而，老年人较为缓慢的接受能力和学习能力是推动养老智能化的难点，现如今有越来越多的机构和社区为老年人提供银发数字技能培训，帮助银发群体掌握基本的电脑操作、互联网使用等技能，协助老人参与到科技行业的发展中。老年人视力、听力较弱的特点也为科技产品的创新设计提供了新的发展指导，市场上针对老年人的创新产品日益丰富，为行业带来了巨大的商机和发展空间。

银发教育产业：近年来，政府一直在培育"终身学习"的社会氛围，在此影响下越来越多的老年人意识到终身学习的重要性，他们渴望参加各种教育培训课程，不断充实自己的知识储备，提升个人素质，延续学习的乐趣和动力，适应社会变革和科技进步。在银发教育行业中银发群众的身份可以不只是"求知者"，老年人通常具有较为丰富的人生经验和文化智慧，他们作为培训者参与教育培训可以传承和分享宝贵的知识和经验，促进文化传统的传承与发展，推动不同年龄层次之间的交流和互动，提升教育培训行业包容性与多样性。

3. 银发经济稳步提升

养老事业是养老服务的重要基础之一。广州市在养老服务业综合改革以及中央支持居家和社区养老改革试点区中均处在先行先试的位置。[1] 随着广州市人口老龄化趋势日益加重，银发经济成为重要的消费和投资领域，大力发展银发经济可以带动相关产业成长，促进就业岗位增长和提升区域经济活

---

[1] 徐雯雯：《市政协常委欧阳智鸿：广州发展"银发经济"大有可为》，《广州日报》2024年1月12日。

力，成为经济增长的新动力。当今时代日新月异，银发经济也在积极创新发展寻求自身发展突破，在满足老年人多样化消费需求的同时，推动相关产业的优化和转型升级。广州市政府推进了"3+X"养老服务模式，创新性地将居家养老服务延伸至医养结合、助餐配餐和家政养老等多个民生领域。在助餐配餐方面，全市共建成了1117个长者饭堂，并实现了刷社保卡就餐，将重度残疾人纳入了服务范围；在医养结合方面，长期护理保险覆盖了所有医保参保人员，共建成177个护理站，养老服务机构的医养结合服务覆盖率达到100%；在家政养老方面，广州市政府建立了"护理员+家政员"养老服务队伍，所有镇（街）均开展了"家政+养老服务"，并将服务延伸到村（居）。① 银发经济主要由第三产业构成，其创新发展拓展了服务业规模，促进了产业结构的优化和转型升级。

凝聚合力，丰富资源要素供给。广州市鼓励多元主体共同参与银发经济的建设，通过取消市场准入、创新价格管理、落实资助政策以及优化营商环境的方式，运用市场机制和市场力量来增强银发经济发展的内驱力，推动银发经济发展的可持续性，目前社会力量满足了广州市75%的养老床位、100%的长者饭堂和100%的养老服务综合体。

多措并举，完善体系激发潜力。银发经济和养老服务体系是相互促进、相辅相成的关系。不断发展的银发经济，可以推动养老服务体系的改善和提升；而建立健全的养老服务体系，也能为促进银发经济的可持续发展提供支撑和保障。为完善养老服务体系，提高养老服务质量，广州市民政部门实施了全面监管机制，具体包括机构自查、镇（街）检查、区民政局联合职能部门巡查、市民政局联合职能部门督查。同时，政府委托第三方机构进行养老服务年度评估，多管齐下确保服务质量过关，且编制实施了养老服务机构设施规划，鼓励社区养老服务设施建设，支持优惠使用公有房产和国有企业物业用于基本养老服务。

科技赋能，助力银发经济提质增效。通过科技赋能银发经济，能够有效

① 张伟涛：《广州完善人人享有的基本养老服务体系》，《中国社会报》2023年7月19日。

提高服务质量、提升生产效率，实现更进一级的经济效益和社会效益，有助于满足银发人群多样化、多层次的养老需求，推动银发经济健康可持续发展。为贯彻国家养老事业养老产业的协同发展战略，及落实《智慧健康养老产业发展行动计划（2021~2025年）》的健康养老精神，广州市民政局和黄埔区民政局在2023年11月17日联合举办了首届广州智慧康养（适老）装备创新设计大赛暨产业发展大会，支持参赛作品的展销、成果转化和媒体宣传，展示智慧养老科技的魅力，推动适老化智能装备的创新研发和落实，优化银发产业的发展环境，满足银发人群对美好生活的需求。

（二）广州市银发经济细分市场的发展情况

银发经济的发展主要由老年人的生理需求、健康需求和情感需求推动。研究表明，不同年龄段的银发人群呈现不同的消费特征：45~59岁的中老年人更注重文化和旅游消费，而80岁以上的老年人则更关心护理和养老服务。中国银发经济在细分市场方面呈现多样化特征，各市场领域存在着不同的消费需求、发展机遇和盈利模式。以下列举了一些较为典型的银发细分市场。

1. 康养行业

《"十三五"国家老龄事业发展和养老体系建设规划》中提出了"9073"养老格局，即90%的老年人在社区得到支持后进行居家养老，7%的老年人在社区进行养老，3%的老年人入住养老机构。中国康养行业以康复为基础、以养老为核心，拓展和发展配套服务行业，以实现为不同护理需求提供差异化服务的目标。目前，我国康养行业面临着基础设施供应不足和专业人才匮乏等挑战，但随着康养需求持续增长，以及对人才培育和养老服务质量的日益重视，中国仍不断推进"9073"养老服务模式。同时，科技赋能的养老模式也在迅速发展，为康养市场带来了新的发展机遇，科技创新的智慧养老模式有望为银发群体提供一种新型养老方案，提升养老服务水平与服务效率。

近年来，广州市在完善养老服务体系上狠下功夫，并在创新特色养老服务上取得了显著成就。截至目前，全市已建成超过1.6万张家庭养老床位，并推动适老化改造、智能化配备、专业化服务等方面的进展。通过"三入户"的养老服务模式，累计为 4700 多户特殊困难老年人实现居家适老化改造。截至 2023 年，广州市共有养老服务机构 283 家，养老床位 7.2 万张，养老机构护理型床位占比 83%；全市共有社区养老服务设施 3643 个，实现社区养老服务设施覆盖率 100%。

2. 智慧养老行业

随着人口老龄化程度的不断加深，传统的养老模式难以满足老年人的多样化养老需求，数字技术和智慧养老可以提高老年人生活质量，提升医疗护理水平，实现智能化管理和监测，帮助银发人群更便捷地享受各种养老服务。通过高水平的数字化技术建立的智慧养老模式，可以更好地整合社会资源，提升社会保障水平，实现养老服务的全面覆盖和精细化管理。

在科学技术的高速发展下，智慧养老模式应运而生，但作为新型养老模式，其发展现状下仍透露出一些问题。市政协常委欧阳智鸿表示，当前的智慧养老存在着服务质量参差不齐、服务内容单一、信息化和智能化程度有限，并且缺乏统一标准，政策制定、资金投入和市场引导等方面的支持也不足，因此广州市目前正着力于制定智慧养老标准和完善养老服务监管机制。[①]

3. 失禁用品行业

伴随着年龄的增长，银发人群的身体功能逐渐减弱，这其中就包括控制排尿和排便的能力。失禁现象对老年人的生活质量和自尊心造成负面影响，失禁用品的出现可以帮助老年人保持干燥、清洁的生活环境，在减少羞耻感和不适感的同时有效预防感染的发生，大大提高老年生活质量。第七次全国人口普查抽样数据显示，中国老龄人口失能率约为 2.3%，社会存在长寿但不健康的现状，也意味着失禁用品的用户基础在持续扩大。

在思想观念的进步下成人失禁用品的渗透率也在提高，但与其他国家相比中国的失禁用品行业渗透率仍是较低，主要原因有用户认知障碍与产品质

---

① 徐雯雯：《市政协常委欧阳智鸿：广州发展"银发经济"大有可为》，《广州日报》2024 年 1 月 12 日。

量参差不齐。与西方国家相比，我国成人失禁用品市场的认知和接受度相对较低，尤其是在向轻度及中度失禁人群做失禁用品推广时，易受到用户心理上的排斥。但随着人们健康意识的增强和市场的积极引导，成人失禁用品的接受度正在逐步提升，失禁行业规模有望保持持续增长。当前目标客户群体的消费观念逐步升级，他们对失禁用品的品质也有了更高的追求，注重产品自身质量、便利性、舒适度以及专业性，满足消费需求的失禁用品正赢得更多的市场份额。

（三）广州市银发经济发展存在的问题

虽然银发经济发展势头正猛，但仍存在有待突破的市场考验。

第一，与其他产业相对比，银发产业普遍存在经营成本较高、投资回收期较长的特点。然而市场上的老龄需求日新月异，银发企业难以以最快的速度把握住市场商机，市面上存在着供求不匹配的问题。老年消费市场已呈现年轻化、多样化的需求趋势，可老龄产品的开发方仍缺乏对市场的深度探索，未能准确把握住当下老年人的"燃眉之急"，对于市场认知仍停留在较为浅显和片面的层面。

第二，银发客群自身特点导致银发经济的发展存在困境。首先，银发客群中有大部分人呈接受能力较低、思想较为保守的特点，导致银发经济无法创新、高速发展。银发人群与时代之间的数字鸿沟是影响银发经济高速发展的重要因素。其次，银发人群的反应能力和辨别能力较其他年龄段的人群低，当存在欺诈行为时他们难以在第一时间辨析。多年以来，老年人消费被骗的事件层出不穷，"天价保健品""反科学医疗器械"的营销屡禁不止，银发市场的市场秩序有待改善。

第三，政府在扶持银发产业发展时存在时滞性。近年来，政府发布了多个政策文件，从税收、财政等多个方面支持银发产业的发展，但在政府发现银发企业的现存困境、颁布相关政策破除企业发展壁垒与相关文件正式落地实施之间存在一定的时间错配问题，许多银发企业在发展过程中遇到的难题无法在第一时间获得有效援助。

二　进一步发展广州银发经济的对策

在银发经济迎来"黄金时代"的今天，社会多方携手并进，推动养老服务机制的落实。国务院印发了《"十四五"国家老龄事业发展和养老服务体系规划》《关于推进基本养老服务体系建设的意见》等多个银发文件，坚持满足老年人需求和解决人口老龄化问题相结合，坚持应对人口老龄化和促进社会经济发展相结合，统筹把握老年群体与全体社会成员、老年期与全生命周期、老龄政策与公共政策的关系，坚持系统性推进老龄事业发展，为国民经济的持续高质量发展给出了建设性指导建议。银发经济的发展离不开老龄事业和老龄产业的协同发展，基础性公共服务和个性化服务的统筹兼顾，新时代老年人多层次多样化需求的适配性满足。但目前社会上仍存在着养老产品供给不足、养老服务质量较低以及老年人受骗等问题，银发经济的发展仍然面临着艰巨的任务，需要各界长期的共同努力。

（一）加强政策引导，提升服务质量

完善的养老服务体系是支撑银发经济的基础，在全面、优质的养老体系下能有效激发银发人群推动银发经济发展的活力，银发经济的发展也推动了养老服务体系的进一步完善，促使社会各界增加对养老服务体系的投入和改进。银发经济的蓬勃发展为养老服务提供了市场需求和商业机会，进一步推动了养老服务体系的完善和创新。市场主体应该被鼓励参与颐康中心建设运营、老年助餐服务、家庭养老床位、适老化改造、认知障碍照护等重点项目及新养老业态。在养老事业和产业高质量发展浪潮中，各方合作共同推动整个产业链条协同发展，实现大中小企业融通发展。[①] 政府可以通过深度挖掘银发客群的需求，关注老年人口结构变化和银发客群消费趋势，引导商家与

---

① 李国全、严煦等：《推动养老事业和产业双轮驱动　共促广州养老行业高质量发展》，中国发展网，http://www.chinadevelopment.com.cn/news/cj/2023/11/1869504.shtml。

多元化需求相匹配的养老产品与服务。

为提升养老服务人才素质，政府要制定相关政策推动老龄产业教育培训体系建设，实施多项培训和就业措施提高从业人员专业技能与服务水平，吸引各界人才进入银发产业，加强银发产业人才队伍建设，推动相关产业链发展。以老年人需求引领市场供给，政府发挥好"无形的手"的作用，鼓励创新供给，激发新的需求，实现更高层次的平衡发展，在满足银发产业转型升级的同时增强银发人群的满意度、幸福感和安全感。

（二）重视老龄产业，挖掘潜在需求

老龄产业对社会经济发展、人口老龄化应对和社会稳定作出了重要贡献，其发展未来会成为全球经济的增长点和社会发展的关键点。银发经济的发展是社会各主体共同努力的结果，在时代发展的洪流中各主体要各司其职，朝共同的方向努力。一是政府要制定专项政策、推出针对银发产业的优惠政策，降低生产成本，激发市场潜力。二是业内要积极制定可行的行业规划，明确发展目标和重点领域，促进资源合理配置。三是银发企业建立更加老年友好的经营模式，包括提供适老化的售后服务和消费环境等，吸引消费者并满足其需求。将"预备于老"纳入银发经济范畴是符合时代发展规律的正确选择，老龄产业作为银发经济的重要主体，要肩负起银发经济发展的机遇与挑战，落实下沉市场挖掘需求的现实需要，推动构建现代银发经济体系，为国民经济的高质量发展提供新动力。

（三）推动科技创新，产业转型升级

信息化是现代化最显著的时代特征，政府应鼓励企业运用现代信息技术在原有的养老服务模式和产品上进行改造创新，提升服务效率与服务质量，并支持研究机构进一步开展围绕适老化产品和服务的研发工作，推动传统养老模式的智能化和便捷化转变。政府积极打造一体化的服务平台，整合医疗、养老、教育、娱乐等多方资源，为老年人提供一站式服务。当今社会是具有联系的多元社会，银发经济也并不能独善其身，唯有与多方产业相结

合，融合不同行业间的技术优势，开发新型服务模式，优化养老产业生态，才能得以实现高质量养老产品供给，满足多元化需求，形成竞合并存的发展格局，促进产业结构的转型升级。[①]

（四）加强文化建设，丰富银发思想

政府要加强社会文化建设，丰富银发群众的精神生活。银发人群的闲暇时间较为充沛，大多数拥有坚持多年的兴趣，其中不乏坚持了某种兴趣爱好一辈子的老艺术家。政府可以组织建设老年人社区文化中心作为主要活动地点，开展各类文艺演出、书画展览、老年人读书分享会等文化活动，让老人们在分享与聆听中提升自身精神文化水平，在满足个人精神需求的同时激发其文化自豪感，助力中华优秀传统文化的发扬光大。"老年大学"的热度近年来一直居高不下，作为固定的老年人休闲娱乐中心，应积极调查银发群众的心中所想，结合老人的兴趣爱好开展培训课程，鼓励老人参与学习与创作，丰富精神世界。

（五）各界共同参与，跨代携手合作

银发经济的高质量发展离不开社会各年龄段群众的共同努力，家家户户皆有老人，人人皆会变老，老年人的当下需求也会是年轻人的未来需求，唯有将社会共识凝聚起来，组织各界共同参与起来，才能为老龄经济的高质量发展奠定良好的基础。政府及社区应积极开展宣传活动，向社会传播尊重、关爱和包容老年人的理念，鼓舞群众积极投身社会公益事业，营造尊老、爱老的社会氛围。鼓励老年人与年轻一代开展跨代交流活动，促进互相了解、尊重和共融，消除不同年龄段人群之间的交流壁垒，帮助老年人适应社会变化，增进家庭和社会的凝聚力，促进老龄化社会下各界的和谐发展。

---

① 万静：《"老龄经济"和"备老经济"均纳入银发经济发展体系》，《法治日报》2024年1月26日。

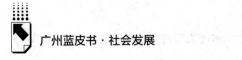
参考文献

张伟涛：《广州完善人人享有的基本养老服务体系》，《中国社会报》2023年7月19日。

胡杨：《破解银发经济"四更"困境》，《中国银行保险报》2024年1月8日。

王天宇：《人口老龄化催生银发经济政策指导产业向纵深发展》，《金融时报》2024年1月17日。

李国全、严煦等：《推动养老事业和产业双轮驱动 共促广州养老行业高质量发展》，中国发展网，http://www.chinadevelopment.com.cn/news/cj/2023/11/1869504.shtml。

徐雯雯：《市政协常委欧阳智鸿：广州发展"银发经济"大有可为》，《广州日报》2024年1月12日。

《四部门解读"银发经济"，信息量很大！》，广东省人民政府网，https://www.gd.gov.cn/zwgk/zcjd/gnzcsd/content/post_4338534.html。

万静：《"老龄经济"和"备老经济"均纳入银发经济发展体系》，《法治日报》2024年1月26日。

B.21
农村籍随迁老人社会融入问题
调查与改善研究

——以 N 社区为例

周 雨 梁杏婵*

摘 要: "积极应对人口老龄化"已经上升为国家战略。受传统养老观念的影响以及隔代照料的需要,越来越多的老人跟随子女来到城市,从"农村老人"变成了"随迁老人",开始了他们的"城漂生活"。随迁老人来到陌生的城市与子女共同生活,既要承担原有家庭的责任,又要面对生活融入、家庭融入、社区融入、区域融入等诸多挑战。为此,本文选取 N 社区随迁老人进行访谈调查,从家庭、社区、政府等角度提出解决随迁老人社会融入问题的对策建议:在家庭层面,子女应有极大的包容心与耐心,为老人提供更为丰富的精神慰藉与情感支持,满足他们在情感上的需求;在社区层面,应当着力强化组织的构建,以提升社区管理与服务的品质;在政府层面,应关注农村随迁老人这一特殊社会群体,进一步完善异地养老保障体系。

关键词: 随迁老人 社会融入 老龄化

一 问题的提出

党的十九届五中全会首次将积极应对人口老龄化上升为国家战略,党的

---

* 周雨,博士,广州大学广州发展研究院副院长兼党支部书记,讲师,广州市粤港澳大湾区(南沙)改革创新研究院副院长;梁杏婵,广州大学公共管理学院研究生。

二十大继续深化了这一战略。2023 年春节前夕，习近平总书记在视频连线看望慰问福州市社会福利院时强调，一个社会幸福不幸福，很重要的是看老年人幸福不幸福。我国社会老龄化程度越来越高，一定要让老年人有一个幸福的晚年。2020 年，国家卫生健康委与全国老龄办联合发布《关于开展示范性全国老年友好型社区创建工作的通知》，探索建立老年友好型社区创建工作模式和长效机制，改善社区老年人居住环境，提升为老服务水平，将社区公共场所打造成夕阳温馨港湾，增进老年人晚年生活的安全感和幸福感。2021 年第七次全国人口普查结果显示，中国 60 岁及以上人口占比超 18%，人口老龄化程度进一步加深。其中，流动人口为 375816759 人，跨省流动人口为 124837153 人，省内流动人口为 250979606 人。与 2010 年第六次全国人口普查结果相比，流动人口增加 154390107 人，增长 69.73%。中国现有随迁老人近 1800 万人，其中专程来照顾晚辈的比例高达 43%，且呈持续增长态势。①

迁移流动是人类在生存理性的驱使之下与生俱来的一种本能倾向，现代化大规模的迁移流动成为一种全球性公共景观。改革开放以来，随着我国经济社会的快速发展，户籍制度的松绑，以工业化和城市化为核心的现代化进程迅速推进，人口流动的速度越来越快、规模越来越大。进入 21 世纪之后，流动人口结构发生变化，从进城务工人员衍生出了随迁子女和"随迁老人"②。随迁老人背井离乡到新的城市社区生活，产生了一系列"社会融入"③ 问题，如子女与老人疏于交流、生活习惯差异、家庭代际冲突、城乡文化差异、社会交往断裂等。多数随迁老人对自己目前的社会交往状况满意

---

① 《〈中国流动人口发展报告 2018〉内容概要》，国家卫生健康委网站，http：//www.nhc.gov.cn/wjw/xwdt/201812/a32a43b225a740c4bff8f2168b0e9688.shtml。

② 本文"随迁老人"概念解释：原本居住在农村从事农业生产，后跟随亲属迁移到城市生活；年龄 55 岁以上，并保留有农村户籍；在新的居住地计划生活 1 年时间以上。为便于叙述，后文将这一群体简称为"随迁老人"。

③ 本文"社会融入"概念解释：随迁老人不断适应迁入地的生活，在当地享有基本的生活保障和同等的居民权利，能够与社区居民积极互动，主动参与当地的社会活动，增强认同感和归属感，在经济、文化、人际和心理等方面持续融入当地社会的过程。

程度较低,"随迁老人"已成为不可忽视的社会群体。

本文以农村随迁老人的社会融入为切入点,通过实地走访、访谈、观察等方式,选取 N 社区作为研究案例,对农村随迁老人融入城市社区问题深入调研,研究分析影响融入问题的多重因素。

二 N 社区农村随迁老人的社会融入现状及原因分析

(一)N 社区的基本概况

N 社区位于郊区街道中心地段,面积约 1.04 平方公里。社区辖区范围内拥有金融、商业、现代高新科技、医院、学校等各类企事业单位,是一个具有蓬勃发展活力、浓郁人文气息和现代化魅力的社区,并以粤语为主要交流语言。N 社区下设居民小组 5 个,户籍人口 14700 多人,分别有 11 个居住点,其中有 6 个住宅小区外来人相对集中,随迁老人也比较多。由于语言和文化习俗差异等方面的原因,原住民与随迁老人、随迁老人与随迁老人之间缺乏了解与交流,社区内虽有组织活动,但鉴于缺乏数字媒体知识、信息渠道狭窄或者忙于照顾家庭等原因,只有少数的随迁老人会参与社区活动,普遍社区意识不强,社会活动参与度不高,社会融入程度低。

(二)受访者基本情况

本文选取该社区 20 位来自农村的随迁老人,分别来自 12 个省份,其中男性 5 人,女性 15 人;年龄方面,最小 56 岁,最大 74 岁,其中 55~59 岁 5 人,均为女性;60~69 岁 8 人,70 岁及以上 7 人;文化程度方面,文盲 4 人,小学 12 人,初中 4 人;迁移原因方面,绝大部分为照顾孩子和城市养老;截至调研时,居住时间最短的 7 个月,最长的 5 年,大部分为 1~3 年(见表 1)。

表 1 受访者基本情况

受访者	年龄	性别	籍贯	文化程度	迁移原因	迁移时长
Sq01	70	女	四川	文盲	城市养老	1 年
Sq02	58	女	重庆	小学	照顾孩子	3 年
Sq03	71	男	黑龙江	小学	城市养老	1 年
Sq04	70	女	黑龙江	小学	照顾孩子及城市养老	3 年
Sq05	56	女	广西	小学	照顾孩子	7 个月
Sq06	65	女	广东英德	初中	城市养老	2 年
Sq07	63	男	湖南	文盲	照顾孩子	10 个月
Sq08	66	女	湖南	小学	照顾孩子	1 年
Sq09	73	女	江西	小学	照顾孩子及城市养老	1 年半
Sq10	58	女	四川	小学	照顾孩子	1 年
Sq11	60	女	湖北	小学	照顾孩子	2 年
Sq12	58	女	广东阳江	小学	照顾孩子	1 年
Sq13	62	男	山西	文盲	照顾孩子	2 年
Sq14	64	女	辽宁	小学	照顾孩子	2 年
Sq15	63	男	湖北	小学	照顾孩子及城市养老	8 个月
Sq16	72	男	福建	初中	城市养老	2 年
Sq17	72	女	福建	初中	城市养老	2 年
Sq18	59	女	陕西	初中	因丈夫工作原因迁居	5 年
Sq19	68	女	湖南	小学	照顾孩子	1 年
Sq20	74	女	黑龙江	文盲	城市养老	2 年半

（三）社区随迁老人的社会融入问题现状

通过回顾王建平等[1]、段良霞等[2]、张文武[3]等学者对老年人社会融入的研究，结合实践观察和访谈，本文将从生活融入、家庭融入、社区融入和区

---

[1] 王建平、叶锦涛：《大都市老漂族生存和社会适应现状初探——一项来自上海的实证研究》，《华中科技大学学报》（社会科学版）2018 年第 2 期。

[2] 段良霞、景晓芬：《西安市随迁老人社会融入的影响因素》，《中国老年学杂志》2018 年第 6 期。

[3] 张文武：《天伦之乐还是孤独乡愁？随迁老人城市融入的多维测度与影响因素分析》，《人口与发展》2023 年第 5 期。

域融入四个方面来分析随迁老人的社会融入情况。

1. 生活融入

生活融入主要是从气候适应、生活方式等方面去衡量随迁老人在城市生活中的适应情况。对于随迁老人来说，其价值观念、生活认知与行为等早已被形塑，难以更改。从熟悉的故乡随迁来到一个全新的生活环境，随着年龄增大，身体机能逐渐减退，学习能力降低，很难再像年轻人一样可以迅速接纳新事物、融入新环境，可能会出现不同程度的不适应感。

（1）气候不适应，生活方式差异大

城市地处南方，属亚热带季风性气候，夏季高温多雨，冬季低温干燥，气候比较湿热。而随迁老人们来自不同地域，其生活习惯及生活环境有所差异，内陆的老人家十分不适应，访谈中也体现了这一点。

> 我老家是重庆的，来这边主要是帮忙带孩子。这边什么都挺好的，很方便，但是饮食习惯我是适应不了。这边饮食比较清淡，而我们重庆人就喜欢吃辣椒，无辣不欢，但是在这边吃辣椒准会上火，媳妇又是这边的人，饮食比较清淡，有时候做菜也挺愁的。（sq02）
>
> 广东这边气候挺好的，也没有我们老家黑龙江那边冷。但是湿冷和干冷差别挺大的，这边一冷起来挺要命的，穿多少衣服都没有用，要是遇上下雨天就更难受了。（sq03）

（2）数字鸿沟成为农村老人难以逾越的障碍

多数老年群体在智能技术适应问题上还存在很多困难，并未充分享受到互联网带来的高效与便利，很难跟上数字化时代的脚步。而随迁老人从农村到城市，不可避免地要学会使用智能手机，知晓更多智能技术知识。例如，如何线上办理银行业务、在哪里查询公交路线、如何扫码线上点单与支付等，以便更好地适应城市生活。

> 我从家里来之前都只用小灵通，但是来了以后好多地方都得使用智

能手机，什么付钱啊、门禁啊，都得用上手机。但是我年纪大，学东西慢，小孩们也就只教了我一些基本的，其他也没有时间详细教我。所以，智能手机和小灵通一样，就是拿来接打电话的。(sq01)

有一阵子听其他人说社区有手工和义诊活动，可以免费给老人进行身体检查，我都不知道，后面才知道这些活动会在小区的微信群里发通知，但是我又不怎么会使用手机，也就错过了很多活动。微信通知，线上报名，听起来很方便，都是方便年轻人的，而不是我们这些老家伙。(sq09)

我用手机也就是会接打电话，有一次带孙女去麦当劳要扫码点单我也不是很会，只能求助年轻人，果然是老了。(sq13)

2. 家庭融入

家庭融入是否良好主要取决于随迁老人与家庭成员关系的融洽程度。对于随迁进入城市的老人们来说，家庭作为他们日常生活中最基础的活动场所，发挥着至关重要的作用。而随迁老人与家庭成员的关系，不仅直接影响着他们在新家庭环境中的适应程度，更是他们适应城市社会生活的关键因素。因此，对于还没有建立起成熟的社会支持网络的随迁老人来说，家庭成员的支持是最为重要。基于此，本文将从代际关系、家庭情感支持两方面阐述随迁老人的家庭融入情况。

（1）代际关系不和谐是主要问题

随迁老人出于照顾孙辈或养老的目的选择与子女一起生活，但由于老人和子女在生活背景和生活轨迹上存在差异，生活习惯、家务琐事等方面在地理变迁、传统观念的影响下，难免会产生冲突。这些冲突可能源于不同的生活理念、行为习惯，也可能受到传统家庭角色定位的影响，从而导致随迁老人在城市家庭中融入困难。例如，消费观念上的勤俭节约与铺张浪费、对第三代的教育观念差异、卫生习惯上的不同要求等。

我的儿媳妇很喜欢买东西，老是在网上买买买，快递从来没停过，说便宜、打折，都是日用品，不贵。要我说，再怎么便宜也是要花钱的，最便宜就是不买，都不用花钱，多好。趁年轻多存点钱，以后遇到事也可以周转过来。但是人家年轻人有自己的想法，说多了就觉得我多管闲事，吵起来，儿子夹在中间也难做。（sq11）

现在的年轻人老是说科学育儿，这也不能吃，那也不能摸，老是说卫生卫生，那我们以前不卫生还不是照样把儿子女儿养得这么大，真不懂他们，就知道穷讲究。（sq08）

现在娃儿的压力是真的大啊，才多少岁啊，一周好几个补习班，又是英语，又是画画的，连个休息时间都没有。我觉得是没什么必要的，但是他爸妈就觉得不报班，孩子就会输在起跑线上，怕孩子竞争不过别人。（sq15）

（2）家庭成员的情感支持很重要

随迁老人在新城市最主要的依靠以及情感支持来源就是自己的子女，但是年轻一代忙于事业打拼，工作压力大，又或者关注点在孩子身上，难免忽略老人的想法和感受。而老人们"不给子女添麻烦"的传统思想往往会压制自己的沟通欲望，选择自我消化，这样长久以来就会减少彼此沟通交流的频率，代际互动交流处于断裂状态，从而导致随迁老人缺乏来自家庭成员的情感支持，不利于其家庭融入，也对精神与心理产生了一定的影响。

女儿和女婿的工作很忙，下了班又要忙着辅导孩子的作业，不然就是坐在沙发上玩手机、刷抖音，跟我没什么话说，我也不懂他们年轻人喜欢什么，很难有说话的时候。（sq16）

我年纪大了，什么也不懂，每天跟孩子们说的话也就是吩咐我做什么事情，有的时候实在想找人说说话，也就只能打电话给乡下的老伴，不然就是一整天对着家里的四面墙，闲得慌。（sq07）

我跟我的儿子没什么好说的，说两句就生气，不是吵架就是出门，40多岁了也不结婚，事业也没有什么成就，反而还需要我们两口子帮

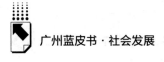
忙填窟窿。（sq06）

此外，部分老人因为角色转变或自我身份定位偏差而影响家庭融入。在家庭系统中，每个家庭成员都有自身的角色定位和对应的权利与义务。随迁老人离开故土，到城市与子女共同生活，开启了家庭系统的重组和家庭结构的改变。随迁老人加入城市里子女的家庭后，实现了从"核心家庭"到"主干家庭"的转变。随迁老人作为家庭的新成员，家庭定位与角色发生了改变，必然产生家庭融入过程的适应困难。

从访谈中可以明显地看出随迁老人们处于两种极端：一些老人会认为自己还处于家庭中的核心位置，习惯性地插手与做主新家庭的事务，但因为家庭话语权从老人转移到子女上，导致老人心理落差大，自我定位出现偏差，引发家庭内部冲突，不利于家庭融入；而另一些老人则会与新家庭保持一定的边界感，认为自己只是家庭的过客，是"局外人"，等到任务完成则会退出新家庭，回到原来的家庭中，这也就导致了随迁老人的家庭融入不顺利。

孩子有孝心，说把我接过来享福，但是这里始终是孩子们自己的家，偶尔过来住一阵子还好，住久了还需要他们照顾我，给他们添麻烦，我打算待一阵子就回去了。（sq19）

我看他们年轻人工作忙，我就帮忙做点家务也被挑剔。洗衣服又说洗得不干净，做饭又说不合胃口，收拾东西也说位置不对，这也挑剔那也挑剔，终归是容不下我。（sq05）

我每天做家务、煮饭、带小孩，把一大家子照顾得好好的，到头来，嫌弃我老了，不中用了，什么事情也不问我的意见，什么都让我别问别说。（sq10）

3. 社区融入

社区融入是随迁老人在主观意识与客观环境两个层面对新社区环境的接

纳与认可过程。在这一过程中，随迁老人通过构建新的社会支持网络，逐渐适应新的社区生活，并与当地社区居民建立起积极的互动关系。在这个过程中，随迁老人逐渐适应社区生活，形成对新社区的归属感与安全感，愿意参加社区活动，是一个渐进的、互动的过程。这一融入过程不仅体现了随迁老人对社区环境的适应能力，也促进了社区内部的和谐与互动。基于此，本文对随迁老人的社区融入情况主要通过社区归属感、社区活动参与度、社会支持系统和社区资源这四个层面来进行观察。

（1）缺乏社区归属感，社区活动参与度低

社区归属感是指社区居民对所在社区的心理认同与情感联结，表现为将自己视为该地域社群的一分子。当居民的社区归属感强，就会主动参与社区事务和社区管理，积极参加社区活动，因此，社区的归属感是影响社区的形成和发展的重要因素。但是通过访谈可以看出，随迁老人们对社区没有什么归属感，也不愿意参加社区活动。

这里的活动挺多的，也有很多娱乐场所，都没有什么限制。但是，我跟别人也不熟，自己在那边玩没什么意思，而且是社区的活动，我也不是这里的人，就不凑这个热闹了，待在家里看看电视也挺好的。（sq08）

我过来主要是帮忙带小孩的，户籍也还在老家，过两年等小孩大一点，应该就要回老家了。而且，人生地不熟的，聊天的人都没有，还是老家好，还有街坊邻居唠唠嗑。（sq10）

这里的人都挺好的，有时候社区人员上门发传单会问一下我们对社区周边是否熟悉，或者有什么建议和改进的地方，但是我们又不是这里的人，提建议也不一定管用，而且我也不常出门，只要回回家和去菜市场就行了，其他东西我也不关心。（sq05）

可见，部分随迁老人因为没有相熟的人，宁愿待在家里也不愿意参与社区活动。同时，受"落叶归根"的观念影响，部分随迁老人的城市居留意愿低，他们并没有长期居住在城市的打算，认为自己是外乡人，只是暂住，当条件允许时，还是会选择回老家，这也就导致其对社区的归属感低的现象。

（2）个体心理距离远，身份认同低

随迁老人对其他人的反应可以体现出他们的心理距离。当随迁老人愿意与本地的居民建立关系，说明其有融入的倾向，也有利于培养其社区归属感与身份认同感；相反，即会影响他们的社会融入。此外，因为生活环境与过往经历的不同，随迁老人会难以形成身份认同感，自我效能感降低，还有部分老人会自觉地将自己与本地老人区分开，有意识地约束自己的行为，主动缩减社交圈子和社交活动，只在自己熟悉的范围内进行交往。

> 住小区挺方便的，就是邻居之间很少交流，碰到了也就打个招呼，再把门一关，也就结束了。（sq07）
>
> 没怎么跟本地的人交流，他们听不懂我们讲，我们也听不懂他们说的，也就不交流了。平时有空的时候跟老乡们打打牌、跳跳舞，也挺开心的，不一定非得认识这里的老人，大家都有自己的圈子。（sq15）

（3）社交范围狭窄

随迁老人若能在新社区结识新朋友，搭建新的人际关系网络，则有利于其获得情感支持，从而促进其社区融入。相反，则会因缺乏人际关系支撑、无人交流而产生孤独感与不安，不利于其社会融入。

> 我本来就是广东人，跟这里的人交流也不会太难。而且我很喜欢跳舞，所以来了这里就组了个舞蹈队，大家一起跳跳舞，约着一起去旅游，也挺开心的，退休生活过得很舒服。（sq06）
>
> 来了两年了，很少出门，家里孩子挺好，孙子也长大了，买菜做饭也不需要我，年纪大了也不想去跳什么广场舞，在家里看看电视也挺好。（sq20）

（4）社区周边路线及资源不熟悉

农村随迁老人到达城市后，看到繁忙拥挤的城市、脚步匆匆的行人和拥堵不堪的马路，这与曾经安静祥和的农村生活截然不同。从前老人们的休闲娱乐和交通出行较为单一，但城市交通线路复杂且交通工具多样，文娱生活空间分散。如何使用交通工具，熟悉交通路线和融入新的休闲娱乐资源成为随迁老人社会融入的一大难题。通过访谈，大多数的随迁老人对社区周边场所及设施分布不太了解，主要熟悉小区、菜市场和学校的路线。此外，随迁老人由于对微信、支付宝等手机 App 的操作不熟练，进而减少了自己的出行次数，而这无疑缩小了随迁老人的活动空间，并不利于随迁老人在城市中生活，从而无法顺利地进行社会融入。

这里车多人多，公交线路也多，看得我眼花缭乱，不像我们以前一条线路直达县城。去一个地方还得转车，麻烦死了，还不如不出去。（sq14）

4. 区域融入

农村随迁老人的社会融入还可以通过微观角度和宏观角度来进行研究，微观方面即是从随迁老人的生活融入、人际交往和家庭融入方面分析，宏观角度即从经济保障、文化适应和政策制度等方面来进行分析。

（1）经济基础决定上层建筑

经济收入是满足城市生活需要的前提条件，也是获得幸福感与安全感的基础。而随迁老人的收入渠道固定，主要是养老金、个人储蓄、再就业工资和儿女的给予，但消费支出明显提升，使其无法在新生活中得到充分的保障，从而使他们对城市生活有一定的抵触心理，认为城市生活成本高，给子女增添麻烦，从而影响其社会融入进程。

我的养老金也不多，孩子们过年过节也会给点零花钱，但是有的时候带孩子还是买点小零食小玩具的，平常买菜也不好问孩子们要钱，毕

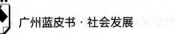

竟他们还背着房贷和车贷，小孩子补课费那些，能帮点就帮点了，以后还得靠他们给我养老。（sq09）

> 正常来说，我的退休金是可以的，但是我家小孩创业出了点问题，所以我们两口子拿了很多钱贴补他，毕竟就一个孩子，不帮也不行。（sq11）

（2）语言成为文化融入的主要障碍

语言作为沟通交流的一座桥梁，也是影响随迁老人在城市社会融入的关键因素。虽然国家大力普及普通话，但是 N 社区本地居民主要使用粤语沟通交流。而很多随迁老人文化程度不高，普通话学习不多，多用各地的方言进行交流，而各地的方言差异较大，语言不通导致老人们存在交流困难，成为随迁老人们社交的主要障碍。

> 有的时候看到一些本地老人在村口下象棋，我也想跟他们一起交流切磋，但是他们听不懂我讲话，我也听不懂他们说话，很难玩在一起。而且他们本地人自己也形成了一个圈子，好多时候说的一些事情我也不懂，虽然福建和广东在很多地方习俗上都挺相似的，但还是有差异的，就不好强融入。（sq16）
>
> 其实也不能说他们本地人排外，他们一听我是外地人还是愿意说普通话的，但是就是有点蹩脚，有几次在菜市场还闹出笑话。我说"十块钱一斤菜这么贵？"后来才知道人家说的是四块钱，哈哈。不过粤语真的挺难学的，我来了这么多年也没学会，只能听懂几句。（sq18）

此外，还有一些文化习俗上的差异，但鉴于文化习惯主要应用于家庭中，对随迁老人的社会融入影响较小，暂不在此赘述。

（3）政策制度

政策制度方面主要是关注随迁老人的社会福利保障，关乎随迁老人的正式支持。从随迁老人与本地户籍老人的就医、医保、福利保障等方面对比来看，随迁老人的正式支持并不全面。

从落户条件看，一种是被投靠人须有本市户籍且具有合法产权的自有住房；一种是被投靠人需要具有合法稳定住所（含租赁）且持有三年居住证，连续缴纳社保满 3 年。

从就医方面看，该地每年会为 65 周岁及以上的常住居民（含居住半年以上非常住居民）提供一次免费体检，不分户籍，因此随迁老人也可以享受这项福利。

从福利方面看，一是为 80 周岁及以上的户籍老人按三档标准发放1200~6000 元/年，二是面对 60 周岁及以上户籍老人，在各大镇街设有长者饭堂，但随迁老人们由于都不具有本市户籍，无法享受该项福利补贴。

在医保方面，已经上线普通门诊异地就医直接结算服务，但需要提前在粤医保 App 上备案，但随迁老人们由于不太了解具体政策，对信息接受较慢，对智能手机操作不熟练，自行处理异地医保结算对他们来说还是具有一定的难度。

（四）N 社区随迁老人的社会融入问题的原因分析

农村随迁老人从熟悉的家乡到一个陌生的城市生活，面临生活、家庭、社区等方面的融入难题，是个人、家庭、社会和制度等因素共同影响的结果，需要从多方面分析原因。

1. 个人原因

通过查阅文献以及与随迁老人访谈可以发现，随迁老人的个人意愿、性格特征、生理状况和学习能力是影响其社会融入的重要因素。

从个人意愿出发，大部分农村随迁老人保持传统家庭观念，认为进城是为照顾孩子和帮助子女减轻负担，只需在城市短暂生活，因此主观上认为无须融入社会。同时，来到城市以后不善与外人交流，难以建立新的社交网络。

从生理状况看，老年人随着年龄的增长，身体的机能和各部分器官都会出现不同程度的退化，精力和体力必然下降，也就会影响他们的行动、交往

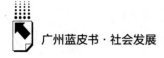

范围和心理状态，社交范围和活动范围受到限制，导致难以在新环境进行再社会化活动，影响社会融入。

由于城市生活受数字化、智能化影响较大，老人们需要学习新的生活方式与新鲜事物，但由于年龄增大，新事物学习能力下降，老人们难以在短时间内适应城市生活，会产生无用感和隔阂感，从心理上排斥新生活，也就导致融入新生活成为难题。

2. 家庭原因

随着年龄的增大，老年人的活动范围逐渐以家庭为核心，特别是对于随迁老人来说，适应新的家庭环境是他们最先面临的问题。因此，对于随迁老人来说，他们在城市生活中的主要交往对象就是自己的家人，主要活动场所就是家庭，同时家庭也是他们实现再社会化和获得情感支持的重要场所。

随迁老人迁移原因各不相同，但随迁过程中无法避免要处理好与子女的代际关系，增强与子女的沟通交流，减少摩擦与代际冲突，获得相应的情感支持与物质支持，从而通过子女的协助更好地融入社会。但是，随迁老人的子女忙于打拼自己的事业，与随迁老人的交流仅停留在表面，无法深入沟通，多会忽视随迁老人的情感需求。

一是随迁老人与子女们存在年龄观念上的代沟、生活习性上的差异，难免会造成摩擦影响双方关系，在一定程度上削弱随迁老人家庭方面的支持。二是由于随迁老人处于"人生路不熟"与辨别能力较低的状态，子女们出于担心其上当受骗、迷路走失等安全情况的考虑，会避免让他们与陌生人接触，甚至减少随迁老人参加社区活动与社会交往的机会。此外，还有部分老人因为囿于家庭事务与照顾孩子，没有太多的私人时间参与家庭以外的活动，这都会在一定程度上阻碍随迁老人的社会融入进程。

3. 社会原因

随迁老人从熟悉的家乡到新的场域，必然需要重新建立新的社会支持网络，熟悉新社区的事务与周边资源。然而笔者通过调研发现，随迁老人在新社区的日常交往对象单一且多为亲属，对社区事务了解不深，较少参与社区活动，主要原因有以下三个方面。

一是社区自治程度不高，居民参与到社区事务的机会不多，不利于激发居民的积极性与参与意识。二是随迁老人户籍地并没有改变，在社区中没有建立档案，社区难以关注并重视他们的需求，从而随迁老人并没有感受到社区的关爱与照顾，致使其难以对社区产生归属感。同时，现在社区活动通知与社区志愿招募多在线上进行，而随迁老人在智能技术使用方面存在滞后性，使其面临数字鸿沟，难以顺利参加社区活动。三是文化差异使随迁老人与本地老人交流产生障碍，社区层面也没有解决措施与构建互动平台，致使随迁老人会有心理上的被排斥感，从而影响社会融入。

其实我挺喜欢参加活动的，但是那些活动不仅要线上报名还限名额，有一些还要到别的地方参加。一方面，我年纪大了，手机不太熟悉，总是抢不到名额；另一方面，孩子们又怕我独自出行会有安全隐患，久而久之我也就不参加了。（sq03）

4. 制度原因

受到城乡二元结构的影响，一些社会福利政策与户籍挂钩。由于落户门槛高和"落叶归根"的观念影响，许多随迁老人虽身在城市，却未将户籍迁入，致使他们难以享受到城市的社会福利待遇，如高龄补贴和医疗保障。这会使随迁老人有很强的距离感与不安感，认为自己并没有真正地被迁入地所接纳，进而会影响他们心理上融入的积极性与主动性。

三 促进农村随迁老人社会融入的对策建议

第一，家庭层面。家庭是农村随迁老人们最先面对社会融入难题的场所，更是他们获得精神安慰与情感支持的主要场所。随迁老人在城市与子女共同生活，生活和物质条件已有所改善，但是情感需求不容忽视。子女应有极大的包容心与耐心，为老人提供更为丰富的精神慰藉与情感支持，满足他们在情感上的需求。投入时间与老人交流互动，确保他们得到充分的关注，让老人在心理上感受到关心，在精神上感受到充实快乐，从而更好地融入新生活。此外，子女们还要意识到并肯定父母的付出，表达对父母的感激，使其感觉到自身的价值与被需要，创建家庭的和谐与温暖，促进家庭代际关系的健康发展。

第二，社区层面。应当着力强化组织的构建，以提升社区管理与服务的品质。依靠社区内专门负责老龄事务的社工，建立随迁老人的信息档案，以全面把握其基本情况，为他们提供更为精准的服务。此外，社区工作者要主动开展探访，积极向他们介绍社区设施状况以及周边资源的分布情况，增进随迁老人对社区的了解，让随迁老人能感受到社区的温暖与亲切，增强他们对社区的归属感和认同感，更有效地推动社会融入。通过这一系列的关怀举措，更好地满足随迁老人的需求，促进社区的和谐与稳定。

第三，政府层面。应关注农村随迁老人这一特殊社会群体，进一步完善异地养老保障体系，特别是医疗改革与户籍制度方面，以期打破地域限制，逐步实现公共资源的均衡配置。既要强化对随迁老人的养老政策保障，又要提升他们的认同感、安全感、获得感。此外，政府还应加强对社会公众的宣传引导，充分利用各类渠道，特别是发挥主流媒体的舆论引领作用，以引导当地居民自发地关注随迁老人，从而消除对他们的排斥感。最后，政府应重视随迁老人的精神文化需求，通过丰富他们的精神文化生活，使其对迁入地产生更强的归属感，进而更好地促进他们的社会融入进程。

参考文献

王建平、叶锦涛：《大都市老漂族生存和社会适应现状初探——一项来自上海的实证研究》，《华中科技大学学报》（社会科学版）2018年第2期。

段良霞、景晓芬：《西安市随迁老人社会融入的影响因素》，《中国老年学杂志》2018年第6期。

张文武：《天伦之乐还是孤独乡愁？随迁老人城市融入的多维测度与影响因素分析》，《人口与发展》2023年第5期。

杨菊华：《空间理论视角下老年流动人口的社会适应》，《社会学研究》2021 年第 3 期。

袁可：《基于社会融入的随迁老人转化学习研究》，硕士学位论文，河北大学，2022。

许加明、华学成：《流动的老年："老漂族"的形成机制与多重角色困境》，《华中农业大学学报》（社会科学版）2018 年第 5 期。

婚姻家庭篇

B.22
2023年广州市女性婚恋观生育观
调查报告*

广州大学广州发展研究院、民进广州市委员会联合课题组**

摘 要： 本文基于对广州市1043名女性居民的问卷调查数据，深入分析了女性的婚恋观念、生育观念和生育行为现状。结果显示，广州市民婚龄持续推后，新生代女性婚恋观念呈"恋爱热衷、婚姻冷淡"态势。近七成的

* 本文是广东省社会科学研究基地国家文化安全研究中心、广东省决策咨询基地广州大学粤港澳大湾区（南沙）改革创新研究院的研究成果。

** 课题组成员：邓静红，民进广州市委员会副主委，广州市增城区政协副主席；谭苑芳，博士，广州大学广州发展研究院院长，教授，研究生导师，广州市粤港澳大湾区（南沙）改革创新研究院理事长，广东省社会科学研究基地国家文化安全研究中心负责人，研究方向为社会学、宗教学与城市学等；周雨，博士，广州大学广州发展研究院副院长，广州市粤港澳大湾区（南沙）改革创新研究院副院长，讲师，广东省社会科学研究基地国家文化安全研究中心研究员；李健晖，民进广州市委员会委员、参政议政处处长；粟华英，民进广州市委员会社会发展工委副主任，广州南沙粤澳发展促进会综合管理主任，经济师，研究方向为社会调查、民生事务、公共服务等；张永军，民进广州市委员会参政议政处副处长；任慧明，民进广州市委员会参政议政处二级主任科员；刘继承，民进广州市委员会社会发展工委主任；马胜佼，民进广州市委员会社会发展工委副主任。执笔人：周雨、粟华英。

女性认为生育非必需，新生代女性尤其如此。生育规模呈现小型化趋势，一孩为主力，三孩现象罕见。影响生育率下降的主要因素包括女性婚姻观念变迁、受教育程度和经济地位提高、小家庭生育观念普及、生育成本上升等。本文借鉴了国外一些国家鼓励生育的典型做法，并提出了完善生育假制度，完善生育育儿补贴政策，多措并举扩大普惠托育服务供给及质量提升，促进"妈妈岗"发展，全面推进辅助生殖技术法治化、保险化、专业化和创新化，探索推进非婚生育合法化及相关权益保障等对策建议，以促进广州市生育提升和人口长期均衡发展。

关键词： 婚恋观　生育观　生育率　鼓励生育政策

持续下降的出生人口数量和不断攀升的老年人口比例，导致中国人口老龄化问题日趋严重，这一人口失衡状况已然上升为当前社会发展的一大挑战。2023年中国新生儿出生数为902万，连续7年持续下降。虽然广州市的人口出生率高于全国水平，但存在波动下降趋势，也面临人口结构性变化的挑战。婚恋理念和生育理念的变迁趋势，对人们的生育决策产生了深远影响。在过去的几十年里，中国的生育观经历了从计划生育到二孩政策，再到当前的三孩政策。这种变化不仅影响了家庭规模的调整，也对社会资源的分配和人口结构的调整产生了深远影响。同时，随着科技的进步和社会的发展，人们对于生育的决策也更加注重个人的幸福感和生活质量，而不仅仅是经济因素。

为了解广州市民众特别是新生代的婚恋观生育观状况，分析其影响因素，为政府相关决策提供数据支持和对策建议，2023年11~12月，广州大学广州发展研究院、民进广州市委员会联合开展了"2023年广州市女性婚恋观生育观研究"问卷调查。调查采用配额抽样、简单随机抽样相结合的方式，成功访问了广州市越秀、荔湾、海珠、天河、黄埔、白云、番禺、南沙、花都、增城、从化等11个区1155位女性居民，回收有效问卷1043份。受访女性的背景信息如表1所示。

表1 受访女性背景信息

单位：%

调查样本分布类别		样本数量占比
地域分布	荔湾区	3.9
	越秀区	11.7
	海珠区	5.6
	天河区	45.1
	黄埔区	10.0
	白云区	4.0
	番禺区	3.0
	南沙区	4.2
	花都区	3.5
	增城区	2.9
	从化区	6.2
年龄分布	18~23岁（"00后"）	12.1
	24~33岁（"90后"）	47.9
	34~43岁（"80后"）	20.8
	44~53岁（"70后"）	15.1
	54岁及以上（"60后"）	4.1
受教育程度	高中/中职及以下	2.3
	大专/高职	12.7
	大学本科	71.3
	硕士研究生	12.1
	博士研究生	1.6
月收入水平	3000元及以下	5.1
	3001~5000元	15.2
	5001~10000元	42.8
	10001~20000元	26.3
	20000元以上	10.5
婚姻状况	未婚	51.1
	已婚未育	6.6
	已婚已育	41.6
	未婚已育	0.7

调查样本分布类别		样本数量占比
职业分布	政府机关工作人员	6.2
	事业单位工作人员	22.8
	企业工作人员	28.4
	社会团体工作人员	4.4
	专业技术人员	20.7
	个体工商户	1.2
	自由职业者	1.4
	家庭主妇	0.8
	离退休人员	1.2
	在校学生	1.9
	农民	0.2
	其他	10.6

一 广州市女性婚恋观念现状

（一）广州市民婚龄推后趋势显著

随着性别平等和女性独立的观念普及，年轻人的婚恋观变得更加开放和自由。婚姻不再是社会发展的主要目标，而是个人幸福和自我实现的手段。因此，当代年轻人普遍追求高学历、事业发展，婚龄延后成为常态。根据广州市第七次人口普查数据，广州市民的平均初婚年龄在逐年上升，从2016年的27.42岁上升到2020年的28.55岁，上升幅度达到1.13岁；20~24岁这一低龄结婚群体的比例在持续下降，从2016年的29.4%降至2020年的23.5%；而30岁以上的高龄结婚群体比例不断攀升，初婚年龄在30岁以上的比例从20.8%上升到28.7%。这反映了广州结婚人群的年龄呈现"去峰填谷"式变化，主流婚龄正在从20多岁逐渐推移至30岁左右（见图1）。

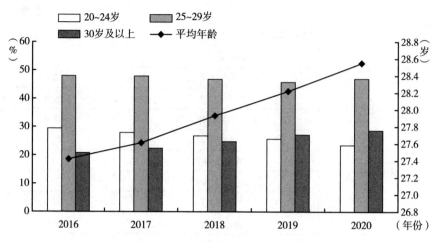

图 1　2016～2020 年广州市民初婚年龄情况

资料来源：广州市第七次人口普查。

（二）当代女性对婚姻的态度

1. 婚姻已不再是当代女性生活的唯一出路

调查显示，针对婚姻是否为人生必选项问题，69.4%的受访女性认为"是"，25.1%的认为"不是"。其中，未婚女性中 83.3%的认为"不是"，仅有 10.8%的认为"是"；而已婚女性中 54.5%的认为"不是"，低于未婚女性约 29 个百分点，而认为"是"的比例刚过四成，为 40.5%（见图 2）。

2. 女性对婚姻必需性看法受生活工作质量影响，随生活工作状态满意度提升而加强

调查显示，对目前生活状态、工作状态表示"很满意"的受访女性，认为婚姻是人生必选项的均超过了五成，分别为 58.8%、54.4%；反之，对目前生活状态、工作状态表示"不满意"的，认为婚姻不是人生必选项的均超过了八成，分别为 82.5%、83.3%。另外，职位越高的受访女性认为婚姻是人生必选项的比例越高（见表 2）。

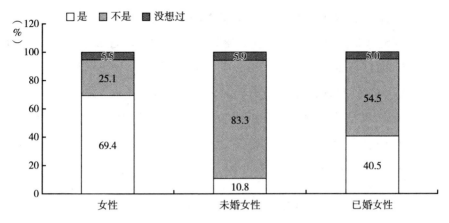

图2　受访女性对婚姻是否为人生必选项的态度

资料来源：调查数据。

表2　不同生活工作状态女性对婚姻是否人生必选项的态度

单位：%

不同群体		是	否	没想过
生活状态	很满意	58.8	35.3	5.9
	比较满意	29.3	65.9	4.8
	一般	17.1	76.6	6.4
	不太满意	16.5	79.1	4.3
	不满意	11.1	82.5	6.3
工作状态	很满意	54.4	43.0	2.5
	比较满意	27.8	65.2	7.1
	一般	20.0	74.9	5.1
	不太满意	19.2	76.8	4.0
	不满意	13.0	83.3	3.7
职位	普通员工	20.9	73.2	5.9
	管理层	40.4	56.2	3.4
	负责人	46.7	53.3	0.0

资料来源：调查数据。

3. 代际鸿沟愈加明显：从必需到选择

调查显示，随着年龄的增长，认为婚姻是人生必选项的比例呈跳跃式增长。"60后"女性认为婚姻是人生必选项的比例最高，为62.8%；高于"70后"（51.6%）11.2个百分点、"80后"（29.0%）33.8个百分点、"90后"（17.0%）45.8个百分点、"00后"（4.8%）58个百分点。而认为婚姻不是人生必选项的比例，则随着代际年老化而不断递减下降。"00后"女性认为婚姻不是人生必选项的比例最高，为88.1%；高于"90后"（77.8%）10.3个百分点、"80后"（64.5%）23.6个百分点、"70后"（43.9%）44.2个百分点、"60后"（34.9%）53.2个百分点（见图3）。

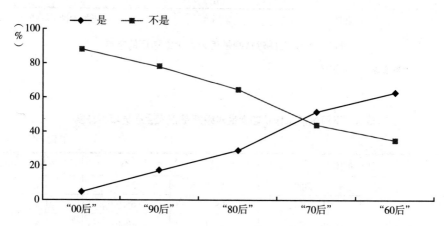

图3 不同年龄代际女性对婚姻是否为人生必选项的态度

资料来源：调查数据。

4. 经济独立性程度影响女性婚姻观念，婚姻非必须已成为中低收入群体主流观点

调查显示，认为婚姻是必选项的，中、低收入（月收入1万元及以下）女性中选择的比例都在三成以下，其中的中低收入女性最低，仅为17.8%。认为婚姻不是人生必选项的，中低收入、中等收入女性中选择比例均超过七成，分别为77.0%、72.0%；其次是低收入、中高收入女性群体，选择比例也超过了六成，分别为64.7%、66.2%；而高收入女性中对这一观点的选择比例（59.0%）最低（见图4）。从数据反映了经济独立性程度对女性婚姻观念的深刻影响，低收入群体明确地将婚姻视为"非必选项"已成为主流观点，值得重视。

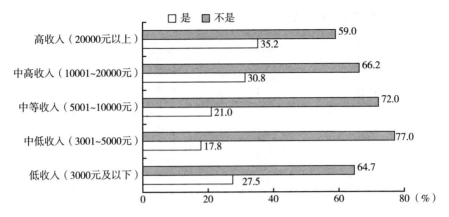

图 4　不同收入群体女性对婚姻是否为人生必选项的态度

资料来源：调查数据。

5. 自信心水平与女性对婚姻的必要性认知有一定的正向关联

调查显示，随着自信心评分的提高，认为婚姻是人生必选项的比例逐渐增加。自信心评分为 2 分及以下的女性中，认为婚姻是必选项的比例为 18.8%；评分为 4 分的女性中，这一比例上升到 28.7%；而自信心满分（5 分）的女性中，这一比例进一步增至 31.1%。虽然随着自信心的提升，认为婚姻是人生必选项的比例有所提升，但认为婚姻不是必选项的比例始终保持在较高水平。即使在自信心最高的群体中，仍有 65% 的女性认为婚姻不是人生的必选项。在所有受访女性中，没有考虑过婚姻问题的比例相对较低，从自信心最低的 9.4% 逐渐降至自信心最高的 4.0%。这可能反映了随着自信心的增强，女性更倾向于对婚姻有明确的态度和选择（见图 5）。

6. 经济独立性是影响自信心和婚姻观念的重要因素

调查数据显示，自信心与收入水平呈正相关。低收入女性自评自信心低分（1 分或 2 分）的比例最高，达 13.7%；而高收入女性自评自信心低分的比例最低，仅为 6.7%。高收入女性自评自信心高分（4 分或 5 分）的比例最高，达 76.2%；而低收入女性自评高分的比例较低，为 51%。随着收入水平的提高，自评自信心 3 分的比例先升高后下降，中等收入群体中该比例

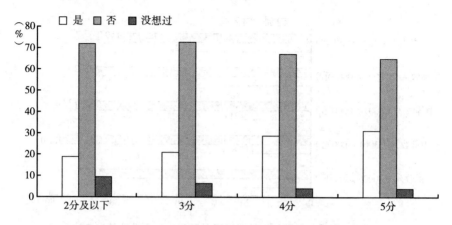

图5　不同自信水平的女性对婚姻是否为人生必选项的态度

资料来源：调查数据。

最高，为45.6%（见图6）。数据表明，较高的经济独立性会提升女性的自信心，从而增强她们认为婚姻必需的倾向，而相对较低的经济独立性会打击女性的自信心，使她们更倾向于认为婚姻是非必需，同时也会增加对婚姻必需性缺乏明确态度的比例。因此，经济独立性是影响自信和婚姻观念的重要因素。增强女性的经济独立性或许能在一定程度上提升她们的自信心，并引导其更积极的婚姻观念。

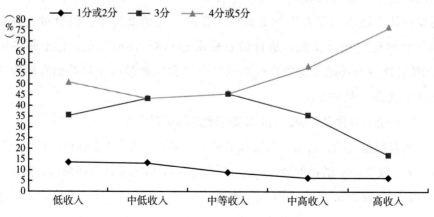

图6　不同收入水平女性自信心水平

资料来源：调查数据。

（三）新生代女性的婚恋观：热爱自由，审慎对待婚姻

随着现代女性独立意识的增强，婚姻的必需性和吸引力有所下降，恋爱被视为探索和体验的过程，而非必然导向婚姻的途径。调查数据显示，在未婚女性中，74.7%的表示愿意"谈恋爱"，表示愿意"结婚"的为40.9%，而既不恋爱也不结婚的比例也超过了两成五。

1. 新生代女性婚恋观念呈现"恋爱热衷、婚姻冷淡"态势

在受访未婚女性中发现，一是不同年龄段女性愿意谈恋爱的比例普遍较高，但呈现随年龄增长而降低的趋势。"00后"女性高达77%的愿意谈恋爱，而"70后"则只有60%。二是新生代女性虽然热衷于谈恋爱，但对婚姻持谨慎态度。"00后"女性中选择愿意结婚（26.2%）的远低于愿意谈恋爱（77.0%）的，超过50个百分点；"90后"为45.4%，也低于她们愿意谈恋爱（75.1%）的比例近30个百分点。三是都不愿意结婚的比例呈现年轻化趋势，从"70后"的20%上升到"00后"的23.8%，反映了新生代女性中不婚主义观念的增强（见图7）。

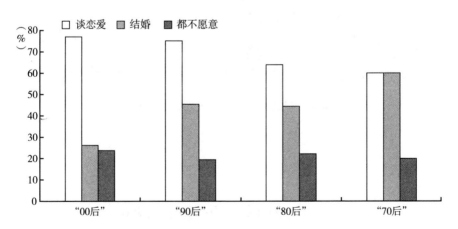

图7 不同年龄代际未婚女性的婚恋意愿

资料来源：调查数据。

2. 工作满意度状态决定未婚女性婚恋意愿高低

调查数据显示，一是大多数女性都有较高的谈恋爱意愿，但工作状态不佳时会大幅降低这种意愿。对工作不满意的未婚女性，只有54.1%的愿意谈恋爱，低于其他工作不太满意群体（74.6%）、一般群体（76.1%）、较为满意群体（76.8%）20个百分点以上。二是工作满意度越高，未婚女性愿意踏入婚姻的意愿就越强。工作比较满意和很满意的未婚女性中愿意结婚的比例最高，为50%；而工作不太满意的未婚女性中，选择愿意结婚（25.4%）的比例最低，这一比例低于工作比较满意和很满意者24个百分点以上。三是工作不满意的未婚女性中，高达40.5%的表示既不愿意谈恋爱也不愿意结婚，高于工作比较满意和很满意群体22个百分点以上（见图8）。

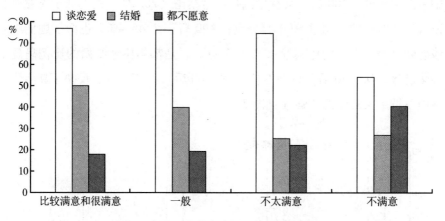

图8 不同工作状态未婚女性的婚恋意愿

资料来源：调查数据。

二 广州市女性生育观念现状

（一）广州市人口出生率持续下降

近年来，广州市人口出生率呈现总体下降趋势。根据广州统计数据，受二孩政策影响，2015~2017 年，出生率从 17.7‰快速上升至 22.7‰的高位，2018 年随后回落至 18.7‰，2021~2023 年徘徊在 11‰左右的低位；与 2017 年的高位相比，下降超过一半，但高于全国水平（6.39‰[①]）（见图 9）。

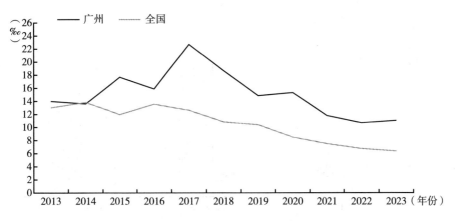

图 9　2013~2023 年广州及全国人口出生率变化趋势

资料来源：《广州统计年鉴》（2014~2024 年）和《中国统计年鉴》（2014~2024 年）。

（二）当代女性对生育的态度

当代女性认为生育不再是不可或缺的人生必经阶段，而更多转化为个人可自主选择的生活方式。调查显示，针对生育是否为人生的必选项问题，68.3%的受访女性表示"不是"，只有 27.3%的表示"是"。这可能与婚姻状况、经济发展、教育水平、社会价值观的变化以及个人工作生活经历的差异有关。

1. 未婚已婚女性对生育必需性存在鲜明对比

调查数据显示，一是未婚女性普遍不认同"生育是人生必选项"的高达 85.2%，只有 9.6%的人认为是必选项，这说明对未婚女性来说，生育并不是一个普遍的人生目标。二是相对于未婚女性，已婚女性对生育的态度更

[①] 《2023 年国民经济回升向好　高质量发展扎实推进》，中国政府网，https://www.gov.cn/lianbo/bumen/202401/content_ 6926483. htm。

为均衡，其中已婚女性中有 50.1% 的认为生育不是人生的必选项，而认为"是"的比例为 46.3%（见图 10）。这可能说明已婚女性在考虑生育问题时，会受到伴侣意见、家庭规划以及其他社会和文化因素的影响。

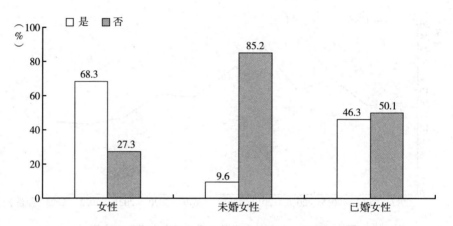

图 10　受访女性对生育是否为人生必选项的态度

资料来源：调查数据。

2. 生育观代际断裂：新生代倾向于非必需，老一代秉承传统观念

调查数据显示，一是年龄越大，越倾向于认为生育是人生必选项。"60后"女性中持这一观点的比例高达 72.1%，"70后"为 56.7%；而"00后"和"90后"反差凸显，"00后"持这一观点的比例仅为 4%，分别低于"70后""60后"52~68 个百分点；"90后"持这一观点的比例也只有 16%，分别低于"70后""60后"40~56 个百分点。二是"80后"、"90后"和"00后"三代年轻人普遍不太认同"生育是人生必选项"，选择比例分别为59.0%、79.6%、89.7%。三是生育观呈现明显的代际断层。"60后""70后"老一代人认为"生育是人生必选项"的占多数，而"90后""00后"新生代则绝大部分反对，"80后"人群处于两代之间，认同率为 36.9%，是一个过渡群体（见图 11）。这反映了新生代年轻人更追求个人自主，传统生育价值观正弱化，而老一代受传统观念影响，仍将生育视为人生重要组成部分。不同代际在这一问题上存在较大分歧，值得重视相关社会现象和影响。

四是新生代女性生育意愿低迷。在未婚女性中，"80后"的生育意愿相对较高，为41.7%；其次是"90后"，生育意愿为34.4%；而"00后"的生育意愿最低（15.9%），低于"80后"25.8个百分点。在已婚未育女性中，"00后"计划不生育的比例（21.2%）分别高于"90后"（13.3%）、"80后"（12.5）7.9个和8.7个百分点（见图12）。

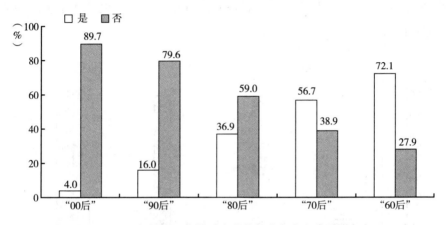

图11　不同年龄代际女性对生育是否为人生必选项的态度

资料来源：调查数据。

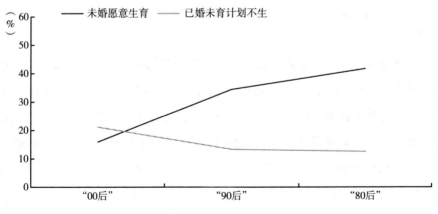

图12　不同年龄代际未育女性的生育意愿

资料来源：调查数据。

3. 文化水平越高越倾向于生育可选择

调查数据显示，一是受教育程度较低者倾向于认同"生育是人生必选项"，受教育程度为高中/中职及以下的女性中58.3%的人认为生育是必选项。二是随着教育程度提高认同度逐步降低，女性受教育程度提高到大专/高职时，认同"生育是人生必选项"的比例降至31.1%，本科学历者进一步降至25.4%，硕士及以上学历者略有回升至28.7%，但总体呈下降趋势（见图13）。

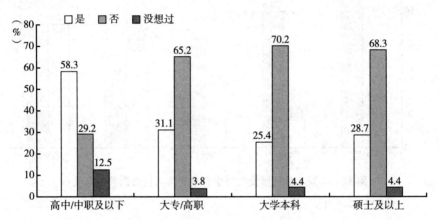

图13 不同受教育程度女性对生育是否为人生必选项的态度

资料来源：调查数据。

调查数据显示，一是在未婚女性中，随着学历的提升生育意愿呈上升趋势，高中/中职及以下学历愿意生育的比例为20%，大专/高职学历的为28.9%，大学本科学历的为29.9%，硕士及以上学历的为35.3%。二是在已婚未育女性中，随着学历的提升计划不生育的比例呈下降趋势，大专/高职学历不生育的比例为23.5%，本科学历的降至13.8%，硕士及以上学历的为18.2%（见图14）。

4. 经济能力极低极高时倾向于生育必需，中等收入则重视个人选择

调查数据显示，一是女性经济独立性与生育观念之间呈现"U"形曲线关系。当经济独立性较低或较高时，认为生育是人生必选项的比例较高；而

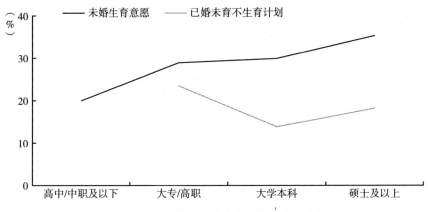

图 14　不同受教育程度未育女性的生育意愿

资料来源：调查数据。

经济独立性处于中等水平时，这一比例会出现下降。具体来说，低收入女性中有 29.4% 的认为生育是必选项，这一比例相对较高，可能是由于女性缺乏经济独立性，更倾向于传统的生育观念。随着收入的增加到中等收入女性中，这一选择比例降至 21.3%，这表明随着经济条件的改善，女性生育观念开始现代化、个体化，将生育视为必选项的比例出现下降。而高收入女性中，这一比例上升至 41%，这说明女性拥有了较为充裕的经济条件承担生育成本，生育再次成为她们的优先选择，此时比例出现回升。二是女性经济地位越高对生育必选项的比例就越高。调查数据显示，在家庭收入中所占比重较低（30%以下）的女性，只有 22.4% 的认为"生育是人生必选项"；当个人收入占比在 30%~50% 时，该比例上升至 28.6%；而个人收入占比超过50% 时，认同度进一步提高到 30.2%（见图15）。这说明经济的独立和话语权赋予了她们更大的选择自主权，使她们能够按照自己的意愿作出是否生育的决定。

5. 生活工作状态良窳决定女性生育观差异，环境压力越小者越视生育为必需

调查数据显示，一是女性对生活和工作状态的满意度越高，认为生育是人生必选项的比例就越高。对生活状态、工作状态很满意的女性中，分别有

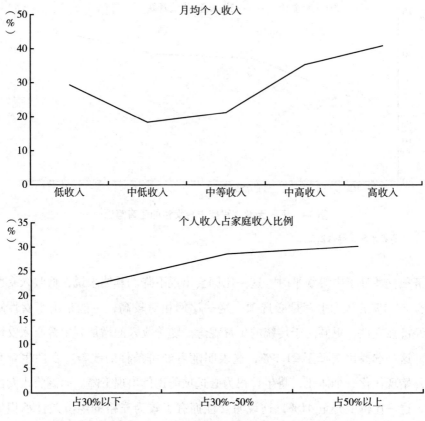

图15 女性经济状况对"生育是人生必选项"的影响

资料来源：调查数据。

高达 58.8%、59.5% 的认为生育是人生必选项，这可能是因为生活和工作状态良好的女性，拥有较为充足的物质条件和良好的心理状态去考虑生育问题。二是女性生活和工作状态的满意度越低，认为生育是人生必选项的比例就越低。对生活状态、工作状态不满意的女性中，认为生育是人生必选项的比例分别只有 17.5%、16.7%，分别低于对生活工作状态很满意的 41.3 个、42.8 个百分点（见表3）。这可能是生活和工作状况不佳的女性面临较大的生活工作压力，她们对生育可能持更为理性和现实的考虑。

表3　不同生活状态、工作状态女性的生育观

单位：%

满意度评价	生活状态			工作状态		
	是	否	没想过	是	否	没想过
很满意	58.8	35.3	5.9	59.5	39.2	1.3
比较满意	30.6	65.7	3.7	31.6	63.4	5.1
一般	19.7	75.1	5.2	20.7	74.2	5.1
不太满意	20.0	74.8	5.2	18.2	78.8	3.0
不满意	17.5	81.0	1.6	16.7	81.5	1.9

资料来源：调查数据。

（三）广州市民生育规模

2015年10月全面放开二孩政策，2021年5月出台三孩政策。广州市的户籍人口生育模式在过去10年中发生了明显的变化。1孩生育占比从2013年的高点（73.86%）逐渐下降，2017年达到最低（37.17%），大幅下降了36个百分点以上；在政策放开后，2孩生育占比从2014年的25.30%快速攀升，2017年达到顶峰（59.21%），大幅上升了近34个百分点。但自2018年开始，1孩生育占比出现反弹并逐渐上升至2022年的47.85%；而生育两个孩子的占比逐年递减，2022年降至41.01%的水平。而三孩政策实施后，虽然三孩及以上生育占比持续上升，从2020年的9.16%增长到2022年11.14%，不过总体占比仍较低。这说明政策效果有限，而经济、社会等其他约束因素的影响逐步显现（见图16）。

已婚已育女性生育规模。调查显示，大多数已育女性（67.3%）生育了1个孩子，30.6%的生育了2个孩子，只有2%的生育了3个孩子及以上，生育3个孩子及以上的主要集中于低学历（高中/中职及以下）群体（10.5%）、较强自信心（5分）的群体（6.1%）、"80后"群体（4.7%）、家庭经济地位较低（个人收入占家庭收入的30%以下）的群体（4.7%）、中低收入群体（4.5%）和低收入群体（4.3%）。

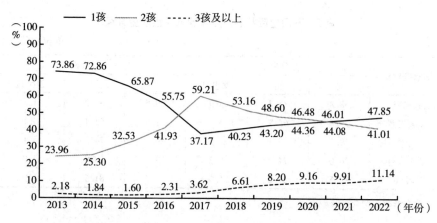

图16 2013~2022年广州市户籍人口生育孩子数量占比情况

资料来源:《广州统计年鉴》(2014~2023年)。

未育女性计划生育规模。调查显示,在未婚女性中表示愿意生育孩子的比例为30.4%;在已婚未育女性中,44%的计划生育1个孩子,40.8%的计划生育2个孩子,计划生育3个孩子的为0,15.1%的计划不生育。这反映了未婚女性生育意愿较低,而已婚未育女性大部分计划生育1~2个孩子。

1.不同年龄段女性生育意愿和生育规模呈现明显分化

调查数据显示,一是"80后"成为现阶段"双孩生育"主力军。在已婚已育女性中,"80后"群体中生育2个孩子的比例最高(44.1%),高于"90后"(22.4%)、"70后"(23.8%)、"60后"(16.3%)20~28个百分点。在已婚未育女性中,"80后"计划生育2个孩子的比例也最高,为56.3%;其次是"00后"(54.5%)。

二是单孩生育主力由老年代转向新生代。在已婚已育女性中,"60后"群体中生育1个孩子的比例最高,为83.7%;其次为"90后""70后",分别为77.6%、75.5%。在已婚未育女性中,"90后"计划生育1个孩子的比例最高(50%),高于"00后"(24.2%)25.8个百分点、"70后"(31.3%)18个百分点以上。

三是生育三孩基本无人响应。在已婚已育女性中只有少部分"80后"

（4.7%）、"70后"（0.7%）生育三孩，其他年龄段无人生育三孩，也无人计划生育三孩（见图17）。这说明，年轻一代的生育意愿正在持续降低，生育规模也趋于小型化。

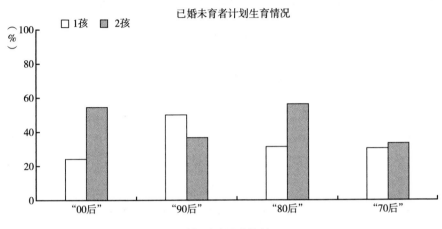

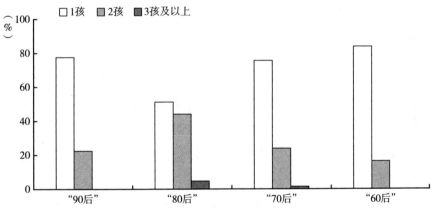

图17 不同年龄代际已婚女性生育计划

资料来源：调查数据。

2. 女性的受教育水平与生育规模存在明显的负相关

在已婚已育女性中，调查数据显示，一是生育1孩的比例随学历程度升高而上升，高中/中职及以下学历的为57.9%，大专/高职学历的为63.2%，大学本科学历的为68.4%，硕士及以上学历的则高达71.4%。二是生育2

孩的比例在不同学历间差异不大，各学历层次生育 2 孩的比例在三成左右。三是生育 3 孩及以上的比例随学历升高而明显下降，高中/中职及以下学历群体中选择比例为 10.5%，大专/高职学历群体则降至 3.4%，本科学历群体仅为 1.5%，而硕士及以上学历群体中则无一人生育 3 孩（见图 18）。

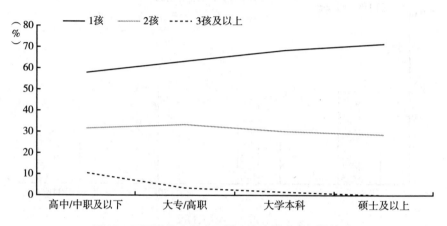

图 18　不同受教育程度已婚已育女性育孩规模情况

资料来源：调查数据。

在已婚未育女性中，随着学历的升高生育规模有所降低。一是计划生育 1 孩的比例随学历升高而上升，大专/高职学历为 35.3%，本科学历为 43.7%，硕士及以上学历为 48.5%。二是计划生育 2 孩的比例在不同学历间差异不大，大专/高职、本科学历均在四成左右。三是所有学历层次均未出现计划生育 3 孩的情况。

3.经济独立性和家庭经济地位是影响女性生育规模选择的关键因素

在已婚已育女性中，女性的经济独立能力与其生育规模呈"V"形曲线走势。调查数据显示，一是低收入群体生育规模较大。低收入群体中，生育 2 孩及以上的比例高达 47.8%。二是收入处于中等水平时生育规模较小。中等收入、中高收入群体中生育 2 孩及以上的分别为 31.6% 和 27.2%，为最低点。三是收入达到较高水平后，生育规模有所回升。在高收入群体中，生育 2 孩及以上的比例为 36.4%（见图 19）。

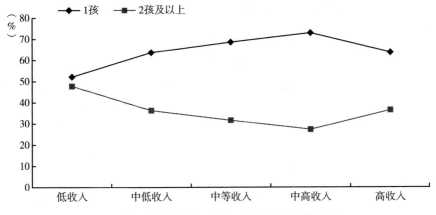

图19 不同收入水平已婚已育女性育孩规模情况

资料来源：调查数据。

已婚未育女性中，在不同经济独立能力水平下，对生育规模计划存在一定差异。调查数据显示，一是在计划生育1孩中，中高收入群体（49%）比例最高，其次是中等收入群体（48.1%），高收入群体（33.3%）的比例最低。二是在计划生育2孩中，中低收入群体（53.1%）的比例最高，中等收入群体（35.6%）最低，低于中低收入群体17.5个百分点；而低收入、中高收入、高收入群体的比例均过四成，分别为41.7%、41.2%、41.7%。三是低收入群体计划生育1孩和2孩的比例均为41.7%，处于中间值。四是高收入群体中计划"不生"的比例高达25%（见图20）。

家庭的经济地位决定女性生育规模选择。在已婚已育女性中，随着家庭经济地位的提升，生育1孩的比例逐步上升，而生育2孩及以上的比例则逐步下降；其中生育3孩的比例最高的是家庭经济地位较低（个人收入占家庭收入的30%以下）的群体，为4.7%。在已婚未育女性中，家庭经济地位中等（个人收入占家庭收入的30%～50%）的群体，计划生育1孩的比例最高（51.8%），其次是家庭经济地位较低的群体（45.1%）；家庭经济地位较高（个人收入占家庭收入的50%以上）的群体，计划生育2孩的比例最高（52.2%）（见图21）。

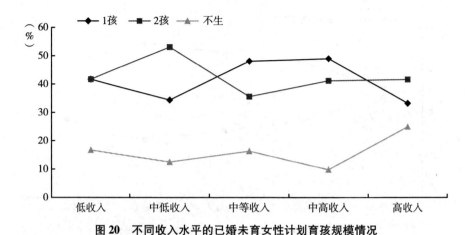

图 20　不同收入水平的已婚未育女性计划育孩规模情况

资料来源：调查数据。

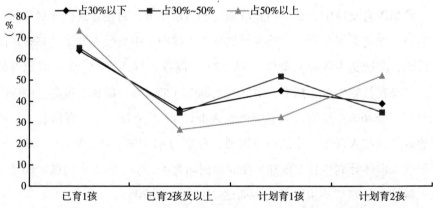

图 21　不同家庭经济地位已婚女性已育和未育计划育孩规模情况

资料来源：调查数据。

三　影响广州市生育率持续下降的因素分析

女性婚姻观念变迁、女性受教育程度和经济地位的不断提升、小家庭生育观念的广泛传播、生育成本的持续上升等，都是导致广州市生育率持续下降的主要影响因素。

（一）婚姻观念现代化拖累生育意愿

数据显示，现代女性视婚姻为选择而非必需，致使单身人数增加，将减少婚育适龄期的人口规模，而婚姻是生育的主要渠道；婚龄不断推后导致生育高峰延迟，生育年龄逐渐偏向高龄，而高龄生育风险大，可能造成不孕、流产等情况，降低生育意愿。

（二）女性学历提高致生育规模控制倾向增强

数据显示，女性学历越高，生育1个孩子的比例越高，生育2个及以上孩子的比例则越低。高学历女性群体倾向于控制生育规模，这与她们较强的职业发展诉求和对事业的重视程度有关。

（三）女性经济地位升高推动生育规模向小型化转移

数据反映，无论是女性个人收入还是在家庭收入中所占比重，经济地位越高，选择生育1个孩子或不生育的比例越大，生育2个及以上孩子的比例就越小。经济独立赋予了女性更大的生育自主权，她们更倾向于控制生育规模。

（四）多孩生育观念式微

调查显示，当代已婚已育女性中，生育1个或2个孩子占绝大多数，极少人选择生育3个及以上孩子，传统的多孩生育观念已经式微，小家庭模式成为主流。

（五）生育成本持续上升

一是养育孩子的经济成本呈上升趋势。根据《中国生育成本报告2024版》估算，2024年全国城镇0~17岁的养育成本平均约为66.7万元，较2022年上升了约3.5万元；广州与北京、上海均属于一线城市或超大城市，其养育成本可参照北京、上海水平，约为90万元（见表4）。

表 4　全国孩子的养育成本

单位：元

	2024 年	2022 年
0~17 岁孩子的养育成本	538312	485218
城镇 0~17 岁孩子的养育成本	666699	630783
大学四年的养育成本	142000	142000
上海	1010130	1026412
北京	936375	968642
浙江	854942	720789
江苏	720616	600863
广东	705720	652570

资料来源：育娲人口：《中国生育成本报告 2024 版》。

二是养育孩子的时间成本和机会成本主要都是由女性承担。第四期中国妇女社会地位调查数据显示，时间成本包括日常生活照料（特别是 3 岁及以下孩子的照料）（76.1%）、幼儿园及小学上学接送（63.6%）和辅导作业（67.5%）等。① 由于女性花在抚养孩子上的时间和精力较多，很难同时兼顾繁重且日新月异的职场工作，部分女性放弃生育孩子换取在事业上稳定或更进一步的机会。

四　国外经验借鉴

随着人口结构的变化，许多国家面临着劳动力短缺和社会保障体系压力的挑战，因此鼓励生育成为一种重要的策略。国外一些典型做法侧重于综合发力，通过财政补贴、税收优惠、育儿假期、公共服务等多管齐下，切实缓解家庭生育压力。

---

① 《第四期中国女性社会地位调查主要数据情况发布》，搜狐网，https://www.sohu.com/a/512445958_121106902。

（一）北欧国家

瑞典、丹麦、芬兰等北欧国家实行了较为完善的生育假、育儿假制度，并提供优惠的公共托育服务，允许夫妻分享带薪育儿假期，减轻家庭负担。良好的工作生活平衡政策，鼓励男女平等分担家务育儿责任，有利于提高生育率。

（二）法国

法国是生育率较高的欧洲国家，主要得益于一系列生育奖励措施，包括生育补贴、按孩子数量递增的家庭津贴、减免所得税和提供公共住房等。同时加强了托育服务，减轻家庭育儿压力。

（三）新加坡

新加坡为应对人口老龄化，自 2015 年起实行"婴儿奖励金"计划，国家为每一个新出生的公民子女发放现金奖励，第三胎起金额更高。同时开放更多育儿假期，并提供优惠的医疗护理。

（四）加拿大

加拿大联邦政府为有子女家庭提供儿童补助金，孩子数量越多补贴越高。并通过免税儿童看护费、教育储蓄计划等优惠政策，减轻家庭负担，吸引生育。

（五）日本

为应对严重的人口老龄化问题，日本企业逐步采取弹性工时、在家办公等青睐家庭的工作环境。知名公司如东京瓦斯还设立了内部托儿所，为员工解决育儿难题。

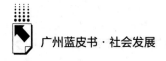

五 鼓励生育的对策建议

（一）完善生育假制度

调查显示，22.8%的女性认为最实用的鼓励生育政策是男女同休产假。建议实施男女同休产假，鼓励男性平等分担家务育儿责任，缓解女性的生育压力和职场竞争力，促进工作家庭平衡。

（二）完善生育育儿补贴政策，分担家庭经济负担

一是根据孩子数量递增提供生育补贴、家庭津贴等财政补贴，并给予一定的所得税费减免，适当分担家庭生育和养育成本。调查显示，30.2%的女性认为生育补贴是最实用的鼓励生育政策。还可以把户籍制度因素考虑进去，对多孩家庭给予更多的优惠政策。二是出台针对性的托育费用补贴政策，对经济状况较为薄弱的中低收入家庭予以适当资助，通过直接补贴一部分托育费用的方式，有效减轻其在托育服务支出方面的经济压力，从而确保其能够基本享有公共托育服务，实现托育资源的基本可及性。

（三）多措并举促进普惠托育服务供给扩大及质量提升

一是政府加大对普惠性早教事业的财政支持，扩大普惠型幼托资源的供给。根据实际情况，在现有公办幼儿园中增设托育服务。二是鼓励民办幼儿园也增设托育服务，并给予政策支持和优惠。如补贴一定年限的房租、水电费，或可采取公建民营的形式，减轻民办机构的运营成本压力，降低幼托费。三是鼓励、支持企事业单位内部设立托儿所，对于规模较大的企业、人口较集中的产业园区，政府可给予一定的政策支持，鼓励为职工孩子提供方便就近的托育服务。四是着力加强优质幼托从业人员队伍建设，全面提升从业人员薪酬待遇水平，持续加大专业培训投入力度，以此不断提升公共托育服务的整体质量水平。

（四）促进"妈妈岗"发展

"妈妈岗"是缓解女性生育后再就业焦虑的一种新兴就业模式。一是引入高附加值岗位，除了传统的家政等中低端岗位外，可以引入如 IT、设计、教育辅导等高附加值的岗位，不仅可以提供更好的收入，还能提升职业满意度和社会价值。二是政府可以通过提供税收优惠、社保补贴等政策优惠，鼓励企业提供"妈妈岗"。三是建立良好的工作环境，为"妈妈岗"提供舒适、尊重的工作环境，鼓励她们在工作中发挥自己的特长和优势。

（五）全面推进辅助生殖技术法治化、保险化、专业化和创新化

一是制定和完善辅助生殖技术的相关法律法规，加强监管和伦理监督，确保辅助生殖技术的安全和伦理性，防止技术滥用，保护受孕家庭的合法权益。二是提供医疗保险支持，将辅助生殖技术项目纳入医保支付范围，并加大报销比例，减轻不孕不育家庭的经济负担。三是建立专业培训体系，加强医务人员在辅助生殖技术方面的专业培训，提高服务质量和成功率。四是鼓励科技创新，支持辅助生殖技术的研究和创新，包括基因诊断与治疗、多组学技术、组织工程、干细胞治疗等新兴医学科技的应用。

（六）探索推进非婚生育合法化及相关权益保障

一是进一步完善相关法律政策，保障非婚生育母亲的权益保障，建议以广州市为试点，在《广州市人口与计划生育服务规定》中，生育产假、生育保险、生育津贴等生育服务和福利取消结婚限制。二是简化生育登记流程，如简化证明材料的要求，减少不必要的审查步骤。三是提供专门的服务窗口，减少她们在寻求生育服务时的排队时间和困扰。四是提供专门的咨询服务平台，解答她们在生育服务和福利方面的疑问，该平台可以通过电话、网络等多种方式提供服务，确保非婚生育人群能够及时获得帮助。五是加大宣传教育力度，消除社会歧视，营造包容和理解非婚生育的氛围。

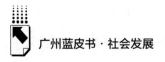

参考文献

梁建章、黄文政、何亚福：《中国生育成本报告 2024 版》，育娲人口研究微信公众号，https：//mp. weixin. qq. com/s/Gx4DsQq-kiyJzlPA3s2D0g。

陈曦：《发展辅助生殖技术，助力新人口政策实施》，《科技日报》2023 年 3 月 22 日。

何帆：《别的国家是怎么鼓励生育的》，腾讯网，https：//new. qq. com/rain/a/20230407A00MDB00。

王军、李向梅：《中国三孩政策下的低生育形势、人口政策困境与出路》，《青年探索》2021 年第 4 期。

周慧、李放：《外国人口生育激励政策及其经验借鉴——基于三类国家（地区）的比较分析》，《湖南农业大学学报》（社会科学版）2018 年第 6 期。

周围围：《创造条件鼓励生育　促进人口均衡可持续发展——傅振邦委员代表共青团界的发言》，《中国青年报》2022 年 3 月 8 日。

B.23
广州市婚育家庭观念调查研究报告[*]

广东社会学学会课题组[**]

摘　要：　2023 年课题组在广州市开展婚育家庭观念调查，结果显示，第一，受访者恋爱交友较理性，超过 3/4 的人有一次及以上的恋爱经历；择偶最主要考虑对方的条件，排名前三的分别是健康、人品、收入。第二，高度认同婚姻的积极意义，接近七成的人认为婚姻可以"互相促进、共同成长"，超过九成的人认同"既然结婚了，就要彼此尊重关爱，好好经营婚姻"。第三，生育 2 个孩子的意愿最高，超过六成的人认为生育 2 个孩子最理想，接近五成的人打算生育 2 个孩子；经济和工作压力是影响人们生育的最主要因素。综合分析调查对象的婚育观念和意愿、行为、生育支持政策需求等数据，课题组提出了广州市构建新型婚育家庭观的对策建议：构建婚育友好型社会，引导积极婚育、适龄婚育；积极培育新型婚育文化，引导树立健康文明婚育观；重视家庭文化建设，建设高质量的婚姻家庭关系；加强普惠型婚育服务政策落实，构建生育友好环境，提振生育意愿。

关键词：　婚育观　家庭观　生育意愿　广州市

为全面了解广州市婚育家庭观念及其影响因素，广州市计划生育协会委托广东社会学学会课题组于 2023 年 5~11 月在广州市 11 个区开展生育意愿

---

* 本文为广州市计划生育协会委托广东社会学学会完成的课题成果。

** 课题组组长：董玉整，博士，广东省政府参事室特约研究员、广东社会学学会会长、广东省人口发展研究院二级研究员，研究方向为人口发展、卫生政策规划与医药卫生事业管理。课题组成员：李飞成，广东省生殖医院办公室副主任，助理研究员，研究方向为卫生事业管理。执笔人：李飞成。

调查。课题组采用"问卷星"调查工具和现场问卷调查、访谈等形式对调查对象的个人基本信息、婚育意愿、行为和期待的婚育支持等进行了调查，共收回有效问卷5336份。

一 调查对象的基本情况

（一）调查对象的地区分布、个人流动和居住情况

将调查对象按所在地分布进行统计，11个区的调查对象均超过300人，荔湾、花都、海珠、白云、从化、天河、南沙、越秀、增城、黄埔、番禺的调查对象人数分别占总人数的12.14%、11.34%、10.46%、10.27%、8.56%、8.51%、8.30%、7.98%、7.83%、7.70%、6.90%。个人流动方面，广州本地户籍人口占比最高，达到90.42%；本省外市流入人口占比6.69%，外省流入人口占比2.81%。居住情况方面，52.16%的调查对象居住在市区，17.20%的调查对象居住在乡镇，30.64%的调查对象居住在农村。

（二）调查对象的性别、年龄和独生子女情况

从性别方面分析，男性1171人，占总人数的21.95%；女性4165人，占总人数的78.05%。从年龄方面分析，40~44岁的共1606人，占总人数的30.10%；30~34岁的共1360人，占总人数的25.49%；35~39岁的共1278人，占总人数的23.95%。独生子女1263人，占总人数的23.67%；非独生子女4073人，占总人数的76.33%。

（三）调查对象的受教育程度和职业情况

调查对象的受教育程度情况分析，本科学历的占比59.88%，大专/高职学历的占比28.47%，高中/中专学历的占比6.39%，硕士研究生及以上学历的占比2.12%。调查对象的职业类型分析，排名前5位的分别是事业单位工作人员、自由职业者、私营企业员工、农民、党政机关公务员，占比分

别为 40.50%、22.45%、8.68%、8.51%、3.34%。调查对象每周工作时间为五天的占比 71.59%，六天的占比 10.89%，不固定工作时间的占比 7.31%。47.36% 的人表示压力很大，47.40% 的人表示压力一般。

（四）调查对象的家庭收入情况

调查对象家庭月均收入，5000 元及以下的占比 33.77%，5001~10000 元的占比 41.83%，10001~15000 元的占比 12.63%，15001~20000 元的占比 5.27%，20001~30000 元的占比 2.77%；95.48% 的调查对象家庭主要收入来源为工资性收入。调查对象对自己家庭经济条件的评价，认为自己家庭经济条件一般的占比 47.56%，认为自己家庭经济条件不太富裕的占比 27.70%，认为自己家庭经济条件比较困难的占比 16.45%。

（五）调查对象的婚姻和居住情况

在 5336 名调查对象中，未婚人员占比 21.18%，已婚人员占比 75.60%。夫妻双方均为非独生子女的婚姻类型最为普遍，占比 58.96%，夫妻双方均为独生子女的占比 8.06%。大部分家庭的长期同住人口代数为两代或三代，家庭长期同住人口代数为两代的占比 47.64%，长期同住人口代数为三代的占比 33.40%。

（六）调查对象的生育情况

在 5336 名调查对象中，已育 2 孩的受访者占比 37.01%，已育 1 孩的占比 33.36%，已育 3 孩及以上的占比 2.89%。有 45.99% 的调查对象表示夫妻两人身体健康状况会影响生育孩子，有 29.40% 的调查对象表示夫妻两人身体健康状况不会影响生育孩子。

二　调查对象婚育观念特征分析

随着社会经济的发展，与以往社会以"早婚早育、多子多福""不孝有

三、无后为大""养儿防老"等观念为主要特征的传统婚育文化相比,现代社会人们的恋爱观、婚姻观和生育观呈现一些新的特征。

(一)恋爱观

1.恋爱经历普遍化

在5336名调查对象中,还没谈过恋爱的仅占总人数的6.97%,恋爱1次的占比37.82%,恋爱2次的占比23.63%,记不清了的占比15.25%(单选题)(见图1)。

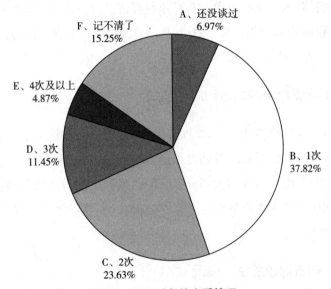

图1　调查对象的恋爱情况

资料来源:调查数据。

2.恋爱交友更理性

关于最佳的恋爱年龄时间段,调查对象认为工作之后恋爱最佳的占比36.11%,认为大学期间恋爱最佳的占比33.79%,认为"有机缘随时都行的"占比19.70%(单选题)。调查对象择偶最主要考虑对方的条件排名前3的是健康、人品、收入,占比分别为71.27%、70.75%、54.22%(多选题,最多选5项)。

3.结识异性途径多样化

调查对象结识异性的主要途径排名前 3 的分别是同学同事朋友介绍、求学工作过程中认识、父母亲人等安排的相亲，分别占总人数的 62.76%、56.11%、26.22%（多选题，最多选 3 项）。

（二）婚姻观

1.高度认同婚姻的积极意义

有 55.79% 的调查对象认为"婚姻是一种重要承诺，不能随便背叛"，有 35.48% 的调查对象认为"婚姻是爱情的港湾"；对婚姻积极意义的认识方面，有接近 70% 的调查对象认为婚姻可以"互相促进，共同成长""相互陪伴，情感慰藉""相互帮助，分担责任"。

2.对结婚持相对开放的态度

有 66.79% 的调查对象认为"可以结婚，但不勉强，随缘"，有 33.38% 的调查对象认为"实在没有合适的，也可以单身"，认为"适龄结婚，不要年纪太大""等各方面条件都成熟了再结婚"的人数分别占比 27.23%、26.29%（多选题，最多选 3 项）（见表 1）。在对合适结婚年龄的认知方面，有 25.56% 的调查对象认为应该在 28 岁以前；有 22.32% 的调查对象认为应该随缘，不必在意年龄；认为应该在 30 岁以前、25 岁以前的比例分别为18.87%、17.60%（单选题）。

表 1 调查对象对结婚的态度

单位：人，%

态度	人数	占比
一定要结婚	748	14.02
可以结婚，但不勉强，随缘	3564	66.79
适龄结婚，不要年纪太大	1453	27.23
等各方面条件都成熟了再结婚	1403	26.29
实在没有合适的，也可以单身	1781	33.38
享受单身，坚持不婚主义	283	5.3
还没想好	253	4.74

资料来源：调查数据。

3. 婚姻关系中更注重经济因素、沟通信任和平等尊重

调查对象认为维系婚姻最重要的因素排名前 3 的分别是经济因素、平等尊重、沟通信任，占比分别为 57.31%、51.52%、50.75%（多选题，最多选 3 项）。调查对象认为婚姻家庭里最不能容忍的行为排名前 3 的分别是家庭暴力、婚内出轨和有不良嗜好，占比分别为 81.39%、69.81% 和 32.37%（多选题，最多选 3 项）。

4. 对婚姻、性与生育的相关认识较为理性

超过 50% 的调查对象不同意"婚姻是人生的必选项，没有婚姻，终将是人生的遗憾"，超过 90% 的调查对象同意"既然结婚了，就要彼此尊重关爱，好好经营婚姻"；超过 65% 的调查对象同意"谈恋爱不一定要结婚""同居不一定要结婚"，接近 75% 的调查对象同意"没有合适的对象，可以一辈子不结婚"，接近 60% 的调查对象不同意"婚姻就那么回事，不要想太多，懒得离婚"，接近 75% 的调查对象同意"离婚再婚甚至多次结婚离婚，都是个人自由，不必议论"，接近 40% 的调查对象同意"关于结婚生子，没有想法，也不想去想了"。

5. 对结婚彩礼有较正向的认识

调查对象对彩礼的看法，60.42% 的调查对象认为"彩礼可以要，但不要超出自己和对方的实际承受能力"，21.14% 的调查对象认为"象征性有一点就可以了，要一切从简"（单选题）。

（三）生育观

1. 目前以已生育1孩、2孩为主

已生育 1 孩、2 孩的调查对象分别占总人数的 33.38%、37.07%，未生育的占 26.52%（单选题）。在照料孩子方面，有 63.47% 的调查对象的孩子主要是由自己照料，有 40.24% 的调查对象的孩子由配偶照料，有 39.02% 的调查对象的孩子由爷爷奶奶照料（多选题，最多选 3 项）。

2. 生育2个孩子的意愿最高

62.46% 的调查对象认为生育 2 个孩子最理想，10.55% 的调查对象认为

生育 1 个孩子最理想，还分别有 7.27% 的和 10.70% 的调查对象表示无所谓和没想过（单选题）（见图 2）。有 44.17% 的调查对象打算生育 2 个孩子，有 22.04% 的调查对象打算生育 1 个孩子，有 18.78% 的调查对象表示顺其自然（单选题）。关于生育孩子的合适间隔时间，31.88% 的调查对象认为间隔 3 年比较合适，19.12% 的调查对象表示顺其自然、不必刻意，18.78% 的调查对象觉得间隔 2 年较合适（单选题）。

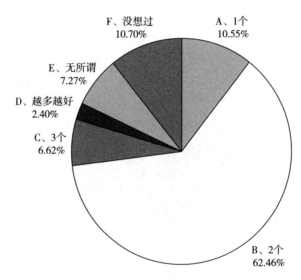

图 2　调查对象认为家庭最理想的孩子数量

资料来源：调查数据。

3. 普遍认同孩子改善家庭氛围的功能

关于孩子能给家庭生活带来的快乐，68.85% 的调查对象认为能"调节家庭气氛"，54.03% 的调查对象认为能"享受天伦之乐"，41.96% 的调查对象认为能"改善夫妻关系"，34.63% 的调查对象认为能"更好地体验生命的意义"（多选题，最多选 5 项）。

4. 经济和工作压力是影响人们生育的最主要因素

在影响人们是否（多）生孩子的最主要因素方面，80.75% 的调查对象选择"收入少，经济负担太重"，69.53% 的调查对象选择"时间精力分配不过来"，56.24%的调查对象选择"工作压力大，长期处于亚健康状态"，22.66%的调查对象选择"担心养育孩子会影响自己的事业发展"（多选题，最多选5项）。

5.性别偏好较低

调查对象对孩子性别的看法，55.32%的调查对象选择"顺其自然，不必强求，儿女都可以"，24.70%的调查对象选择"有男有女，儿女双全"（单选题）（见图3）。

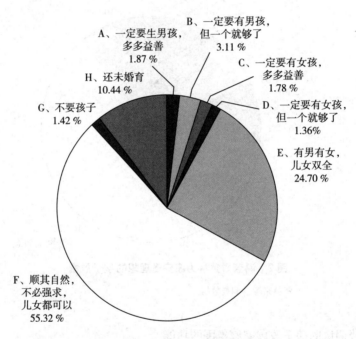

A、一定要生男孩，多多益善 1.87%
B、一定要有男孩，但一个就够了 3.11%
C、一定要有女孩，多多益善 1.78%
D、一定要有女孩，但一个就够了 1.36%
H、还未婚育 10.44%
G、不要孩子 1.42%
E、有男有女，儿女双全 24.70%
F、顺其自然，不必强求，儿女都可以 55.32%

图3 调查对象对孩子性别的看法

资料来源：调查数据。

6.对生育相关影响因素的认识较为客观

接近60%的调查对象认为"工作越稳定，越想要孩子"，接近57%的调查对象认为"待遇越好、收入越多，越想要孩子"，接近48%的调查对象认为"长辈越支持带孩子，越想要孩子"，超过62%的调查对象认同"夫妻感情越好，越想要孩子"，接近54%的调查对象认为"操持家务/照料孩子的时间越多，越想要孩子"，超过55%的调查对象不认同"宣传多生孩子的好处越多，越想要孩子"（以上均为单选题）。

7. 对不生育、未婚生育等现象较为包容

对坚持不生育者的态度，50.37%的调查对象表示"支持，这是个人选择"，32.42%的调查对象表示"理解，但不支持"（单选题）；对未婚生育的看法，43.05%的调查对象表示"可以理解，但不支持"，27.27%的调查对象表示"不必强求，个人自己掌握"，13.91%的调查对象明确表示"支持"（单选题）。

8. 对生育政策和相关服务的需求较高

有60.10%的调查对象认为应该延长产假，有56.65%的调查对象认为应该实施生育奖励和补贴政策，有45.07%的调查对象认为应该建立给生育孩子的家庭提供现金补贴的制度，有44.92%的调查对象认为应该增设3周岁以下子女育儿假，有43.93%的调查对象认为应该完善医疗和生育保障（多选题，最多选5项）。

三　存在的主要问题

（一）结婚意愿不强

有超过50%的调查对象不同意"婚姻是人生的必选项，没有婚姻，终将是人生的遗憾"，接近75%的调查对象同意"没有合适的对象，可以一辈子不结婚"，超过66%的调查对象认同"谈恋爱，不一定要结婚"，超过52%的调查对象认同"同居，不一定要结婚"，接近30%的调查对象认同"不婚不育，免得结婚生育和养育的麻烦"（以上均为单选题）。根据民政部发布的《2022年民政事业发展统计公报》，2022年全年共办理683.5万对结婚登记，较上年下降了10.6%，结婚率为4.8‰，较上年下降了0.6个千分点。受经济压力、受教育程度提升、自由与独立思潮等因素影响，一些人认为婚姻并不是必要的，他们更注重个人成长和追求自己的梦想。这种趋势的蔓延对社会发展会造成一定的负面影响，年轻人不愿意结婚导致婚姻率下降、单身人口不断增加、家庭数量减少，直接影响社会的稳定和发展；年轻人不愿意结婚一定程度上也体现了他们对婚育社会责任和承诺的回避，这将影响个人的成长和发展；年轻人不愿意结婚也意味着他们对传统家庭价值观的忽视和背离，导致家庭关系的疏离和家族传统的断裂；不结婚可能导致少子化和老龄化，对人口结构和人口的可持续高质量发展产生不利影响。

（二）婚姻满意程度不够高

仅有 16.45% 的调查对象认为自己婚姻"很好"，28.71% 的调查对象认为自己婚姻"较好"，两者合计不足 50%。有 31.67% 的调查对象认为"婚姻是契约关系，关系好就维持，关系不好就解除"；有接近 30% 的调查对象认同"婚姻就那么回事，不要想太多，懒得离婚"；超过 38% 的调查对象认同"无性婚姻是很正常，也很普遍的"（以上均为单选题）。若夫妻婚姻满意程度不高，可能会导致夫妻双方或一方的心态失衡，出现家庭矛盾甚至在某些时候会做出不利于婚姻、家庭稳定的举动。

（三）生育意愿不强

目前，已生育 2 孩的仅占 37.07%，已生育 3 孩的仅占 2.62%；接近 73% 的调查对象认为生育 1 个或 2 个孩子最理想，超过 66% 的调查对象计划生育 1 个或 2 个孩子，愿意生育 3 个孩子及以上的仅占极少数。受年龄、时间、精力、身体、健康等因素影响，社会育儿成本高、压力大，导致人们的生育意愿普遍不高。生育意愿下降和生育率大幅降低最直接的结果就是人口萎缩、劳动力占比下降，社会新就业劳动力越来越少，社会生机和活力弱化；同时，带来老龄化加剧，劳动供养人口越来越多，社会养老压力剧增；更严重的可能导致消费不足、创新不足，从而引发更严重的经济萎缩。

（四）婚育相关服务政策普惠程度有待继续提升

有 67.43% 的调查对象享受过免费婚前孕前优生健康检查，有 54.63%

的调查对象享受过免费"两癌"筛查，有 43.65% 的调查对象享受过妇女产假，有 33.13% 的调查对象享受过生育保险；但仅分别有 13.32%、9.69% 的调查对象享受过父母双方育儿假、独生子女父母护理假，仅分别有 10.10%、5.23% 的调查对象享受过普惠性幼儿园、0~3 岁托育服务优惠政策；享受过个人所得税专项附加扣除（含子女教育、婴幼儿照护、赡养父母）、购房贷款优惠的人数比例也很低（多选题）。普惠性的婚育服务政策措施享受程度低一定程度上制约了人们生育意愿的提升。

（五）微信、微博、短视频等对当前人们婚恋生育观念有一定的影响

有 62.20% 的调查对象认为微信、微博、短视频等"使得人们获得多种多样的婚恋生育信息"，有 45.03% 的调查对象认为微信、微博、短视频等"扩大了人们的交往范围、择偶半径"；但也有部分人认为这些社交媒体信息混乱，且过于丰富和复杂，可能会占用夫妻之间的正常交流时间，会对婚姻关系的稳定性产生一定影响（多选题，最多选 3 项）。中国人民大学家庭与性别研究中心发布的《中国大学生婚育观报告》指出"微博的使用会显著降低大学生的婚育意愿，豆瓣的使用主要影响女性的生育意愿，小红书的使用会提升女性的婚育意愿，虎扑的使用提升生育意愿，游戏类 App 的使用主要降低女性的婚育意愿，对男性几乎没有影响"。

四 对策与建议

（一）构建婚育友好型社会

当代年轻人的婚恋观受到包括渲染独身主义、丁克主义等文化情绪的影响，各种恐婚现象逐渐成为一种新的负面婚姻认知心理。全国适龄人口初婚年龄不断推迟，女性平均初婚年龄从 20 世纪 80 年代的 22 岁持续上升至 2020 年的 26.3 岁。年轻人亟须重新认识婚姻关系，懂得爱护、善待、珍惜

婚姻。广州要在推动积极的婚恋文化、婚育文化等层面有切实行动。比如，鼓励更多社会组织开展覆盖全市域的婚恋讲座、相亲大会、婚恋心理辅导、婚育知识讲座等活动，加强对婚姻家庭知识与观念引导，开设大学婚恋相关课程，讲授学生婚恋知识，积极为年轻人打造公益、可靠的婚恋市场，淡化婚恋市场上不同性别适婚人群的年龄差异，树立平等意识，减少女性婚恋焦虑。加快落实配套措施，减轻婚育成本和负担，减轻年轻人的经济压力和婚育恐慌，引导他们积极婚育、适龄婚育。

（二）积极培育新型婚育文化

加强婚姻家庭辅导，充分利用线上线下开设心理辅导课程，提供正确的婚姻家庭观教育和相关服务，引导青年树立健康文明的婚姻观，降低物质化的择偶倾向，避免过分物化的婚姻，帮助夫妻双方学习增进婚姻幸福、化解婚姻危机的技巧，改善婚姻家庭关系，促进婚姻家庭稳定。将优秀传统文化融入新型婚育文化的建设中，倡导婚事新办，弘扬体现时代新风的婚俗礼仪，培育文明向上的现代婚俗文化，传承良好家风家教，进一步增强结婚仪式感与神圣感，将婚姻家庭蕴含的责任担当有效传导，倡导党员、机关干部、青年志愿者等带头举办体现中华优秀文化传统的婚礼仪式。摒弃高价彩礼等陋习，大力倡导低彩礼、零彩礼，不索要婚房或购房款、装修款、购车款等，减轻青年及其家庭的结婚成本。治理婚嫁陈规陋习，将反对天价彩礼、低俗婚闹、随礼攀比，抵制铺张浪费、大操大办等作为村规民约、居民公约的重要内容，强化村规民约、居民公约的遵守和落实。

（三）重视家庭文化建设

中华民族素有"礼仪之邦"之称，向来重视家风家教。家庭是建设社会主义核心价值观的基础载体，良好的家风家教是培育和传承中华传统美德最直接的方式，无论时代如何变化，无论经济社会如何发展，家庭对于文明养成的重要作用不可替代。高质量的婚姻关系，是高质量家庭关系的保障，家庭中父母的婚姻关系、亲子关系对孩子成长有潜移默化的影响。父母要注重提高家庭成员的理想情操和文化修养、调适家庭人际关系，搞好家庭子女教育，开展各种健康的活动，提高家庭管理水平、改善家庭文化环境，对婚姻多一份关注、爱护，让子女了解婚姻生活中夫妻的角色关系，营造尊重、互助、开放、友爱的家庭文化和良好的家庭氛围，努力引导孩子尽早树立良好的家庭观、婚姻观，帮助青少年扣好人生的第一粒扣子，迈好人生的第一个台阶，引导他们将婚姻组建、家庭发展和人生的成功与幸福紧密结合起来。

（四）构建生育友好环境

加强三孩生育政策及其系列配套措施的宣传解读和生育社会价值的宣传，向社会传递多子女家庭优势（如家人相互照应、分担赡养老人的压力等），强化人们生育责任意识，减轻或消除人们对生育的后顾之忧，营造"想生"的浓厚氛围，提高生育意愿。建立健全覆盖全生命周期的人口服务体系，完善三孩生育政策配套支持措施，综合一体考虑生育、养育、教育、住房等问题，强化住房、税收等支持措施，在制度上、政策上给予生育更多配套保障，降低生育成本，有效释放生育势能，构建生育友好社会环境。

（五）加强宣传引导

充分利用微信、微博、短视频等新媒体等现代传播手段加强对我国优秀传统文化和婚育观念的宣传，大力开展群众喜闻乐见的婚俗文艺作品展演展播，讲好新时代美好爱情、幸福婚姻、和谐家庭故事，推动婚育教育进社区、进单位、进家庭，通过开设婚姻家庭课程、组织婚姻辅导讲座等，引导人们树立正确的恋爱观、婚嫁观、家庭观，减轻人们在婚姻嫁娶、家庭生活、养育教育等方面的心理压力，营造良好的婚恋风气，为促进家庭生育提供良好的基础。加强政策宣传解读，做好生育政策调整和优生优育支持宣传，号召广大家庭和青年朋友自觉成为新时代婚育文化的推动者、实践者、宣传者，共同营造婚育友好社会氛围，谱写幸福美好生活新篇章。

（六）加强普惠型婚育服务政策的落实

聚焦群众关切，坚持问题导向和综合施策，完善生育休假制度体系，加快发展普惠托育服务，强化教育公平性和均等化建设，保障婚育群体住房需求，完善生育女性就业保护制度，出台生育相关经济激励措施等。本次调查也发现，有接近60%的调查对象认为应该延长产假，接近56%的调查对象认为应该实施生育奖励和补贴政策，接近45%的调查对象认为应该给生育孩子的家庭提供现金补贴，接近44%的调查对象认为应该增设3周岁及以下子女育儿假、完善医疗和生育保障。通过实施综合的提升生育意愿的政策和战略，将婚嫁、生育、养育、教育、住房、税收一体考虑，切实解决群众的后顾之忧，释放生育潜能，促进家庭和谐幸福和经济社会持续健康高质量发展。

参考文献

民政部：《2022年民政事业发展统计公报》，2023年10月13日。

中国人民大学家庭与性别研究中心：《中国大学生婚育观报告》，2022年4月14日。

梁嘉宁：《中国家庭生育影响因素研究》，博士学位论文，吉林大学，2023。

Abstract

"Prospects and Analysis on Social Development of Guangzhou in China (2024)" was jointly compiled by Guangzhou University, Guangzhou Urban Studies Association, Guangdong Provincial Regional Development Blue Book Research Association, Guangzhou Municipal Party Committee Propaganda Department, Guangzhou Human Resources and Social Security Bureau, Guangzhou Civil Affairs Bureau, and Guangzhou Social Organization Management Bureau. This book consists of seven parts: General Report, People's Livelihood Security, Social Governance, Talent Development, Social Services, Urban Elderly Care, and Marriage and Family, gathering the latest research results from Guangzhou research teams, universities, government social issue experts, scholars, and relevant department workers. It is an important reference material for understanding the social operation situation and related thematic analysis and predictions in Guangzhou.

In 2023, faced with complex challenges from both internal and external environments and the pressure of structural adjustments of new and old driving forces, Guangzhou comprehensively implemented the important speech and instructions spirit of General Secretary Xi Jinping's inspection of Guangdong, earnestly implemented the specific deployments of the provincial party committee's "1310" and the municipal party committee's "1312" train of thought and measures, focusing on the primary task of high-quality development, adhering to the general principle of seeking progress while ensuring stability, and achieving qualitative improvement, quantitative growth, and positive trends in economic and social development. Continuously advancing effective work in various aspects such as ensuring basic livelihood, prioritizing educational development, stabilizing employment situations, safeguarding public health, enhancing cultural soft power, and promoting the modernization of social governance, focusing on addressing the urgent needs, difficulties, concerns, and pain points of the people, adopting precise measures, and striving to achieve the goal of "nurturing the young, educating the students, providing employment opportunities, treating the sick, supporting the elderly, ensuring adequate housing, and assisting the vulnerable." However, while fully affirming the achievements, it is also necessary to recognize that there are still some prominent problems and challenges in the social development of Guangzhou, especially the severe employment situation and prominent structural employment contradictions; challenges persist in urban governance, and the task of urban village renovation is arduous; the trend of aging is intensifying, and the development of the elderly care service system is uneven.

In 2024, Guangzhou will continue to prioritize the people, adhere to the general principle of seeking progress while ensuring stability, solidly promote high-quality development and modernization of social governance, focus on enhancing people's well-being, and improving the quality of life. Efforts will be concentrated on improving the quality of livelihood services such as social security, medical care, and employment, promoting equalization of basic public services; accelerating the construction of an education-strong city, conscientiously providing education that satisfies the people; actively and steadily advancing urban renewal and urban village renovation, improving the quality of livable life; enhancing refined, high-quality, and intelligent governance levels, continuously improving the modernization of urban governance, ensuring more harmonious and sustainable urban development.

Keywords: Social Development; People's Livelihood Security; Social Governance; Guangzhou

Contents

I General Report

Abstract: In 2023, Guangzhou comprehensively implemented the important speech and instructions spirit of General Secretary Xi Jinping's inspection of Guangdong, focusing on high-quality development. The economy remained stable and improved, fiscal revenue and expenditure were balanced, the coverage of social security further expanded, the elderly care service system accelerated its improvement, housing security efforts continued to strengthen, and urban governance and security levels were simultaneously enhanced. Despite remarkable achievements, Guangzhou's social development still faces challenges in areas such as employment, elderly care, and urban renewal. In 2024, Guangzhou will continue to prioritize the people, solidly promote high-quality development and modernization of social governance, actively and steadily advance urban renewal and urban village renovation, continue to enhance refined, high-quality, and intelligent governance levels, focus on improving people's well-being and quality of life, and consolidate the foundation of people's livelihood with high-quality development, maintaining and preserving social harmony and stability.

Keywords: Social Development Situation; Livelihood Security; Social Governance; Guangzhou

Ⅱ   People's Livelihood Security

B.2   Survey on the Quality of Life and Consumption of

Guangzhou Citizens in 2023   *Wang Wei* / 029

Abstract: Consumption is an important driving force for economic growth. in April 2023, the Guangzhou Municipal Bureau of Statistics conducted a household survey on 5, 000 permanent residents between the ages of 18 and 65 in 200 communities across 39 streets in the 11 districts of Guangzhou, in order to find out people's views and opinions on promoting consumption to boost the economy. The survey results show that people's expectations of the economic situation have increased significantly, with nearly 70% of the respondents believing that Guangzhou's economic situation in 2023 will be better than that of the previous two years, and 65% of them believing that the economic situation in Guangzhou in the next two years will be "improve further". The proportion of consumption expenditure of the surveyed households is 40.6%, slightly lower than that in 2022 and 2021. The types of consumption that are likely to increase in the next two years are daily necessities, leisure travel, education and training, healthcare, and dining out. People believe that "raising wages or income levels" and "improving the social security system" are most likely to encourage them to increase their consumption expenditures.

Contents ↖⟩

B.3 Policy Suggestions for Establishing a New Pattern of "Sports
and Health Integration" in Guangzhou

Yao Weiguang, Wang Xueting / 045

Abstract: "Sports and Health Integration" is a significant strategic deployment to promote the shift of the health focus and advance the "Healthy China" initiative and the implementation of the national fitness plan. This article investigates the current status of physical (sports) activities among two groups of people in Guangzhou and identifies the challenges in the development of sports and health integration, including inadequate top-level design, insufficient physical exercise among residents, lack of a proactive health concept, weak service systems, and inadequate resource allocation. Based on these findings, the following policy suggestions are proposed to promote the establishment of a new pattern of high-quality development in sports and health integration in Guangzhou: strengthening top-level design to grasp the overall direction of sports and health integration development, building consensus and promoting a high degree of consistency in "awareness, belief and action" on the concept of sports and health integration, improving service systems by exploring new measures to enhance the quality and efficiency of health services, and optimizing resource allocation to lay a solid foundation for the high-quality development of sports and health integration.

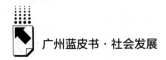

B . 4　Research on the Construction of Medical Service System

for Lose the Only Child Families in Guangzhou

Xiong Changjun , Liu Bo and Zhang Litao / 057

Abstract：In 2023, the estimated number of lose the only child families in Guangzhou is approximately 26, 511, involving around 53, 022 lose the only child individuals. The proportion of lose the only child individuals in the population is about 0. 2816% . Faced with such a large number of lose the only child families in Guangzhou, the research team conducted an in-depth investigation into the economic, psychological, elderly care, and social challenges faced by lose the only child families. They identified various difficulties such as the treatment of chronic diseases, prominent mental health issues, lack of daily companionship, and insufficient end-of-life care. In response, they proposed thirteen measures in areas including innovative medical insurance, community healthcare, family doctors, green channels, regenerative support, and nursing insurance. These measures aim to enhance the quality of the medical service system for lose the only child families in Guangzhou, and improve the overall well-being and happiness of lose the only child families.

Keywords：Lose the Only Child Families；Medical Insurance；Community Healthcare；Family Doctors；Guangzhou

B . 5　Policy Suggestions to Improve the HPV Vaccination Rate

among Eligible Girls in Guangzhou

Yao Weiguang , Mao Xiuhua / 074

Abstract：Persistent infection with high-risk types of human papillomavirus (HPV) is the main cause of cervical cancer, and HPV vaccination is an important and effective measure for preventing HPV infection and cervical cancer. The World Health Organization recommends targeting girls aged 9 to 14 who have not yet engaged in sexual activity as the primary population for HPV vaccination. However, the HPV vaccination rate in China remains low, with a vaccination rate of less than 2% among girls aged 9 to 14, which directly affects the effectiveness of cervical cancer prevention and control. This study conducted field surveys on the HPV vaccination status of eligible girls and the hesitancy of parents in Guangzhou. It analyzed the reasons for the low HPV vaccination rate among eligible girls and the high hesitancy rate among their parents, and based on the actual situation in Guangzhou and in combination with national and international HPV vaccination strategies, proposed targeted policy suggestions to improve the HPV vaccination rate among eligible girls in Guangzhou. The aim is to promote HPV vaccination behavior among eligible girls and provide reference for the "Elimination of Cervical Cancer Action Plan" and related initiatives.

Keywords: Cervical Cancer; Eligible Girls; Human Papillomavirus Vaccine; Vaccination Rate

B.6 Survey and Analysis Report on the Service Status of

Postpartum Care Centers in Guangzhou

Research Group of Guangzhou Consumer Committee / 091

Abstract: In order to promote the improvement and standardization of postpartum care centers and their service quality, the Guangzhou Consumer Committee conducted surveys on postpartum care centers in Guangzhou through questionnaires, consumer observations, and industry expert interviews. The survey found that there is an increasing demand for high-quality and professional maternal and infant services in Guangzhou. Postpartum care centers are diversifying and developing with a focus on providing more refined services. However, the prices are generally higher than what consumers consider ideal. Consumers are generally satisfied with the maternal and infant health care services provided by these centers, but they also have concerns about false advertising, insufficient professionalism in services, and the risk of businesses closing down abruptly. There is a lack of adequate regulation and industry standards for postpartum care centers. The Guangzhou Consumer Committee recommends that relevant departments strengthen the regulation of postpartum care centers, promote the establishment of industry associations, optimize and improve the quality of services in postpartum care centers, and enhance consumers' ability to discern when making consumption decisions.

Keywords: Postpartum Care Centers; Maternal and Infant Services; Regulatory Efforts; Guangzhou

Ⅲ Social Governance

B.7 Study on the Status and Countermeasures of Social
Collaborative Governance of Elderly-related
Fraud in Guangzhou

Research Group of Guangzhou Development Research
Institute, Guangzhou University / 112

Abstract: In recent years, China has made significant progress in anti-fraud efforts, but new types of fraud targeting the elderly are continuously emerging. Elderly people, due to cognitive decline, lack of internet knowledge, and weak preventive awareness, have become primary targets for scammers. Guangzhou has achieved some success in combating fraud against the elderly, but issues remain in terms of coordination among governing bodies, the single approach to governance, and technical constraints. To address these challenges, it is recommended to strengthen social collaborative governance and technological applications, build a diversified collaborative governance framework, integrate resources from various sectors, construct a digital governance model using technological means, enforce strict regulation of elderly-related business activities, and increase investment in anti-fraud technology research specifically for the elderly. These measures can enhance the comprehensive governance capacity against elderly fraud, protect the rights and interests of the elderly, and expedite the realization of the "Healthy China 2030" strategic goal.

Keywords: Elderly Fraud; Social Collaborative Governance; Anti-fraud Technology; Elderly Protection

B.8   Citizens in Guangzhou Hope for "Balancing Hardware
and Software" to Improve the Quality of
Community Appearance   *Liang Ju* / 122

Abstract: In recent years, Guangzhou has been continuously working on improving the community environment, aiming to enhance the quality of community appearance and achieve comprehensive and high-quality development. To understand the views and expectations of Guangzhou residents regarding the improvement of the community environment and the overall enhancement of the quality of community appearance, the Guangzhou Municipal Bureau of Statistics, through the household survey network, recently conducted a household survey of 5, 000 permanent residents aged 18−65 in 200 neighborhoods across 39 administrative streets in the city's 11 districts. The survey results showed that as the city's society develops, the demands for improving the quality of community appearance, upgrading functions, and enhancing humanistic development are increasing. Over 80% of the respondents believed that enhancing the quality of community appearance would help strengthen their sense of belonging to the community. The expectations for community function upgrades focused on areas such as sound insulation, standardized parking management, and fine environmental sanitation management. Limited space availability became a major challenge for humanistic development in communities, with low citizen participation and awareness, cultural differences among different groups, lack of cultural resources, and insufficient cultural atmosphere hindering progress. Overcoming the limitations

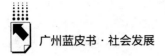

of modern urban spatial planning and returning to the humanistic values of the city have become the main research topics for current and future urban community planning and development.

Keywords: Quality of Community Appearance; Spatial Planning; Humanistic Development; Urban Community Planning

B . 9   Study on the Role of Grassroots Women's Federation

Executive Committee in the Governance of Mega-City

Urban Villages: A Case Study of Guangzhou

Peng Sangzi, *Wu Xiaobin*, *Li Zonglian and Jiang Qian* / 140

Abstract: This research delves into the role of grassroots women's federation executive committees in the governance of urban villages in Guangzhou, as the city strives to improve the governance of these areas as part of its mega-city development. Through investigations, it was found that there are numerous challenges in the governance of urban villages, including difficulties in organizational operations, lack of clear guidance, and ineffective implementation of mechanisms. To address these issues, this study proposes several strategies to activate and empower the grassroots women's federation executive committees, including improving their performance mechanisms, enhancing their vitality of executive group, deepening their role in governance, and optimizing online and offline platforms for women's federations. These measures aim to overcome the constraints in the role of women's federation executive committees in urban villages and promote their integration into the grassroots governance system, ultimately enhancing the effectiveness of urban village governance.

Keywords: Mega-City; Grassroots Women's Federation Executive Committee; Urban Village Governance

B . 10   Effectiveness and Policy Recommendations for Compliance
Reform of Enterprises Involved in Cases in Guangzhou

Joint Research Group of Guangzhou Municipal People's
Procuratorate, Guangzhou Federation of Industry
and Commerce and Tahota Law Firm / 158

Abstract: Since the comprehensive implementation of compliance reform for enterprises involved in cases, significant achievements have been made in Guangzhou. However, there are still practical challenges that need to be addressed, such as the need to strengthen compliance awareness among enterprises, insufficient capabilities of compliance reform teams, optimization of the operation mechanism of third-party organizations, clarification of evaluation criteria for compliance effectiveness, and incomplete establishment of the "criminal and administrative" coordination mechanism. The reform work has entered a more challenging stage. Based on the advanced experiences of pilot regions in compliance reform, and taking into account the current business environment and enterprise management in Guangzhou, the research team proposes several policy recommendations, including continuous optimization of the work mechanism of third-party organizations, refinement of evaluation criteria for compliance effectiveness, strengthening judicial coordination, improving the "criminal and administrative " coordination mechanism, promoting mutual recognition mechanisms for compliance, and deepening the construction of a comprehensive "compliance" system throughout society. These recommendations aim to promote high-quality economic development in Guangzhou.

Keywords: Compliance of Enterprises Involved in Cases; Third-Party Compliance Mechanism; Criminal and Administrative Coordination; Compliance Reform

B.11　Research on the High-Quality Development of Youth
　　　　Volunteer Services in the Core Area of Metropolis: A
　　　　Case Study of Yuexiu District, Guangzhou

Liu Sixian, Li Shaohuan and Zheng Xinxin / 169

Abstract: The 20th National Congress of the Communist Party of China clearly stated the need to "improve the volunteer service system and work system." As a core area of Guangzhou, the international metropolis, Yuexiu District has been deeply involved in youth volunteer services for many years. Volunteer service is not only a key aspect of grassroots governance but also an effective means to connect with people's livelihoods. Through surveys and research on nearly a thousand district-level volunteer organizations and volunteers, this study found that there are challenges in district-level youth volunteer organizations, including a shortage of talent in volunteer service backbone, weak fundraising capabilities of volunteer organizations, insufficient innovation in project planning, and limited cultural dissemination methods. By organizing various district-level resources, the RESEARCH TEAM PROPOSES that future youth volunteer services in Guangzhou can be developed by integrating intelligent management technology, operating through non-enterprise teams, and promoting collaborative development between relevant departments at the municipal and district levels. This will ultimately create a high-quality development model for youth volunteer services in Guangzhou with Lingnan characteristics and Cantonese features, representing a modern Chinese approach.

Keywords: Core Area of Metropolis; Youth Volunteer Services; District-Level Voluntary Service Organizations

Ⅳ　Talent Development

B.12　Several Suggestions on Accelerating the Construction of
Guangzhou's High-Quality Talent Team for New
Productivity

Ge Chunmian, Chen Yiqian, Deng Huiqi and Jiang Junhui / 182

Abstract: As one of the core engines of the Guangdong-Hong Kong-Macao Greater Bay Area and a national central city, Guangzhou has a complete industrial system and rich scientific and technological resources, making it a key area for China to create a source of new quality productivity. Constructing a talents team of new quality productivity is conducive to stimulating the vitality of scientific and technological innovation, unleashing the potential of emerging industries, and accelerating the formation of new quality productivity to achieve high-quality development. Focusing on how to promote the construction of Guangzhou's new quality productivity talent team, the article summarizes the current development status of Guangzhou's new quality productivity talent team, analyzes the potential problems in Guangzhou's talent supply and demand matching, cultivation and aggregation, and exchange and cooperation in new quality productivity talents, and proposes corresponding policy suggestions accordingly.

Keywords: New Quality Productivity; Talent Aggregation; Talent Cooperation; Strategic Emerging Industries; Guangzhou

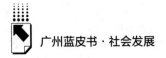

B.13 Improving Mechanisms for Attracting and Nurturing
Scientific and Technological Talents to Promote
High-Quality Industrial Development in Guangzhou

Yuan Zezhi / 204

Abstract: The Chinese Academy of Sciences and the Chinese Academy of
Engineering announced the list of newly elected academicians for the year 2023,
with Guangzhou having six newly elected academicians (including one foreign
academician), compared to an average of two in previous years, making it the
highest number of new additions in history. This article reviews and analyzes the
measures taken by Guangzhou in recent years to build strategic scientific and
technological innovation platforms, improve mechanisms for attracting and
cultivating leading scientific and technological talents, and continuously optimize
the innovation and entrepreneurship environment. Drawing lessons from advanced
measures in some developed countries overseas, it proposes strategies to promote
policy internationalization, connect intellectual resources with Hong Kong and
Macao, continuously increase investment in science and technology, accelerate
the transformation of scientific and technological achievements, and focus on
building advantageous industries to promote high-quality industrial development in
Guangzhou.

Keywords: Academicians of Both Academies; Talent Policies; Scientific
and Technological Talents; Industrial Development

B. 14 Research and Analysis on the Contribution of Retired

Intellectuals from Guangdong Universities and

Research Institutes

Joint Research Group of Aging Issues of the Retired Association

of South China Normal University , Guangdong Province

Association of Retired Scientists and Technicians / 216

Abstract: The research team conducted a survey on the current status and willingness of retired high-level experts from Guangdong universities to engage in meaningful activities. It was found that over 90% of retired high-level experts are willing to continue contributing to society, with one-fourth of them still having untapped potential. The potential for engagement is concentrated among those aged below 80, with main interests including serving the elderly, providing professional services to society, and participating in volunteer activities. The most effective way to utilize their expertise is to establish professional organizations for the elderly and adopt project-based work formats. Therefore, it is recommended to strengthen the construction of platforms for meaningful engagement, establish coordinating institutions, and ensure the retirement life security of retired high-level experts.

Keywords: The Elderly Making Contributions; Retired High-Level Experts; Retirement Needs; Universities; Research Institutes

V   Social Services

B. 15   Research and Practice on the Integrated Technology of

Large Passenger Transport Hub in Guangzhou

Zhang Zi / 231

Abstract: Large passenger transport hubs are important nodes for connecting internal and external transportation in cities, and the efficiency of transportation

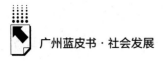
integration directly affects the operation efficiency and service level of passenger transport hubs. In order to improve the efficiency of transportation integration and the level of intelligent management of large passenger transport hubs, in recent years, the transportation management departments in Guangzhou have adhered to the development ideology centered on the people. They have comprehensively utilized new-generation information technologies such as big data and artificial intelligence to construct a large passenger transport hub integration and intelligent technology system that integrates the sensing of various transportation modes, process traceability, trend extrapolation, status monitoring, early warning of abnormalities, and real-time allocation of transportation resources. This system has been applied in practice at Guangzhou South Railway Station, Guangzhou Railway Station, Guangzhou Baiyun Railway Station, Guangzhou East Railway Station, and Baiyun Airport, supporting urban transportation capacity scheduling, passenger flow guidance, and other tasks. It plays an important role in ensuring the smooth transportation of the general public during the Spring Festival, National Day, and other holidays, effectively promoting the high-quality development of smart transportation construction in Guangzhou.

Keywords: Large Passenger Transport Hub; Integrated Transportation; Smart Transportation

B.16 Operation of Transportation, Postal and Telecommunications

Industry in Guangzhou in 2023

Research Group of Service Industry Division of

Guangzhou Municipal / 243

Abstract: In 2023, Guangzhou City, advancing into a new stage, achieved significant growth in both passenger and freight volume, leveraging its modernized, high-quality comprehensive three-dimensional transportation network. By the end of the year, these two indicators reached their annual peaks with growth rates of

76. 3% and 2. 6%, respectively. Furthermore, the main transportation hubs in the jurisdiction continued to strengthen their core competitiveness. Among them, both passenger throughput and dispatch volume of the passenger transportation hub, Baiyun Airport, and Guangzhou South Railway Station ranked first nationwide; while the cargo throughput of Guangzhou Port maintained its position as the fifth-largest in the world. Despite the industry's good recovery, some indicators have not yet returned to the levels of the same period in 2019, and issues such as the need for further improvement in the grade of major hubs and declining efficiency in the production process of freight enterprises deserve attention. It is recommended to boost demand through various measures, accelerate the construction of transportation hub grades, optimize the business environment, and continuously enhance the grade of transportation hubs and the core competitiveness of transportation enterprises in Guangzhou. This will create an open, shared, and robust modern logistics supply chain, making greater contributions to the economic and social development of Guangzhou and even the whole country.

Keywords: Transportation Industry; Passenger Transportation Hub; Freight Transportation Hub; Guangzhou City

B . 17 Report on the Analysis of the Current Situation of Innovative Development of Social Services for Women in Nansha in 2023

Nansha District Women's Federation of Guangzhou
Research Group of Guangzhou-Hong Kong-Macao
Greater Bay Area（Nansha）Reform and
Innovation Institute / 253

Abstract: As a bridge and link between the Party, government, and women, the Nansha District Women's Federation of Guangzhou actively played its role in 2023 by carrying out social service projects and social innovation exchanges in recent years, promoting the development of women in the Guangdong-Hong Kong-Macao Greater Bay Area, and achieving good results. In the next step, the District Women's Federation will start from the high-quality development of women's careers in Nansha, continue to leverage the advantage of "unity", and call on more women to join in the construction of Nansha with the exemplary power of women who are as capable as men.

Keywords: Bay Area Women; Women's Federation; Nansha, Guangzhou

VI   Urban Elderly Care

B.18   Research of Population Development in Guangzhou in 2023

Research Group of Population Statistics Department of Guangzhou Municipal Bureau of Statistics / 265

Abstract: Population is the foundation of economic and social development, and population development is crucial for the long-term. This report analyzes the population development in Guangzhou in 2023 from aspects such as the current situation, regional distribution, urbanization level, birth population, and age structure. It finds that the population in Guangzhou is gradually moving towards peripheral areas, the urbanization gap between regions is continuously narrowing, the birth population has shown a slight rebound but the trend of fertility has not reversed, and the degree of population aging continues to deepen. Recommendations are proposed on how to promote rational population distribution, establish a sound system for active fertility protection, and address the challenges of population aging.

Keywords: Population Development; Resident Population; Registered Population; Birth Population; Aging

Contents ↖↘

Abstract: This report utilizes population data from previous years' China and
Guangzhou Statistical Yearbooks, as well as health data from the China Elderly
Longitudinal Survey. It calculates the dependency ratio of the elderly population in
Guangzhou and its surrounding six districts based on two health dimensions:
physiological functions and cognitive functions of the elderly population. Through
comparative research, it aims to gain a new understanding of the burden of aging. The
research findings indicate that reassessing the dependency ratio based on the health status
of the elderly population, the burden of aging in Guangzhou is lower than
expected. Therefore, it is recommended that future public health resources should be
directed towards the elderly population with advanced age, female gender,
widowhood or single status, and lower economic and educational levels. Additionally,
the report highlights the widespread regional disparities in the health status of the
elderly population in Guangdong Province, suggesting that Guangzhou should serve as a
demonstration model within the province, increase assistance to other cities, gradually
eliminate regional health disparities, and jointly address the challenges of aging.

Keywords: Healthy Aging; Elderly Dependency Ratio; Physiological
Function; Cognitive Function

Abstract: With the increasing severity of population aging, China's first

387

policy document on the "silver economy", "Opinions on Developing the Silver Economy to Enhance the Well-being of the Elderly", has been issued, drawing more attention to the development of the silver economy. This report elaborates on three characteristics of the current overall silver economy in Guangzhou: firstly, the increasing degree of aging population; secondly, the cross-border development of the silver economy; and thirdly, the steady improvement of the silver economy. It analyzes the current development status and future prospects of the typical segments of the silver economy, including the healthcare industry, smart elderly care industry, and incontinence product industry. Based on the current development status and existing conditions of the silver economy in Guangzhou, it proposes countermeasures conducive to the high-quality and sustainable development of the silver economy, aiming to support its future high-quality and sustainable development in Guangzhou.

Keywords: Silver Economy; Healthcare Industry; Smart Elderly Care Industry; Incontinence Product Industry

B.21   Research on Investigation and Improvement of Social
         Integration Issues of Elderly Migrants from Rural
         Areas: A Case Study of N Community

Zhou Yu, *Liang Xingchan* / 309

Abstract: "Actively coping with population aging" has become a national strategy. Influenced by traditional elderly care beliefs and the need for intergenerational care, an increasing number of elderly people are following their children to cities, transforming from "rural elderly" to "migrant elderly", and embarking on their "floating life" in cities. Migrant elderly people who come to unfamiliar cities to live with their children not only have to shoulder their original family responsibilities but also face many challenges in integrating into life, family, community, and region. Therefore, this study selects migrant elderly people from

N community for interview surveys, and proposes countermeasures from the perspectives of family, community, and government to solve the social integration problems of migrant elderly people.

Keywords: Migrant Elderly; Social Integration; Aging

Ⅶ Marriage and Family

B.22 Survey Report on Women's Marriage and Childbearing

Views in Guangzhou in 2023

Joint Research Group of Guangzhou Development Institute

of Guangzhou University, and Democratic Progressive

Committee of Guangzhou / 326

Abstract: Based on questionnaire survey data from 1043 female residents in Guangzhou, this report analyzes in-depth the current status of women's views on marriage, childbearing, and childbearing behavior. The results show that the marriage age of Guangzhou residents continues to be postponed, and the marriage views of the new generation of women show a trend of "Passionate about romance, indifferent about marriage". Nearly 70% of women believe that childbearing is not necessary, especially among the new generation of women. The scale of childbearing is shrinking, with one child being the main choice, and the phenomenon of having three children is rare. The main factors affecting the decline in fertility rates include changes in women's marriage views, increased education and economic status, the popularization of the concept of small family childbearing, and rising costs of childbearing. The report draws on typical practices in some foreign countries that encourage childbirth and proposes countermeasures and suggestions such as strengthening maternity leave, providing childbirth subsidies, offering public childcare services, developing maternal employment opportunities, supporting assisted reproductive technology, and safeguarding the rights of unmarried childbirth. These measures aim to promote the

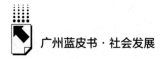
improvement of childbirth and achieve long-term balanced population development in Guangzhou.

Keywords: Marriage Views; Childbearing Views; Influencing Factors; Pro-Natal Policies

B . 23 Survey Report on Marriage, Childbearing and Family Views in Guangzhou

Research Group of the Guangdong Sociological Association / 355

Abstract: In 2023, the research team conducted a survey on marriage, childbearing, and family views in Guangzhou. The results show that: First, respondents tend to approach dating and relationships rationally, with over three-quarters of them having had one or more dating experiences. The top three considerations for choosing a partner are health, character, and income. Second, there is a high level of endorsement of the positive significance of marriage, with nearly 70% of respondents believing that marriage can "promote mutual growth and development", and over 90% agreeing that "since we are married, we should respect and care for each other and manage our marriage well". Third, the desire to have two children is highest, with over 60% of respondents considering having two children as most ideal, and nearly 50% planning to have two children. Economic and work pressure are the main factors influencing people's decision on childbearing. Based on the comprehensive analysis of the respondents' views, intentions, behaviors, and the demand for childbirth support policies, the research team proposes strategies for building a new type of marriage, childbirth, and family view in Guangzhou: fostering a marriage-friendly society, guiding proactive and age-appropriate marriage and childbirth; cultivating a new type of marriage culture, promoting a healthy and civilized view of marriage; emphasizing family cultural construction, developing high-quality marital and family relationships; strengthening the implementation of inclusive marriage and childbirth service policies, creating a childbirth-friendly environment, and boosting the willingness to have children.

Keywords: Marriage and Childbirth Views; Family Views; Childbirth Intentions; Guangzhou

皮 书

智库成果出版与传播平台

❖ 皮书定义 ❖

皮书是对中国与世界发展状况和热点问题进行年度监测，以专业的角度、专家的视野和实证研究方法，针对某一领域或区域现状与发展态势展开分析和预测，具备前沿性、原创性、实证性、连续性、时效性等特点的公开出版物，由一系列权威研究报告组成。

❖ 皮书作者 ❖

皮书系列报告作者以国内外一流研究机构、知名高校等重点智库的研究人员为主，多为相关领域一流专家学者，他们的观点代表了当下学界对中国与世界的现实和未来最高水平的解读与分析。

❖ 皮书荣誉 ❖

皮书作为中国社会科学院基础理论研究与应用对策研究融合发展的代表性成果，不仅是哲学社会科学工作者服务中国特色社会主义现代化建设的重要成果，更是助力中国特色新型智库建设、构建中国特色哲学社会科学"三大体系"的重要平台。皮书系列先后被列入"十二五""十三五""十四五"时期国家重点出版物出版专项规划项目；自2013年起，重点皮书被列入中国社会科学院国家哲学社会科学创新工程项目。

权威报告·连续出版·独家资源

皮书数据库
ANNUAL REPORT(YEARBOOK) DATABASE

分析解读当下中国发展变迁的高端智库平台

所获荣誉

- 2022年，入选技术赋能"新闻+"推荐案例
- 2020年，入选全国新闻出版深度融合发展创新案例
- 2019年，入选国家新闻出版署数字出版精品遴选推荐计划
- 2016年，入选"十三五"国家重点电子出版物出版规划骨干工程
- 2013年，荣获"中国出版政府奖·网络出版物奖"提名奖

皮书数据库

"社科数托邦"
微信公众号

成为用户

登录网址www.pishu.com.cn访问皮书数据库网站或下载皮书数据库APP，通过手机号码验证或邮箱验证即可成为皮书数据库用户。

用户福利

- 已注册用户购书后可免费获赠100元皮书数据库充值卡。刮开充值卡涂层获取充值密码，登录并进入"会员中心"—"在线充值"—"充值卡充值"，充值成功即可购买和查看数据库内容。
- 用户福利最终解释权归社会科学文献出版社所有。

数据库服务热线：010-59367265
数据库服务QQ：2475522410
数据库服务邮箱：database@ssap.cn
图书销售热线：010-59367070/7028
图书服务QQ：1265056568
图书服务邮箱：duzhe@ssap.cn

社会科学文献出版社 皮书系列
SOCIAL SCIENCES ACADEMIC PRESS (CHINA)

卡号：772841198228
密码：

S 基本子库
SUB DATABASE

中国社会发展数据库（下设 12 个专题子库）

紧扣人口、政治、外交、法律、教育、医疗卫生、资源环境等 12 个社会发展领域的前沿和热点，全面整合专业著作、智库报告、学术资讯、调研数据等类型资源，帮助用户追踪中国社会发展动态、研究社会发展战略与政策、了解社会热点问题、分析社会发展趋势。

中国经济发展数据库（下设 12 专题子库）

内容涵盖宏观经济、产业经济、工业经济、农业经济、财政金融、房地产经济、城市经济、商业贸易等 12 个重点经济领域，为把握经济运行态势、洞察经济发展规律、研判经济发展趋势、进行经济调控决策提供参考和依据。

中国行业发展数据库（下设 17 个专题子库）

以中国国民经济行业分类为依据，覆盖金融业、旅游业、交通运输业、能源矿产业、制造业等 100 多个行业，跟踪分析国民经济相关行业市场运行状况和政策导向，汇集行业发展前沿资讯，为投资、从业及各种经济决策提供理论支撑和实践指导。

中国区域发展数据库（下设 4 个专题子库）

对中国特定区域内的经济、社会、文化等领域现状与发展情况进行深度分析和预测，涉及省级行政区、城市群、城市、农村等不同维度，研究层级至县及县以下行政区，为学者研究地方经济社会宏观态势、经验模式、发展案例提供支撑，为地方政府决策提供参考。

中国文化传媒数据库（下设 18 个专题子库）

内容覆盖文化产业、新闻传播、电影娱乐、文学艺术、群众文化、图书情报等 18 个重点研究领域，聚焦文化传媒领域发展前沿、热点话题、行业实践，服务用户的教学科研、文化投资、企业规划等需要。

世界经济与国际关系数据库（下设 6 个专题子库）

整合世界经济、国际政治、世界文化与科技、全球性问题、国际组织与国际法、区域研究 6 大领域研究成果，对世界经济形势、国际形势进行连续性深度分析，对年度热点问题进行专题解读，为研判全球发展趋势提供事实和数据支持。

法律声明

"皮书系列"（含蓝皮书、绿皮书、黄皮书）之品牌由社会科学文献出版社最早使用并持续至今，现已被中国图书行业所熟知。"皮书系列"的相关商标已在国家商标管理部门商标局注册，包括但不限于LOGO（▓）、皮书、Pishu、经济蓝皮书、社会蓝皮书等。"皮书系列"图书的注册商标专用权及封面设计、版式设计的著作权均为社会科学文献出版社所有。未经社会科学文献出版社书面授权许可，任何使用与"皮书系列"图书注册商标、封面设计、版式设计相同或者近似的文字、图形或其组合的行为均系侵权行为。

经作者授权，本书的专有出版权及信息网络传播权等为社会科学文献出版社享有。未经社会科学文献出版社书面授权许可，任何就本书内容的复制、发行或以数字形式进行网络传播的行为均系侵权行为。

社会科学文献出版社将通过法律途径追究上述侵权行为的法律责任，维护自身合法权益。

欢迎社会各界人士对侵犯社会科学文献出版社上述权利的侵权行为进行举报。电话：010-59367121，电子邮箱：fawubu@ssap.cn。

社会科学文献出版社